ECONOMÍA POLÍTICA DEL TRABAJO

elementos para un análisis histórico-estructural del empleo y de la fuerza de trabajo en el desarrollo capitalista

por
PAUL SINGER

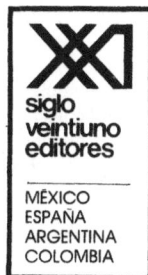

siglo
veintiuno
editores

MÉXICO
ESPAÑA
ARGENTINA
COLOMBIA

siglo veintiuno editores, sa
CERRO DEL AGUA 248, MEXICO 20, D.F.

siglo veintiuno de españa editores, sa
C PLAZA 5, MADRID 33 ESPAÑA

siglo veintiuno argentina editores, sa

siglo veintiuno de colombia, ltda
AV. 3o 17 73 PRIMER PISO, BOGOTA D E COLOMBIA

edición al cuidado de jorge tula
portada de maría cristina oscos

primera edición en español, 1980
© siglo xxi editores s.a.
ISBN 968-23-0942-5

primera edición en portugués, 1977
© paul singer
editora hucitec, são paulo
título original: economia política do trabalho

ÍNDICE

[5]

A Joaquín da Costa Pimenta,
pionero del movimiento obrero
en el Brasil

INTRODUCCIÓN

El problema del empleo surgió, para los países no desarrollados, en la década de los sesenta, casi un cuarto de siglo después de que parecía haber encontrado su solución en los países desarrollados. La gran depresión de los años treinta se caracterizó sobre todo por el desempleo masivo. La extensión del fenómeno y su larga duración provocaron cambios profundos, tanto a nivel ideológico como político. La ciencia económica, que hasta entonces se negaba a encarar el problema, llegando a desconocer incluso lo que sería "desempleo involuntario" —me refiero, obviamente, a la economía académica de cuño marginalista—, sufrió la llamada "revolución keynesiana" y pasó a ofrecer opciones de "políticas de empleo" como medios para adecuar la demanda de fuerza de trabajo a su oferta. El estado capitalista, que se jactaba de considerar las fluctuaciones coyunturales como hechos de la naturaleza, en las que se limitaba a no interferir, pasó a ver en el pleno empleo su principal objetivo en el campo económico. A partir del fin de la última guerra mundial la aplicación práctica de los preceptos keynesianos efectivamente inauguró un largo período de menor inestabilidad del nivel de actividad en casi todas las economías capitalistas desarrolladas, durante el cual el desempleo nunca volvió a alcanzar dimensiones masivas y parecía haber sido definitivamente puesto bajo control.

Ahora bien, cuando el éxito en la lucha contra el desempleo estaba siendo triunfalmente proclamado en esos países, he aquí que resurge como causa fundamental de la miseria y de la desigualdad social en los países no desarrollados. Sólo que, en este caso, el desempleo aparece como un falso problema. Una vez más la historia se repite como farsa, después de haberse desatado como tragedia. El desempleo masivo de los años treinta en las economías plenamente capitalistas nada tenía en común con la marginación de las masas urbanas y la miseria de las masas rurales en las economías que se transformaban en capitalistas treinta años más tarde. Baste considerar que los desempleados

durante la gran depresión permanecían, de hecho, ociosos, lo
que contribuía sobremanera a su miseria moral, viviendo de la
ínfima ayuda pública, mientras que en los países no desarrollados los pobres en su gran mayoría trabajan, siendo su pobreza el
resultado del bajo nivel de salarios. Identificar la no explotación
de unos con la sobrexplotación de los otros, sólo puede ocasionar confusión generalizada en cuanto a la naturaleza del capitalismo que se desenvuelve a partir de la economía colonial.
No fue casual que se comenzaran a atribuir al desempleo los
males económicos y sociales del subdesarrollo. La razón se halla
en el desengaño con respecto a la industrialización y en el temor
de que las revoluciones anticapitalistas lleguen a abarcar al Tercer Mundo, por parte de las élites políticas y tecnocráticas de
las naciones desarrolladas y, por ósmosis, también de las de los
países no desarrollados. El desencanto y el miedo fueron generados por la comprobación indiscutible de que el desarrollo industrial de estos países no trajo consigo el esperado mejoramiento del modo de vida de las masas trabajadoras. Se dejó convenientemente en el olvido el hecho de que la revolución industrial
original, que se dio en el siglo xix, tampoco significó prosperidad
para el proletariado que entonces se constituía y que el aumento del nivel de vida, que más tarde fue alcanzado por los asalariados, se debió más que nada a la lucha, en el plano sindical y
político, del movimiento obrero. En cambio se resucitó la vieja
interpretación malthusiana de que la miseria de los trabajadores
en una economía de libre mercado sólo puede ser el resultado
de su excesivo número, lo que significa que, siendo miserable
la situación del trabajador, la oferta de fuerza de trabajo *tiene*
que ser excesiva frente a la demanda, de donde no se puede dejar
de inferir que *debe* haber amplio desempleo, aunque los datos
estadísticos no lo reflejen.

El alboroto respecto del desempleo en los países no desarrollados es parte integrante de la campaña contra la "explosión demográfica", que se completa con la alarma en cuanto a la "su-
perurbanización" de los países no desarrollados. En el fondo, la
tesis es simple: la mortalidad descendió gracias a la importación,
a bajo costo, de medidas medicosanitarias de los países adelantados, pero la fecundidad se mantuvo alta o hasta se elevó, causando
la aceleración del crecimiento poblacional; además de eso, la
aparente prosperidad suscitada por la industrialización atrajo a

las ciudades a las poblaciones rurales; de ahí el rebasamiento
del mercado de trabajo y la formación de una amplia masa marginada, sin acceso a los empleos y a los bienes producidos en el
"sector moderno" de la economía. Desempleo deja entonces de
significar mano de obra ociosa, reserva de fuerza de trabajo, para convertirse en sinónimo de pobreza y exclusión de la economía empresarial moderna. La objeción a este abuso del concepto de desempleo sería meramente nominal si no fuese que todo
análisis a él asociado implica soluciones cuyo carácter político
no puede ser ignorado. Si el desempleo es el resultado del crecimiento excesivo de la población, su eliminación, a largo plazo,
sólo puede ser alcanzado mediante la reducción de la fecundidad,
a través de la difusión del control de la natalidad. Pero si esta
"solución" es factible, sus efectos sobre la oferta de fuerza de
trabajo sólo pueden hacerse sentir en un período de varias generaciones. A plazo más corto, siendo la oferta de trabajo lo
que es, la única salida es tratar de expandir la demanda, mediante la adopción de técnicas que requieran menos capital por persona ocupada, lo que sólo puede obtenerse por medio del abaratamiento de la fuerza de trabajo en relación a los costos del
capital. Por lo tanto, todo esfuerzo del movimiento obrero en
los países no desarrollados por conquistar mejor remuneración
para los asalariados contribuye a aumentar el desempleo. En
conclusión, si la industrialización en los países del "Tercer Mundo" no produce los beneficios que ocasionó a los trabajadores
del "Primero", esto se debe, fundamentalmente, al comportamiento de la población, que se multiplica y migra demasiado, y
al de los que están empleados, que se organizan y luchan, en la
medida de lo posible, por mayores salarios.

Este tipo de análisis adquiere matices específicos en América
Latina a partir de estudios de la CEPAL divulgados a mediados de
la década de los sesenta. A comienzos de la década siguiente, la
OIT (Organización Internacional del Trabajo) envía a Colombia
la primera de sus misiones de estudio sobre el problema del empleo, que produce un informe titulado *Towards full employment*, en el que se sugieren medidas de política de empleo en la
línea arriba señalada. Posteriormente, la OIT pasa a desarrollar
un Programa Mundial del Empleo, que lleva a la multiplicación
de misiones de estudio a Kenya, Irán, etc., y a la realización de
un impresionante catálogo de investigaciones de toda clase. La

ideología de que el combate al desempleo, mediante medidas que eviten o retarden la sustitución de trabajo por capital en el proceso de producción, debe convertirse en uno de los principales ítem de la política económica de los gobiernos de países no desarrollados, comienza a ganar cada vez más adeptos. En el Brasil mismo el Programa de Ação Econômica do Governo 1964-1966 incorpora esta ideología al comprobar que entre 1950 y 1960 la industria absorbió menos mano de obra que el crecimiento de la población urbana, lo que se produciría en razón de la "rápida sustitución de trabajo por capital. Este último fenómeno, a su vez, se debió en gran parte al irrealismo de las tasas de interés sobre préstamos a largo plazo concedidos por las instituciones oficiales de crédito, a las protecciones cambiarias, en la década pasada, a la importación de equipamientos, a las interferencias institucionales en la fijación de los salarios de mano de obra no calificada y, finalmente, a la concesión de ventajas a través de la legislación social, desvinculadas de consideraciones de productividad" (pp. 36-37). En otras palabras, el desempleo habría aumentado porque el costo del capital fue reducido mediante subsidios y el costo de la fuerza de trabajo fue aumentando mediante medidas políticas, tales como el reajuste del salario mínimo, etc. De allí se deduce, naturalmente, que "las políticas salarial, cambiaria y crediticia deberán imbuirse de suficiente realismo para que no se creen, por la distorsión de los precios de los factores de producción, incentivos exagerados a la sustitución de trabajo por capital" (p. 37). La política de contención salarial, adoptada en el Brasil a partir de 1965, tuvo como una de sus justificaciones evitar el desempleo.

La situación de pobreza y de desigualdad social como consecuencias de la dinámica poblacional de los países no desarrollados, propone sencillamente un desafío a quienes suponen que tanto una como otra son resultados, por así decir, "esperados" del desarrollo capitalista. La respuesta a este desafío sólo puede ser un esfuerzo analítico que ponga en evidencia los mecanismos mediante los cuales la economía capitalista no solamente genera una demanda de fuerza de trabajo sino que también condiciona su oferta. Lo que se pretende, en este libro, es contribuir a este esfuerzo.

Conviene recordar que tras la formulación por Keynes, a partir de premisas marginalistas modificadas, de una "teoría general del empleo", no se intentó, hasta donde sabemos, la construcción de una teoría correspondiente a partir de una perspectiva histórico-estructural. Esta perspectiva se apoya en la idea de que cada modo de producción tiene sus propias leyes de movimiento y que, por lo tanto, a cada uno debe corresponder una "teoría del empleo" específica. No tiene sentido hablar de "teoría general del empleo" con pretensiones de validez para todos los modos de producción. Por otra parte, tampoco tiene sentido tratar de formular teorías específicas del empleo, una para cada modo de producción, porque éstos no se encuentran separados unos de otros, en el tiempo y el espacio, sino articulados en formaciones socioeconómicas.

Así, aunque se pueda —y en ciertas circunstancias se deba, como lo hace Marx— analizar aisladamente el modo capitalista de producción, abstrayendo los otros modos de producción articulados con él, este análisis halla sus límites precisamente en los aspectos en que es decisiva la interacción de los modos de producción. Al respecto, la situación de los países desarrollados y no desarrollados no es la misma. En los primeros, el capitalismo ya destruyó en gran medida los otros modos de producción a él subordinados, que apenas subsisten marginalmente, más o menos como residuos precapitalistas. Es el caso, por ejemplo, de la producción simple de mercancías (campesinos, artesanos, pequeños comerciantes) en América del Norte y en Europa occidental. En los países no desarrollados, el capitalismo es el modo de producción dominante, pero considerables sectores de la población —que en algunos casos constituyen la mayoría— están todavía insertos en otros modos de producción. El desarrollo capitalista consiste precisamente en la expansión del capitalismo y en la consecuente destrucción de los otros modos de producción subordinados a él en la misma formación socioeconómica. El hecho de que este proceso aún no esté consumado es la "prueba", por así decir, de que la economía en cuestión no está desarrollada.

En lo que se refiere al empleo, la presencia significativa de otros modos de producción articulados y subordinados al capitalismo es de gran importancia. La oferta de fuerza de trabajo no es únicamente el resultado de la dinámica poblacional, como pretende hacer creer la teoría convencional, sino del movimiento de la población *entre* los diferentes modos de producción. Así, la migración del campo a la ciudad, que expande la oferta en el mercado urbano de trabajo, no pasa de ser una manifestación en el espacio de este movimiento, en el caso de los campesinos que se desplazan de la producción simple de mercancías al capitalismo. Es fácil ver que una teoría del empleo que pretenda dar cuenta de lo que ocurre en economías no desarrolladas tiene que partir del análisis de esta dinámica.

La primera parte de este libro analiza las formas de articulación del capitalismo con otros modos de producción en economías no desarrolladas. El funcionamiento de la economía capitalista es examinado a través del prisma de la reproducción, con la intención de desarrollar, a partir de las categorías utilizadas en el segundo volumen de *El capital*, un modelo teórico de las fluctuaciones coyunturales que incorpore el progreso tecnológico como resorte principal de su dinámica.

La segunda parte profundiza las nociones de producción y reproducción de la fuerza de trabajo por el capital. Los cambios ocurridos en la reproducción de la fuerza de trabajo fueron relevados con ayuda de amplio material histórico, combinando los análisis de la evolución tecnológica del capitalismo industrial, del papel de la mujer en el mercado de trabajo y en la economía doméstica y de la relación entre capital y trabajo en los planos económico y político. Se aplicó el conocimiento así adquirido a la situación de los países que actualmente atraviesan por un proceso de industrialización tardía, como es el caso del Brasil, además de otras naciones de América Latina, Asia y África.

La primera parte del libro es el resultado de una serie de seminarios realizados en el CEBRAP en 1970 y su redacción data de 1972, habiéndose publicado como cuaderno al año siguiente. La segunda es mucho más reciente, completándose el año pasado. Entre la elaboración de una y otra parte, mi manera de analizar la estructura de la formación social de las economías no desarrolladas se modificó en varios aspectos, lo que puede observarse comparando la conceptuación utilizada. El cambio más importante es el que se refiere a los subsistemas que componen ese tipo de formación social: en la primera parte estos subsistemas son referidos como "sectores", mientras que en la segunda son considerados "modos de producción". Es más o menos obvio que los sectores de mercado, definidos en la primera parte, corresponden al modo capitalista de producción, y el sector autónomo a la producción simple de mercancías. No viene al caso, aquí y ahora, justificar teóricamente la transformación conceptual, pero sí advertir al lector que ésta se produjo y que no nos pareció necesario reescribir la primera parte de "homogeneizar" el texto. Creo que el propio análisis efectuado en la primera parte de los "sectores de mercado" y del "sector autónomo" muestra que ellos poseen leyes de movimiento propias, aunque nunca independientes, de manera que su comprensión como modos de producción es la más adecuada.

Cabe, finalmente, reiterar que este trabajo, aunque tenga autor individual, es el fruto de indagaciones, debates y aprendizajes mutuos que se sucedieron a lo largo de siete años de trabajo en el CEBRAP. Debo a mis compañeros las críticas y sugerencias que, aunque no siempre aprovechadas, en mucho contribuyeron a perfeccionar estos escritos. Quiero agradecer también al siempre competente trabajo de secretaria de María Carmo Bayma de Carvalho, con cuya asistencia pude contar durante la mayor parte de estos años.

São Paulo, 25 de abril de 1977

PARTE 1

ELEMENTOS PARA UNA TEORÍA DEL EMPLEO APLICABLE A PAÍSES NO DESARROLLADOS

INTRODUCCIÓN

Una teoría del empleo debe desarrollar las leyes que rigen el "empleo", es decir el grado de inserción de la fuerza de trabajo (FT) en el proceso de producción social. Pero estas leyes son específicas para cada sistema económico. Siendo así, una teoría del empleo simple sólo es aplicable a economías relativamente homogéneas, que constituyen la expresión concreta de un único tipo de sistema. Éste, por cierto, no es el caso de los países no desarrollados, que contienen dentro de sí más de un sistema. Por lo tanto, una teoría del empleo adecuada a este tipo de país debe, necesariamente, componerse de tantas teorías parciales cuantos sistemas coexistan en él.

Consideramos que cada economía no desarrollada se compone de varios sectores, cada uno de los cuales se rige por diferentes leyes económicas. Desde el punto de vista del análisis del empleo distinguimos los siguientes:

a] Sectores de mercado (interno y externo)
b] Sector de subsistencia
c] Sector de actividades gubernamentales
d] Sector autónomo

En la economía de subsistencia, como en todas las economías precapitalistas (quizá en todas las *no capitalistas*), el empleo siempre corresponde a la oferta total de fuerza de trabajo (FT). El individuo se inscribe en la división social del trabajo como consecuencia directa de ser miembro de la sociedad. Esto es posible porque en la economía de subsistencia la finalidad de la producción es el consumo, y es obvio que cada nuevo trabajador es un nuevo consumidor, de modo que ni se plantea la hipótesis de insuficiencia de demanda para el producto del trabajador adicional. La ley de Say ("a cada incremento de la oferta se crea, automáticamente, un incremento igual, en valor, de la demanda") probablemente fue deducida de la experiencia de las economías precapitalistas. En éstas, el único obstáculo para una expansión ilimitada de la división social del trabajo es el eventual agotamiento de recursos naturales tales como tierra cultivable, por ejemplo. Aunque difícil de ser concebida en la práctica, tal hipótesis es teóricamente admisible y podría ser considerada una "situación malthusiana". Incluso en tal situación, una economía de subsistencia tampoco presentaría desempleo involuntario (entendido como la existencia de individuos imposibilitados de participar en la división social del trabajo, por razones *únicamente* económicas), pero sí desempleo *disfrazado*: la productividad marginal física del trabajo sería nula o negativa, o sea hay un cierto número de trabajadores *excedentes* cuya contribución al producto social sería nula o negativa, aunque tales trabajadores participen de la producción social.

En una economía capitalista —y los sectores de mercado en un país no desarrollado pertenecen a este tipo de economía— la producción se destina a producir un excedente, que asume inicialmente la forma de ganancia. El volumen del empleo está, por lo tanto, sujeto a esta condición: el número de trabajadores que logran insertarse en la división social del trabajo es el de aquellos *cuyo producto contiene más valor que el de su esfuerzo de trabajo*. Pero, desde que este número está determinado por condiciones por lo menos indirectamente independientes del volumen de oferta de FT, aparece la posibilidad de que el empleo efectivo sea menor que la oferta de FT, o sea que haya desempleo (abierto, en contraposición al disfrazado).

La economía capitalista es peculiar en este aspecto: disocia producción de consumo no sólo por la intermediación del mercado (condición necesaria, dada la ausencia de planteamiento global para una *amplia* división del trabajo), sino también los separa en cuanto *medio* y *fin*. La producción no tiene como fin más que atender al consumo, aunque atender al consumo pasa a ser un medio para el fin de *realizar una ganancia*, objetivo supremo de la actividad económica. Asimismo, la inserción del individuo en la división del trabajo deja de ser una consecuencia esencial de su participación en la sociedad para subordinarse al fin mayor: contribuir a la producción del excedente social.

Las actividades gubernamentales, por otra parte, no producen ni se proponen producir ganancias. Ellas tienen por finalidad atender ciertas necesidades, cuya naturaleza no permite que puedan ser satisfechas por empresas privadas. Es el caso de las necesidades de mantenimiento del orden público, de la defensa externa del país, de la elaboración y aplicación de las leyes, de la recaudación de impuestos, etc. Hay otros casos más controvertidos: la asistencia a la salud y la educación escolar son actividades simultáneamente ejecutadas por órganos estatales y empresas privadas en la mayoría de los países; dónde se traza el límite depende de decisiones políticas variables en el tiempo y en el espacio. De cualquier modo, el empleo en las actividades gubernamentales, cualquiera sea su extensión, no depende de la producción de un excedente bajo la forma de ganancia y por eso está sujeto a otras leyes que las que determinan el empleo en la economía capitalista.

Por último, tenemos las empresas privadas que producen para el mercado, aunque no empleen trabajo asalariado, ocupando únicamente a sus dueños y eventualmente a miembros de sus familias: explotaciones campesinas, unidades del comercio al menudeo, de prestación de servicios, de producción artesanal, etc. Constituyen el llamado sector autónomo. Es obvio que la ocupación en el sector autónomo tampoco presupone la producción de un excedente. El empleo en este sector tiende a expandirse en la medida en que la demanda de su producto es suficiente para cubrir los costos de reproducción de la FT en él incorporada y el minúsculo capital utilizado. Como veremos más adelante, el sector autónomo depende fundamentalmente de un exceso de oferta de FT que no es absorbido por los sectores de mayor productividad.

Lo que se pretende, en esta parte, es discutir las leyes que determinan el empleo en una economía no desarrollada, siendo este empleo la suma de los que están ocupados en los sectores de mercado, en actividades gubernamentales, autónomas y de subsistencia.

EL EMPLEO EN LOS SECTORES DE MERCADO

Consideramos a los sectores de mercado como exclusivamente compuestos por empresas privadas capitalistas, es decir que emplean trabajadores asalariados. En estos sectores la demanda de FT está determinada por la productividad del trabajo en relación al costo de reproducción de la FT, que se considera igual al monto de salarios pagados. Esto significa que, en principio, son empleados *únicamente* aquellos cuya productividad es superior al salario que se les paga. (Omitiéndose actitudes "irracionales" como la de emplear a personas que no contribuyen al excedente.)

Pero no basta que la producción de cada trabajador sea superior al salario que se le paga. Cada empleo implica una inversión de capital, en relación al cual se calcula el índice de ganancia. Dividiendo el excedente total producido en toda economía (capitalista, o sea comprendida en los sectores de mercado) por el capital total a ella aplicada, se obtiene el índice medio de ganancia, al que cada empresa trata de' alcanzar y, si es posible, superar. Por eso la empresa trata de emplear solamente a quienes proporcionan un excedente suficientemente grande en relación al capital invertido para que el índice de ganancia sea, por lo menos, igual a la media. Claro que la empresa no hace este razonamiento en función de cada trabajador adicional que pretenda admitir, incluso porque no puede determinar la productividad individual en un proceso productivo que está altamente socializado. Sin embargo, si tiene que tomar una decisión sobre una posible expansión de su actividad productiva, que implique un empleo adicional de Δ N personas, sólo lo hará si el ingreso adicional líquido (ingreso bruto menos gastos en materia prima, depreciación del capital fijo, etc.) fuera superior a los salarios en una proporción tal que el índice de ganancia, en relación al capital adicional a ser invertido, fuera considerado compensatorio.

Lo que la empresa considera un índice de ganancia compensatorio puede depender de las alterantivas de que dispone en cuanto a la aplicación del capital. Si puede aplicar el capital en préstamos, el índice de ganancia esperado tiene que ser, como mínimo, igual al índice de intereses. Lo mismo sucede si emplea capital de terceros, a los cuales debe pagar intereses. Lo importante, en este caso, es que el índice de ganancia esperado no puede ser inferior a un determinado porcentaje y es este mínimo el que va a determinar la demanda de FT de la empresa.

Dado un cierto volumen de capital físico (físico en el sentido de valores de uso: máquinas, instalaciones, etc.), hay una *relación técnica* que determina un nivel de empleo potencial (NP), o sea el número de trabajadores necesario para operar este capital KF a plena capacidad. El empleo potencial NP depende de la técnica de producción empleada, que ya está predeterminada en alto grado por las características del equipamiento presente en el capital físico. Así, por ejemplo, un trabajador puede operar 5 telares automáticos o 1 prensa mecánica o 1/2 bomba de gasolina, etc. En la medida en que NC (empleo efectivo) tiende a NP, el producto físico tiende a aumentar.

Esto ocurre porque la operación del capital físico a plena capacidad reduce al mínimo los costos fijos de producción, diluyéndolos en el mayor número posible de unidades producidas. Esta proposición deriva de la propia definición de plena capacidad como aquella capacidad de producción en que el capital presenta su mayor rendimiento físico. A pesar de que el producto físico es máximo cuando NC = NP, es preciso explicar por qué generalmente NC es *menor* que NP, puesto que éste es el caso más frecuente en la economía capitalista. Ella presenta normalmente capacidad ociosa y desempleo.

La explicación es que la determinación del empleo, en una economía capitalista, se da no por criterios derivados del aspecto *físico* sino del real, es decir del *valor*.[1] Al pasar del aspecto físico al real, nos encontramos con dos explicaciones para el hecho de que el empleo efectivo NC sea menor que el potencial NP. Una de Marx, otra de Keynes.

LA EXPLICACIÓN DE MARX

Marx considera VR (el salario real) como función de la demanda

[1] Valor medido en tiempo de trabajo socialmente necesario.

de FT. En la medida en que el empleo efectivo NC crece, VR aumenta hasta llegar a un punto en el que se vuelve igual al producto real, lo que hace que el excedente (ER) se anule. En la medida que el aumento de VR amenaza con anular a ER, los capitalistas dejan de invertir, lo que provoca una crisis, con la consecuente caída del empleo efectivo NC. Marx considera la oferta de FT relativamente inelástica a corto plazo. La función del ejército industrial de reserva sería, exactamente, hacer que la oferta de FT fuera más elástica con respecto al salario, o sea hacer que VR sea menos susceptible de aumentar cuando NC crece. La crisis devalúa el capital, principalmente su parte constante, lo que permite elevarse nuevamente al índice medio de ganancia. Los capitalistas, que tienen todo el poder de decisión sobre la técnica a ser aplicada, hacen sus inversiones de tal modo que la relación técnica KF/NP[2] aumenta. Esto permite que haya una mayor formación de capital KR, antes de que NC (< NP) llegue al punto de provocar nuevamente el crecimiento de VR. Supongamos que KR/NP = 10, resultante de una relación KF/NP "baja", y que KR = 1000; luego, NP = 100; supongamos también que el aumento de VR anule el excedente cuando NC = 90.

La crisis comienza antes de que los capitalistas puedan operar su capital físico KF a plena capacidad. Si los capitalistas, alterando la relación técnica KF/NP, consiguen que KR/NP sea igual a 15, cuando KR = 1000, NP = 66,67. Luego, se hace posible operar el capital físico KF a plena capacidad (NC = 66,67) sin que el salario VR suba demasiado. Con el pasar del tiempo la acumulación de capital va a hacer que KR se expanda. Cuando KR se vuelve igual a 1500, NP = 100 y nuevamente habrá aumento de VR y crisis cuando el empleo efectivo NC se aproxime a 90. Como la acumulación de capital se da constantemente (excepto en los períodos de crisis), hay siempre una tendencia a que la demanda de FT provoque un ascenso de VR y amenace al excedente ER.

Hay un movimiento pendular, a corto plazo, entre los resultados de la acumulación y los límites impuestos por la oferta de FT. A plazo más largo, el cambio tecnológico va ampliando la relación KF/NP y consecuentemente KR/NC.[3] Hasta ahora he-

---

[2] Capital físico por trabajador con plena utilización de la capacidad.
[3] Monto de capital real por persona efectivamente empleada.

mos estado considerando una oferta fija de FT. Si la población crece y, en consecuencia, la oferta de FT aumenta, se mantiene el mismo movimiento pendular, pero con amplitud mayor. El crecimiento demográfico amplía la oferta de FT y, por lo tanto, retarda el momento en que el crecimiento del empleo NC induce al crecimiento del nivel de salarios VR. Basta considerar, en el ejemplo anterior, que en el segundo momento el salario VR sólo comienza a aumentar cuando el empleo NC alcanza a 100. En este caso la crisis es algo retardada, pero se produce, digamos, cuando KR= 1650, NP = 110 y NC se aproxima a 100.

Otro aspecto señalado por Marx es que, a medida que se eleva KR/NC, aumenta *er* el excedente por trabajador, en relación al salario que se le paga (*vr*). Se trata del crecimiento del "plus-valor relativo". Supongamos que, en el primer momento, el producto por trabajador *yr* = 100, *vr* = 30, el capital por trabajador *cr* = 40 y *er* = 30. Cuando el empleo NC llega a 90, el salario *vr* subiría a 60 y el excedente *er* tendería a cero. En el segundo momento: *yr* = 100, *vr* = 20,[4] *cr* = 40 y *er* = 40. En este caso, cuando el empleo NC = 90, el salario *vr* sube en la misma proporción del 100% a 40, pero *er* apenas baja hasta 20 [100 − (40 + 40)]. En realidad, la crisis sólo se desencadenará cuando el salario *vr* tienda a 60 (lo que anula *er*), lo cual debe lógicamente suceder cuando NC > 90 (digamos, cuando NC tiende a 110). Como se ve, el aumento del plusvalor relativo, fruto del aumento de la productividad que resulta del crecimiento de la capitalización (expresado por KR/NC), permite elevar el empleo antes de que la elevación de salarios provoque la crisis. El aumento de la productividad, según Marx, sólo puede ser físico, puesto que el producto real YR se mide en tiempo de trabajo socialmente necesario. La única manera de que el producto YR crezca es mediante el aumento de la jornada de trabajo, hipótesis que él no contemplaba como necesaria.[5]

El crecimiento del producto físico (YF) implica un abaratamiento de todos los costos, inclusive el de la FT. De ahí la re-

[4] *vr* cae de 30 a 20 porque la FT puede ahora ser reproducida con un menor gasto de trabajo socialmente necesario, gracias a la elevación de la productividad física proporcionada por el aumento de KR/NC.

[5] Otra forma de crecimiento del producto real YR es mediante el aumento de la proporción "compleja" del trabajo social, ya que cada hora de trabajo "complejo" crea una suma de valor mayor que una hora de trabajo "simple". (Véase *El capital*, tomo I.)

ducción del nivel medio de salarios de 30 a 20. Es importante observar que, para Marx, el avance tecnológico, efectuado en interés de los capitalistas, permite:

a] reducir el empleo por unidad de capital (o sea, aumenta KR/NC);

b] aumentar el empleo, dada una determinada oferta de FT, mediante la reducción del costo de la FT (vr).

La consecuencia que importa es la segunda, o sea la relación entre oferta y demanda de FT. La economía capitalista, estimulada por el progreso tecnológico y por el crecimiento del plusvalor relativo, tiende a ampliar el empleo. El ejército industrial de reserva tendería a agotarse si no fuera por la constante sustitución del hombre por la máquina. Marx creía que el capital no solamente determinaba la demanda de FT sino *también su oferta*. Él distingue tres formas del ejército industrial de reserva: 1] flotante (desempleados que fluyen de un empleo a otro); 2] latente: "No bien la producción capitalista se apodera de la *agricultura,* o según el grado en que se haya adueñado de la misma, *la demanda de población rural decrece en términos absolutos a medida que aumenta la acumulación del capital que está en funciones en esta esfera,* sin que la repulsión de esos obreros —como ocurre en el caso de la industria no agrícola— se complemente con una mayor atracción. Una parte de la población rural, por consiguiente, se encuentra siempre *en vías de metamorfosearse en población urbana o manufacturera.* (Manufacturero se usa aquí en el sentido de todo lo referente a la industria no agrícola.) Esta fuente de sobrepoblación relativa *fluye, pues, constantemente.* Pero su flujo constante presupone la existencia, *en el propio campo,* de una sobrepoblación constantemente *latente,* cuyo volumen sólo se vuelve visible cuando los canales de desagüe quedan, por excepción, abiertos en toda su amplitud"; 3] estancada: "[. . .] constituye una parte del ejército obrero *activo,* pero su ocupación es absolutamente irregular, de tal modo que el capital tiene aquí a su disposición una masa extraordinaria de fuerza de trabajo latente. Sus condiciones de vida descienden por debajo del nivel medio normal de la clase obrera y es esto, precisamente, lo que convierte a esa categoría en base amplia para ciertos ramos de explotación del capital. El máximo de tiempo de trabajo y el mínimo de salario la caracterizan. Hemos entrado ya en conocimiento de su figura principal bajo el rubro de la industria domiciliaria [. . .] Pero esta categoría constituye al mismo tiempo un elemento de la clase obrera que se reproduce y se perpetúa a sí mismo, y al que cabe una parte proporcionalmente mayor en el crecimiento global de dicha clase que a los demás elementos. *De hecho, no sólo la masa de los nacimientos y defunciones, sino la magnitud absoluta de las familias está en razón inversa al monto del salario, y por tanto a la masa de medios de subsistencia de que disponen las diversas categorías de obreros".* (Karl Marx, *Das Kapital,* t. I., cap. 23, § 24, pp. 677-678 [*El capital,* México, Siglo XXI, 1977, t. I/3, cap. XXXIII, § 4]: pp. 800-801 "Diversas formas de existencia de la sobrepoblación relativa. La ley general de la acumulación capitalista"; las cursivas son del original".)

Es interesante observar que Marx concibe el ejército industrial de reserva de la misma manera en que lo hace el análisis moderno del desempleo. Estaría compuesto por desempleados manifiestos (forma "flotante"), desempleados disfrazados en el campo (forma "latente") y desempleados disfrazados de subempleados urbanos (forma "estancada"). En cierta manera la forma estancada se aproxima a lo que hoy se considera desempleo "estructural", o sea desempleo que resulta de la desarmonía entre las características de calificación, edad, sexo, etc., de la demanda y oferta de FT.

El punto principal de la teoría del empleo en Marx es que, en la medida en que se acumula el capital y se amplía su radio de influencia, hay una verdadera proletarización de la sociedad. La expansión del modo capitalista de producción va reduciendo a la condición proletaria a masas cada vez mayores, lo que determina un fuerte crecimiento de la oferta de FT, independientemente de cualquier aspecto de la dinámica poblacional. Al mismo tiempo, la acumulación del capital expande la demanda de FT, la cual tendería a absorber toda oferta, si no fuera por el cambio tecnológico que permite: a] utilizar menos mano de obra por unidad de capital; b] reducir la porción del producto destinado a costear la reproducción de la FT. Gracias a la primera consecuencia, el desempleo tecnológico amplía la oferta de FT, manteniéndola permanentemente *por encima* de la demanda. Gracias a la segunda, el aumento del plusvalor relativo permite al capital soportar una mayor amplitud de variación de salarios, sin amenaza para el excedente.

LA EXPLICACIÓN DE KEYNES

Keynes ofrece el siguiente resumen de su teoría del empleo:

1] En determinada situación de la técnica, los recursos y los costos, el ingreso (tanto monetario como real)[6] depende del volumen de ocupación de N.

2] La relación entre el ingreso de la comunidad y lo que se puede esperar que gaste en consumo, designada por D_1, dependerá de las características psicológicas de la comunidad, que llamaremos su *propensión a consumir*. Es decir que el consumo dependerá del nivel de ingreso global y, por tanto, del nivel de ocupación N, excepto cuando ocurre algún cambio en la propensión a consumir.

3] El volumen de trabajo N que los empresarios deciden emplear depende de la suma (D) de *dos* cantidades, es decir D_1, la suma que se espera gastará la comunidad en consumo, y D_2, la que se espera que dedicará a nuevas inversiones. D es lo que antes hemos llamado *demanda efectiva*.

4] Desde el momento que $D_1 + D_2 = D \phi (N)$, en donde ϕ es la función de la oferta global, y como, según hemos visto en 2], D_1 es función de N, que puede escribirse X (N), dependiendo de la propensión a consumir, se deduce que $\phi (N) - X (N) = D_2$.

5] De aquí se desprende que, en equilibrio, el volumen de ocupación depende: a] de la función de la oferta global, ϕ; b] de la propensión a consumir, X; y c] del volumen de inversión, D_2. Ésta es la esencia de la teoría general de la ocupación.

6] Para cada valor de N hay una productividad marginal correspondiente de la mano de obra en las industrias de artículos para asalariados, la que determina el salario real. El subparágrafo 5] está sujeto, por tanto, a la condición de que N no puede *exceder* de aquel valor que reduce el salario real hasta igualarlo con la desutilidad marginal de la mano de obra. Esto quiere decir que no todos los cambios en D son compatibles con nuestro supuesto provisional de que los salarios nominales son constantes. Por esta razón será necesario, para realizar una exposición más completa de nuestra teoría, renunciar a esta hipótesis.

7] En la teoría clásica, de acuerdo con la cual $D = \phi (N)$ para *todos* los valores de N, el volumen de ocupación está en equilibrio neutral en todos los casos en que N sea inferior al máximo, de manera que puede esperarse que la fuerza de la competencia entre los empresarios lo eleve hasta dicho valor máximo. Sólo en este punto, según la teoría clásica, puede existir equilibrio estable.

[6] Real, físico, en nuestro sentido.

8] *Cuando la ocupación aumenta*, D_1 *hará lo propio, pero no tanto como* D; ya que cuando el ingreso sube, el consumo lo hará también, pero menos. La clave de nuestro problema práctico se encuentra en esta ley psicológica; porque de aquí se sigue que cuanto mayor sea el volumen de ocupación, más grande será la diferencia entre el precio de la oferta global (z) de la producción correspondiente y la suma (D_1) que los empresarios esperan recuperar con los gastos de los consumidores. Por tanto, si no ocurren cambios en la propensión a consumir, la ocupación no puede aumentar, a menos que al mismo tiempo D_2 crezca en tal forma que llene la diferencia creciente entre z y D_1. Por consiguiente, el sistema económico puede encontrar en sí mismo un equilibrio estable con N a un nivel inferior a la ocupación completa. (John M. Keynes, *The General theory of employment, interest and money*, p. 28-30 [*Teoría general de la ocupación, el interés y el dinero*, México FCE, 1965, pp. 36-37].)

El enfoque de Keynes parte de la relación entre empleo y producto, al contrario del de Marx, que considera al empleo una función del capital [NC = f(KF)]. Los empresarios, según Keynes, emplean un número N de trabajadores con el fin de obtener un producto YR, que ellos esperan poder vender a un precio superior a sus costos, de modo de ganar un excedente. El valor que los empresarios esperan obtener por YR es equivalente a la demanda efectiva D y depende de lo que el público quiera gastar. Consecuentemente, dado el nivel de salarios *vr*, el volumen de empleo N será función de la demanda D (proposición 3).

En la determinación de D, Keynes divide la demanda en dos partes: gastos de consumo D1 y gastos de inversión D2. D1 será una función del ingreso, por lo tanto del empleo, siendo una proporción decreciente del ingreso en la medida en que ésta aumenta *per capita* (proposición 7). Debido a este hecho, el empleo y el ingreso sólo pueden aumentar continuamente si D2, los gastos agregados de inversión líquida, crecieran en una tasa superior a la del propio ingreso. En otros términos, D2 será una proporción creciente de D (= Y).

Supongamos que en el año *t*, Y = 100, D1 = 85 y D2 = 15. En el año *t* + 1, Y = 105, D1 = 88 y D2 tendrá que ser 17. En el año *t* + 2, si Y = 110 y D1 = 91, D2 tendrá que ser 19. De acuerdo con estos datos hipotéticos, la propensión media a consumir era del 85% (85 en 100), pero la propensión marginal a consumir era de 60% (el incremento de D1 = 3, en relación al incremento de Y = 5). En consecuencia, la propensión media a consumir desciende al 84% en t + 1 (88 en 105) y al 82.8% en t + 2 (91 en 110). La parte del ingreso que no es gastado en consumo es considerado *ahorro*. Obviamente, el ahorro a ser convertido en inversión se transforma en una porción cada vez mayor de Y: 15%, en t, 16% en t + 1 y 17.2% en t + 2.

La transformación del ahorro en inversión es el eslabón estratégico en la cadena causal analizada por Keynes. Depende de una serie de factores, principalmente de la relación entre la tasa de impuestos i y la preferencia (subjetiva) por la liquidez. Los ahorristas siempre tienen la alternativa de no ofrecer sus recursos a los inversores por considerar muy bajos los intereses pagados por éstos, siendo los intereses el precio pagado por los inversores (empresarios) por el uso del dinero de los ahorristas. La parte del ahorro que no se entregue para su inversión queda reservada. Consecuentemente, la demanda D será menor que Y y una parte de las mercancías no será vendida. Habrá una formación involuntaria de stock, lo que también es considerado inversión. Pero es una inversión involuntaria, que lleva a las empresas a reducir la producción y, por lo tanto, el empleo. Finalmente, se logrará el equilibrio cuando el ahorro sea igual a la inversión voluntaria o planificada.

Supongamos, en nuestro ejemplo anterior, que en t + 1 el ahorro sea 17, no obstante que, dada la tasa de intereses y la preferencia por la liquidez, la inversión proyectada sea apenas de 15. Habrá una formación involuntaria de stock por valor de 17 − 15 = 2. Esto hará, en t + 2, que el nivel de empleo baje nuevamente de modo que Y no exceda de 100. Ahora, el ahorro será nuevamente 15, es decir igual a la inversión proyectada. D = 85 + 15 = 100 = Y, lo que asegurará la permanencia del empleo en el mismo nivel.

La tesis de Keynes es que el nivel de *equilibrio* del empleo no siempre es el de pleno empleo, o sea no es necesario que todos los que desean trabajar por el salario vigente estén empleados. Keynes supone que la oferta de FT está determinada por el salario vigente en comparación con la "desutilidad marginal del trabajo" (proposición 6). Esto significa que habrá en el mercado de trabajo tantos individuos cuantos estimen que vale la pena trabajar por el salario en cuestión. El salario está determinado por la productividad marginal de los que trabajan en las industrias de bienes de salario, es decir en las actividades que producen las mercancías consumidas por los asalariados. Supone Keynes que, en cada ramo, el salario pagado coincide con la productividad marginal del trabajo. De este modo, los que trabajan en la industria de bienes de salario ganan un salario equivalente a su productividad marginal. Como el nivel de salarios es supuestamente uniforme en toda economía, el salario de los trabajadores en las industrias de bienes de salario da, en su propio producto, el salario real (físico) en todo sistema económico.

MARX Y KEYNES

La teoría del empleo de Marx propone un movimiento pendular que resulta del embate de dos fuerzas: la acumulación de capital y las limitaciones de la disponibilidad de mano de obra. De este modo, el tope para el crecimiento del empleo y del producto proviene del lado de la oferta. Uno de los factores de producción, el trabajo, tiene oferta limitada, colocando por eso una barrera al crecimiento del otro factor: el capital. El progreso tecnológico permite al capital saltar esta barrera, al elevar la relación técnica KF/NP y, en consecuencia, la composición orgánica del capital CR/VR.[7] Teóricamente no habría crisis si el avance tecnológico se diera a un ritmo tal que la acumulación del capital jamás elevase el empleo por encima del nivel que obliga al aumento de salarios, reduciendo la tasa de ganancia por debajo de su límite mínimo.

En realidad, al no ser planificada la economía capitalista, los capitalistas no tienen posibilidades de ajustar el ritmo del progreso tecnológico al de la acumulación del capital, aunque lo hacen en forma irregular, por medio de los mecanismos de mercado, ampliando la oferta de FT mediante la proletarización de los productores independientes y constituyendo el ejército industrial de reserva, cuyo papel es permitir la expansión del capital, hasta cierto límite, sin que los salarios suban.

Se debería ampliar el razonamiento de Marx, en el sentido de que la capacidad ociosa desempeña, en la dinámica económica del capitalismo, un papel similar al del ejército industrial de

---

[7]Relación entre capital constante (CR) y capital variable (VR).

reserva. No siendo la economía planificada, su crecimiento provoca fácilmente puntos de estrangulamiento en las áreas en las que el aumento de la capacidad de producción insume mucho tiempo: es el caso de las fábricas de acero, de las usinas hidroeléctricas, de las vías de transporte (carreteras, vías férreas, puertos, aeropuertos), de las plantaciones de café, de cacao, etc. Es significativo que el progreso tecnológico haya aumentado el número y la importancia de estas áreas, al elevar las escalas de producción y expandir las individualidades técnicas.

En cada una de estas áreas la oferta sería totalmente inelástica con respecto a los precios si no fuera por la existencia de capacidad ociosa. De este modo, en la medida en que la acumulación avanza, la demanda por tales productos se eleva, sucediendo lo mismo con la oferta, hasta el punto en que la producción alcanza su punto máximo, cuando la capacidad es plenamente utilizada. A partir de este punto, únicamente la importación del exterior puede ampliar la oferta. Sin embargo, como la capacidad de importar de cada país tiene sus límites, este último medio tampoco consigue más que postergar el momento en que los puntos de estrangulamiento se caractericen completamente, provocando ya sea la elevación de los precios de las mercancías escasas o su racionamiento.

El efecto de los puntos de estrangulamiento sobre el margen de ganancia es el mismo que el de la escasez relativa de FT: desciende a causa del aumento de los costos de producción. El plusvalor producido en los ramos afectados por la escasez de un insumo —por ejemplo, la industria automovilística ante la escasez de acero— sigue siendo la misma, pero gran parte de ellla es transferida al ramo de oferta insuficiente (en este caso, la industria del acero) mediante el aumento del precio de la mercancía escasa. El efecto sobre la inversión, no obstante, es el mismo que describe Marx: la baja de la tasa de ganancia reduce la inversión. Si hubiera racionamiento de la mercancía escasa, impuesto por el gobierno, intentando así mantener su precio constante, la producción de los artículos que utilizan la mercancía en cuestión como insumo tiene que ser limitada, lo que obviamente causa la reducción de las inversiones: no tiene sentido ampliar la capacidad de producción si ésta no puede ser utilizada.

El efecto nocivo de los puntos de estrangulamiento tiende a

difundirse por toda la economía, principalmente si los puntos de estrangulamiento tienden a localizarse en sus sectores estratégicos. Claro que la falta de pimienta o de lana no provoca una crisis. Pero la escasez de acero, de energía eléctrica o de vías de transporte afecta a sectores mucho más amplios de la economía y la caída de la inversión en ellos reduce el empleo en los ramos que producen elementos de capital fijo, lo que provocará disminución de la demanda, inclusive por los productos de los sectores no afectados.

Es obvio que, en este caso, el progreso tecnológico también resuelve el problema al proporcionar sucedáneos para los productos que faltan: los plásticos pueden sustituir al acero en ciertos usos, la energía eléctrica puede ser generada por motores Diésel, medios de transporte no convencionales (el aéreo, por ejemplo) pueden remplazar a los que están saturados. Pero encontrar tales soluciones lleva tiempo y/o eleva los costos. De modo que los puntos de estrangulamiento sólo son realmente resueltos cuando, con el paso del tiempo, se crea la capacidad de producción faltante. Entretanto, la economía atraviesa una crisis cuando se encuentra en las condiciones teóricas supuestas por Marx: ninguna intervención estatal, moneda fuerte de oferta relativamente rígida, etcétera.

De este modo, se puede decir que la situación analizada por Marx es un caso particular, aunque de la mayor importancia, de una ley más general de la economía capitalista, en la medida en que se apoya exclusivamente sobre mecanismos de mercado para su regulación: la tendencia a la acumulación tiende a chocar con las condiciones objetivas de crecimiento de la economía, produciendo un movimiento pendular de prosperidad y crisis. El caso particular de Marx, sin embargo, tiene una significación muy especial porque sólo él produce una *tendencia* en el progreso tecnológico: la de aumentar la composición orgánica del capital y la productividad física del trabajo.

En el primer tomo de *El capital,* donde se encuentra su teoría del empleo, Marx no examina la hipótesis de que el nivel de empleo estaría restringido por una deficiencia de demanda efectiva. Él analizará este punto en el segundo tomo, donde están sus famosos "esquemas de reproducción", sin haber tenido tiempo de completar su desarrollo. El instrumento de análisis que él creó fue de valor inestimable (tendremos ocasión de utilizarlo), aunque el asunto quedó abierto. Cupo a algunos de sus discípulos, entre los que destacamos a Rosa Luxemburg y Michael Kalecki, proseguir el trabajo.

La cuestión, no obstante, fue analizada por Keynes, cuya enorme influencia sobre el pensamiento contemporáneo merece un examen más detenido.

Keynes parte de una situación en la que sólo se verifican cambios a corto plazo: la población, el stock de capital y la técnica de producción se mantienen iguales. Por eso, su análisis no es fácilmente combinable con el de Marx. Además, él juega con comportamientos subjetivamente determinados (el "estado de expectativa"), que son relevantes únicamente en el corto plazo. Pero su proposición fundamental es correcta: el nivel de actividades y de empleo, en una economía capitalista, está limitado por el crecimiento de la demanda efectiva. Esta limitación constituye una barrera a la acumulación del capital *antes* de que los puntos de estrangulamiento, del lado de la oferta, se manifiesten. La idea básica es que los que reciben una porción del ingreso nacional tienen más de una opción acerca de cómo utilizarla. Tal libertad de optar es tanto mayor cuanto más elevado es el ingreso que el individuo percibe. Si el total del ingreso que el individuo recibe es apenas suficiente para cubrir sus gastos de consumo, es obvio que sólo tiene una opción: gastarlo. Pero si el ingreso que recibe es mucho mayor que la cantidad que sus necesidades de consumo requieren, puede: a] aumentar todavía más su consumo; b] ahorrar parte del ingreso y ofrecerlo en el mercado de capitales (depositándolo en un banco, por ejemplo, o adquiriendo un título); c] atesorarlo, o sea conservalor en forma de moneda. Sólo en la hipótesis a] la demanda crece con el producto. En la hipótesis b] la demanda crecerá solamente en la medida en que los recursos ofrecidos encuentren efectivamente quien los tome; es decir en la medida en que el ahorro se transforme en inversión. En la hipótesis c] la demanda no crece.

Keynes supone que los gastos de consumo crecen menos que el ingreso cuando éste se expande, lo que es empíricamente verificable. Luego, la porción del ingreso que se ahorrará será cada vez mayor. Su destino depende de la *demanda de capital para inversiones*. En este punto, el análisis de Keynes resulta insatisfactorio, porque es imposible disociar la demanda de capital para inversiones del crecimiento del stock de capital, de la capacidad de producción y de su grado de utilización.

En otras palabras, es preciso descubrir las leyes que rigen la reproducción en la economía capitalista, pues sólo de esta manera los diversos elementos que se intercondicionan en el proceso económico pueden situarse en una perspectiva adecuada, necesariamente dinámica. Marx ofrece un análisis de la dinámica capitalista a largo plazo, en el que el tamaño de la población, la técnica, etc., se alteran. Keynes elabora su análisis únicamente a corto plazo, en el que estos elementos se suponen constantes. A continuación trataremos, mediante el estudio de la reproducción, de integrar las dos perspectivas.

EL ESTUDIO DE LA REPRODUCCIÓN

LA REPRODUCCIÓN

El estudio de la reproducción aborda la dinámica económica desde el punto de vista de la concatenación necesaria de los actos de producción y de consumo, que se encuentran separados por la división social del trabajo. En la medida en que la producción social tiene continuidad, restablece las condiciones que le dieran origen. Producir significa también consumir, destruir el resultado de la producción anterior. Es en este sentido que la producción social es *reproducción*.

La producción es generalmente un proceso continuo que, no obstante, se da por ciclos. Éstos son fácilmente reconocibles en la agricultura, donde cada ciclo se inicia con la preparación de la tierra y se cierra con la cosecha. En cada ciclo agrícola se siembran frutos de la producción pasada, y de esta manera, productivamente consumida, parte de la cosecha servirá de simiente para la producción futura. En otros ramos de la producción los ciclos son menos evidentes, pero existen igualmente. La vida útil de una fábrica —el predio, las máquinas y las instalaciones— tiene determinada duración. Durante este periodo la fábrica va siendo consumida productivamente. Una parte de la producción que en ella se realiza será utilizada para reponer la fábrica, cuando su vida útil se hubiera agotado. El ciclo de reproducción, en un caso como éste se subdivide en tantos subciclos cuantos fueran sus elementos de capital constante (fijo y circulante) de duración diferente. El *turn-over** de stock constituye el proceso de consumo y recreación de las condiciones materiales del proceso productivo.

Es evidente que no se puede calcular empíricamente un ciclo general (o medio) de la producción social. Pero es la presencia simultánea de innumerables ciclos particulares lo que le da a la producción social una dinámica muy peculiar. Durante

---

Turn-over: sustitución, renovación de inventario.(T.)

el transcurso de los ciclos de producción están dadas las condiciones productivas de cada segmento de la economía, determinando la técnica de producción los intercambios entre estos segmentos y los límites máximos de la productividad del trabajo. Es en el pasaje de un ciclo a otro cuando las condiciones pueden ser alteradas, permitiendo innovaciones tecnológicas, modificando las relaciones entre los segmentos (o sea, la división social y técnica del trabajo) y elevando·la productividad del trabajo. Evidentemente, reproducir las condiciones materiales del proceso productivo no significa solamente rehacerlas con características idénticas a las condiciones productivamente consumidas. La reproducción puede ser creadora y es común que ciclos productivos sean prematuramente cerrados, es decir antes de que el consumo productivo de los elementos del capital fijo se haya consumado, precisamente para que tales elementos puedan ser reproducidos con moldes tecnológicos más avanzados.

El estudio de la reproducción permite, por lo tanto, examinar la concatenación de estos ciclos bajo el ángulo de sus consecuencias más generales para la economía como un todo, apoyándose sobre un concepto abstracto de "ciclo del capital social" que sería una media representativa de los innumerables ciclos y subciclos concretos de la producción real. Como construcción teórica, permite captar el sentido unitario de la producción social, sin dejar de considerar su atomización por la división del trabajo. La multiplicidad de ciclos es precisamente lo que torna incierto al proceso de reproducción, de ahí la probabilidad de anarquía de la producción, los ciclos de coyuntura, pero también el avance tecnológico y el aumento de la productividad.

LA CONDICIÓN GENERAL DE LA REPRODUCCIÓN

Consideramos, inicialmente, una sociedad en la que la división del trabajo aún no separó la producción de bienes de consumo de la producción de bienes de producción. Por lo tanto, los productores de bienes de consumo construyen y reconstruyen ellos mismos los bienes de producción que utilizan.

En esta sociedad, dos elementos estarán definidos constantemente: la productividad del trabajo y el consumo de los trabajadores, que llamaremos de "consumo necesario". La productividad del trabajo dependerá de la tecnología en uso y el consumo necesario dependerá de un mínimo fisiológico, al cual se agregan los bienes (valores de uso) destinados a la satisfacción de necesidades no vitales, culturalmente determinadas. De la productividad P de un número N de trabajadores resultará, a cada ciclo, un producto P, que se dividirá en producto necesario PN, destinado al consumo de los trabajadores y un producto excedente PE, destinado al consumo de los no productores (niños, ancianos, servidores de la justicia, de la iglesia, del estado, etc.). En notación aritmética:

$$NP = P \qquad (1)$$
$$P - PN = PE \qquad (2)$$

(Interesa señalar que ambas ecuaciones denotan no solamente igualdades sino relaciones causales: N p *genera* P, es decir un cierto número de trabajadores produciendo "causan" P y PE *resulta* de P — PN, o sea el excedente es el resultado de la deducción del producto de la parte que debe atender al consumo necesario.)

Dado, por lo tanto, un producto excedente y el nivel de consumo percápita de este excedente, se determina la división de la sociedad en productores y no productores. En un nivel muy bajo de productividad, evidentemente, el consumo percápita excedente y necesario son iguales entre sí y coinciden con el mínimo fisiológico. En este caso, si el producto necesario es la mitad del producto total, por ejemplo, está claro que el número de no productores no puede exceder el de productores. El consumo de los productores es *necesario* debido a una imposición del proceso de reproducción. El consumo de los no productores es una virtualidad, que se hace posible por la productividad. Cuando ésta, no obstante, se eleva por encima de un cierto nivel, no es el tamaño del producto excedente lo que determina el número de no productores sino que son éstos, convertidos en clase dominante, quienes limitan el consumo necesario (ya mayor que el mínimo fisiológico), determinando, por lo tanto, el producto excedente en función de sus propias necesidades. En este caso, la ecuación (2) se transforma, en cuanto indicador de una relación causal, en:

$$P - PE = PN \quad (2')$$

Imaginemos ahora una sociedad en la que bienes de consumo y bienes de producción ya son producidos separadamente. Se divide, por lo tanto, la producción social en dos sectores:

Sector I, que produce bienes de producción.

Sector II, que produce bienes de consumo.

En este caso, vamos a abstraer, provisoriamente, a los no productores. El sector II proporciona un producto P2 que se divide en necesario PN2, destinado a sustentar a quienes trabajan en él, y excedente PE2 destinado al consumo de los que trabajan en el sector I. Éste, a su vez, da un producto P1 que se divide en necesario PN1, constituido por bienes de producción utilizados y consumidos en el propio sector I, y excedente PE1, constituido por los bienes de producción necesarios al sector II. En notación aritmética:

$$P1 = PN1 + PE1 \quad (3)$$
$$P2 = PN2 + PE2 \quad (4)$$

Las ecuaciones (3) y (4) expresan solamente igualdades cuantitativas. Las condiciones que determinan la división del producto de cada sector en necesario y excedente son las siguientes: a] P2 está determinado por la productividad (P2) de los N2 trabajadores incorporados al sector II; b] el producto necesario del sector II (PN2) está determinado por el consumo necesario (CO2) de los N2 trabajadores a él incorporados; c] PE2 está determinado por lo que sobra de P2, una vez deducido PN2; d] N1, el número de trabajadores en el sector I, está determinado por el excedente de bienes de consumo PE2 dividido por el nivel de consumo (CO1) de aquellos trabajadores; e] el producto del sector I está determinado por la productividad (P1) de los N1 trabajadores ocupados en el sector I; f] el producto necesario del sector I (PN1) está determinado por el consumo productivo (COPR1) de bienes de producción necesario a la producción de P1 y g] el producto excedente del sector I (PE1) está determinado por la diferencia entre P1 y PN1.

Las relaciones causales se expresan, por lo tanto, por las siguientes ecuaciones:

$$N2 \times P2 = P2 \qquad (5)$$
$$N2 \times CO2 = PN2 \qquad (6)$$
$$P2 - PN2 = PE2 \qquad (7)$$
$$PE2 \div CO1 = N1 \qquad (8)$$
$$N1 \times P1 = P1 \qquad (9)$$
$$COPR1 = PN1 \qquad (10)$$
$$P1 - PN1 = PE\ 1 \qquad (11)$$

Como se ve, el tamaño del sector I está determinado por el excedente PE2 del sector II (ecuaciones 8 y 9). Es el sector II el que provee los bienes de consumo que sustentan a los que trabajan en el sector I. Pero hay una contrapartida: el sector I provee los bienes de producción que son consumidos en el sector II:

$$PE1 = COPR2 \qquad (12)$$

La ecuación (12) expresa, junto con la (8), la *condición general de reproducción*: así como el consumo necesario al sector I (N1 x CO1) tiene que ser atendido por el excedente del sector II (PE2), el consumo productivo del sector II (COPR2) tiene que ser atendido por el excedente del sector I (PE1). Este intercambio entre los sectores es la condición general de la reproducción porque es el que va a determinar el volumen físico y real de P2 y P1 en el ciclo siguiente. Esto queda claro si reparamos en el hecho de que p2, la productividad en el sector II, depende de la cantidad y de la calidad de los medios de producción recibidos del sector I. El excedente del sector II, a su vez, depende indirectamente de la productividad p2 del mismo sector (ecuaciones 5 y 7). Finalmente, el producto P1 del sector I depende del excedente PE2 del sector II (ecuaciones 8 y 9) y el excedente PE1 depende de su producto total P1, dado el consumo productivo COPR1 (ecuaciones 10 y 11). En suma, el ritmo de reproducción está condicionado por el intercambio de los excedentes PE2 por PE1, entre los sectores.

Finalmente, podemos reintroducir a los no productores. En este caso, PE2, el producto excedente del sector II, deberá ser considerado bruto (PEB2), dividiéndose en excedente necesario (PEN2), destinado al sustento de los trabajadores del sector I, y excedente líquido (PEL2), destinado al consumo de los no productores.

$$PEB2 = PEN2 + PEL2 \quad (13)$$

Dada la productividad relativamente elevada que determina la separación entre producción de bienes de consumo y producción de bienes de producción, y dado el papel dominante que en general ejercen los no productores sobre la distribución del producto, se puede admitir que la distribución de PEB2, el excedente bruto del sector II, entre necesario (PEN2) y excedente líquido (PEL2) está determinado por las necesidades de consumo de los no productores:

$$PEB2 - PEL2 = PEN2 \quad (14)$$

Esto significa que, dado el excedente global de bienes de consumo (PEB2), la clase dominante determina primeramente su propio consumo (PEL2), dejando los restantes bienes de consumo para los trabajadores del sector I (PEN2). Este tipo de distribución del ingreso significa que a la clase dominante le corresponde decidir cuanto del excedente debe ser destinado a su propio consumo (PEL2) y cuanto a la inversión bruta (PEN2), que está representado, en última instancia, por los bienes que sustentan a los trabajadores que producen bienes de producción.

El monto de la inversión PEN2 determina el volumen $N1$ de empleo en el sector I y, éste, dada la productividad del trabajo $p1$, la cantidad $P1$ de los bienes de producción, de acuerdo con la ecuación (9): $N1 \times p1 = P1$.

El aspecto más importante de este análisis es que el consumo de los no productores PEL2 y de los trabajadores en el sector I PEN2 son determinados conjunta y antagónicamente. La condición general de la reproducción muestra, por lo tanto, que el ritmo de la reproducción, es decir que los siguientes ciclos de producción sean mayores, iguales o menores que los precedentes, depende del modo en que la clase dominante es llevada a repartir el excedente bruto del sector II entre su propio consumo y el ahorro (e inversión).

LA CONDICIÓN GENERAL DE LA REPRODUCCIÓN CAPITALISTA

Supongamos ahora que los sectores i y ii estén constituidos exclusivamente por empresas capitalistas. En este caso, podemos suponer que el producto necesario del sector ii corresponde a los salarios pagados ($PN2 = V2$) y que el excedente necesario del mismo sector corresponda a los salarios pagados en el sector i ($PEN2 = V1$). Estas dos hipótesis implican el consumo total de los salarios por los trabajadores, que nada ahorrarían. Posteriormente esta simplificación puede ser eliminada.

Los bienes de producción en la economía capitalista reviste en el carácter de capital constante. Luego, el producto $P1$ del sector i corresponde al capital constante total consumido en un ciclo productivo y se divide entre los sectores del modo en que ya se ha visto: $PN1 = CT1$ y $PE1 = CT2$ (el producto necesario del sector i constituye el capital constante aplicado al mismo sector y el producto excedente del sector i constituye el capital constante aplicado al sector ii).

Finalmente, el excedente líquido del sector ii constituye el plusvalor M. Tomemos la reproducción simple como base inicial de nuestro razonamiento: todo excedente líquido aparece bajo la forma de bienes de consumo y, por lo tanto (abstrayendo la variación de stock), es consumido.

Es necesario ahora distinguir dos aspectos en el proceso de producción: el de la oferta y el de la demanda. Desde el punto de vista de la *oferta,* la transformación de las variables operada hasta ahora nos permite escribir:

Sector i: $P1 = CT1 + CT2$ (15)
Sector ii: $P2 = V2 + V1 + M$ (16)

Las ecuaciones (15) y (16) muestran que la oferta total de bienes de producción provienen del sector i y que la oferta total de bienes de consumo provienen del sector ii, como no podría ser de otro modo. Estas ecuaciones expresan, en las condiciones específicas del capitalismo, las mismas igualdades que las ecuaciones (3) y (4) describían en las condiciones generales de reproducción.

Como en el capitalismo todas las transacciones se efectúan mediante intercambio en el mercado, es necesario considerar ahora las condiciones de la demanda. Dadas nuestras hipótesis simplificadoras, la demanda de capital variable en el sector II está representada por las necesidades de consumo de los trabajadores ocupados en este sector; la demanda del producto necesario del sector II (total de salarios pagados en ese sector) está constituida por las necesidades de consumo de los que están ocupados en ese sector; de la misma manera, la demanda de capital constante se localiza en los sectores en los que es productivamente consumido: CT_1 en el sector I y CT_2 en el sector II. Resta examinar la demanda de mercancías que constituyen el plusvalor, y que asume inicialmente la forma de ganancia bruta.

En el capitalismo, desde el momento en que hay una razonable movilidad del capital, las tasas de ganancia $\dfrac{M}{CT + V}$ de las empresas tienden a igualarse. Cuando el carácter monopolista de los mercados dificulta la movilización de capitales, los controles de precios acaban por conducir aproximadamente al mismo resultado: las tasas de ganancia de las empresas tienden a ser las mismas. En este caso, el plusvalor, en términos de valor de cambio, se distribuiría entre el sector I y el sector II en proporción al capital aplicado a cada uno de estos sectores:

$$M = M_1 + M_2 \tag{17}$$

$$\frac{M}{CT + V} = \frac{M_1}{CT_1 + V_1} = \frac{M_2}{CT_2 + V_2} \tag{18}$$

$$\frac{M_1}{M_2} = \frac{CT_1 + V_1}{CT_2 + V_2} \tag{19}$$

La ecuación (17) dice que el plusvalor M se divide entre el sector I (M_1) y el sector II (M_2). Las ecuaciones (18) y (19) muestran que esta división se hace en proporción al capital invertido en cada sector. Por lo tanto, podemos representar la distribución de la *demanda* por los dos sectores de la siguiente manera:

Sector I: $P_1 = CT_1 + V_1 + M_1$ $\tag{20}$
Sector II: $P_2 = CT_2 + V_2 + M_2$ $\tag{21}$

Si comparáramos ahora oferta y demanda, representadas por las ecuaciones (15), (16), (20) y (21), verificaremos que las transacciones requeridas por el proceso de reproducción son las siguientes:

	Demanda	Oferta	
P_1 bienes de producción:	$CT_1 + CT_2 = CT_1 + V_1 + M_1$		(22)
P_2 bienes de consumo:	$V_2 + V_1 + M_2 + M_1 = CT_2 + V_2 + M_2$		(23)

Los términos que aparecen en *ambos* lados de las ecuaciones (22) y (23) representan mercancías que encuentran su demanda en el propio sector donde fueron producidas. Así, CT_1 (en la ecuación 22) es el capital constante producido y productivamente consumido en el sector I. Análogamente, V_2 y M_2 (en la ecuación 23) son bienes de consumo que atienden a las necesidades de productores y no productores, respectivamente, del sector II. Así, si quisiéramos aislar las transacciones *entre* los sectores únicamente, reducimos los términos comunes a ambos lados de las ecuaciones y encontramos:

$$CT_2 = V_1 + M_1 \qquad (24)$$

La ecuación (24) muestra, en esencia, que el sector II compra al sector I los bienes de producción que necesita (CT_2) con el producto de la venta de los bienes de consumo (V_1 y M_1) que sirven al sustento de los productores y no productores del sector I. De la misma manera, los empresarios del sector I compran los bienes de consumo que necesitan (M_1) y pagan los salarios de sus obreros (V_1) con el ingreso de la venta al sector II de su excedente de bienes de producción (CT_2). La ecuación constituye la *condición general de la reproducción capitalista.*

Es obvio que la ecuación (24) corresponde, en las condiciones generales, a las ecuaciones (8) y (12): todas ellas reflejan el intercambio de excedentes entre los sectores. Sin embargo, las ecuaciones (8) y (12) enfocan la condición general de reproducción únicamente en cuanto a su aspecto físico: el excedente de bienes de consumo debe corresponder a las necesidades de quienes se encuentran ocupados en el sector ı y el excedente de los bienes de producción debe corresponder a las necesidades de consumo productivo del sector ıı. La condición general de la reproducción capitalista incluye, además de este requisito de adecuación física, otro: el de equivalencia. Los excedentes de ambos sectores son intercambiados. Las mercancías que componen la oferta tanto de bienes de producción (c_{T2}) como de bienes de consumo (v_1 y m_1) ya se presentan en el mercado con un precio, que corresponde a la suma de sus costos de producción y de un margen de ganancia. La reproducción está condicionada por la magnitud con que se realiza la equivalencia de los excedentes.

La condición general de la reproducción capitalista revela, de modo claro, la subordinación de la técnica a las reglas del juego capitalista. Admitamos que en un establecimiento agrícola del sector ıı sea utilizada una técnica de producción primitiva, cuyo instrumento principal es la *azada*. De allí se deriva una baja productividad y la producción de un excedente bruto ($p_{EB} = c_{T2} + m_2$) reducido. Siendo la azada una mercancía de bajo costo, sobra un margen suficiente de excedente ($p_{EB} - c_{T2} = m_2$) como para que la tasa de ganancia proporcionada por el establecimiento sea aproximadamente la media. Si en este establecimiento se introdujera una innovación tecnológica que impusiese la sustitución de la azada por el tractor, se podrían esperar las siguientes consecuencias: a] aumento del producto total (p_2); b] disminución del número de asalariados y de los salarios que se les paga (v_2); c] aumento igual a la suma de los movimientos anteriores del producto excedente bruto ($p_2 - v_2 = p_{EB}$). Si, no obstante, el costo del tractor fuera mayor que el de la azada en una proporción tal que la tasa de ganancia se *reduzca*, la innovación es económicamente *no viable*. En términos numéricos:

a] Técnica de la azada: $20\,(c_{T2}) + 80\,(v_2) + 20\,(m_2) = 120\ (p_2)$

$$\frac{m_2}{c_{T2} + v_2} = \frac{20}{20 + 80} = 20\%$$

b] Técnica del tractor: $200\,(c_{T2}) + 20\,(v_2) + 30\,(m_2) = 250\,(p_2)$

$$\frac{M_2}{CT_2 + V_2} = \frac{30}{200 + 20} = 13.6\%$$

La técnica del tractor, sin duda, proporciona un excedente bruto $CT_2 + M_2$ mayor (230 en lugar de 40), aunque se necesita una parte demasiado grande (200) para reponer el tractor (CT_2). Para que los requisitos de la condición general de la reproducción sean satisfechos —extraer 200 del excedente bruto para reponer el tractor— la tasa de ganancia será inferior a la media. Para que ésta fuese igual al 20% M_2 tendría que ser igual a 42 o CT_2 no podría ser mayor que 188. En estas condiciones el tractor no podría ser repuesto y la reproducción no se verificaría.

De acuerdo con la ecuación (24), el tractor está representado por $V_1 + M_1$, siendo su valor igual a 200. Para que la empresa pueda alcanzar la tasa de ganancia ambicionada del 20%, posible con la técnica de la azada, el excedente necesario CT_2 sería apenas de 188, menor que el valor del capital constante insumido. Esto viola la condición general de la reproducción capitalista.

Este ejemplo muestra que las relaciones entre CT_2 —el excedente a ser invertido del sector II— por un lado y $V_1 + M_1$ —el valor a ser consumido del sector I— por otro o, de un modo más general, entre el producto P_2 del sector II y el producto P_1 del sector I, son impuestas por la ley del valor y no por la técnica. Entre las diversas opciones técnicas se escoge aquella que satisface el requisito de equivalencia de la condición general de la reproducción capitalista, proporcionando a las empresas la mayor tasa de ganancia posible.

EL RITMO DE REPRODUCCIÓN

Como ya vimos, la reproducción se da mediante el pasaje de un ciclo de producción a otro. Comparando el valor real del producto $P(T)$ del primer ciclo con el producto $P(T+1)$ del ciclo siguiente, se puede determinar el ritmo de la reproducción. Si:

$$P(T) = P(T+1) \quad \text{tenemos reproducción simple}$$

$P(T) < P(T + 1)$ tenemos reproducción ampliada
$P(T) > P(T + 1)$ tenemos reproducción contraída

En la reproducción simple el producto $P(T)$ se mantiene en el mismo nivel, lo que significa que las condiciones materiales de reproducción (dadas por las ecuaciones 15 y 16) al final del ciclo se redistribuyen de tal modo (dado por las ecuaciones 20 y 21) que el ciclo siguiente se desenvuelve precisamente del mismo modo que el anterior.

Si admitimos que no haya innovaciones técnicas, una economía capitalista con reproducción simple tiende a permanecer en ella. Para que una economía, en estas condiciones, pueda pasar a la reproducción ampliada, una parte del plusvalor tendría que ser acumulado, es decir destinado al consumo necesario de obreros y al consumo productivo, en lugar de ser consumido por los no productores. A partir de la existencia de desempleados y de capacidad ociosa, no habría ningún obstáculo para que tal acumulación se diera. La imposibilidad se encuentra en la regla del juego capitalista, en el sentido de que ningún empresario se dispone a ampliar su reproducción si no puede contar con un aumento *previo* de la demanda. La regla se justifica plenamente desde el punto de vista de la praxis capitalista: producir por debajo de la demanda significa apostar a lo seguro y, eventualmente, obtener ganancias extraordinarias debidas al alza de los precios, pero producir más allá de la demanda significa arriesgarse a pérdidas, ya sea bajo la forma de stock invendibles de mercancías, o bajo la forma de disminución de los precios.

De hecho, si la acumulación debe iniciarse en el sector I, tal iniciativa tendría como consecuencias: a] transferir una parte de la demanda de los que reciben el plusvalor M_1 hacia bienes de producción, que constituirían un incremento en el capital constante del sector: Δc_{T1}; b] disminuir, en la misma proporción, la demanda de bienes de consumo; c] por la condición general de la reproducción capitalista $- c_{T2} = v_1 + M_1 -$, la caída en la venta de los bienes de consumo representados reduciría la demanda c_{T2} de bienes de producción; d] de esta manera, el sector I se hallaría en la tentativa de elevar su producción que, paradójicamente, tiene por efecto reducir la demanda de sus productos. Obviamente, si la tentativa se realizara, se frustraría.

Lo mismo ocurriría si, a partir de una situación de reproducción simple, la acumulación se iniciase en el sector II. En este caso, una parte de la demanda de bienes de consumo de quienes reciben el plusvalor M2 sería transferida hacia bienes de producción, que deberían constituir un incremento al capital constante del sector II: ΔCT2. Sucede que tal movimiento reduciría la demanda de bienes de consumo en un momento en que el sector II, que los produce, se prepara para aumentar su producción. Es claro que también en este caso la tentativa se frustraría.

El hecho, no obstante, es que por el mecanismo del ciclo de coyuntura la economía capitalista está permanentemente pasando de la reproducción simple a la ampliada y de ésta a la contraída, para volver finalmente a la reproducción simple. En la fase de ascenso del ciclo la economía se encuentra con reproducción ampliada, en la crisis pasa a la reproducción contraída y en la depresión la economía permanece con reproducción simple. ¿Cómo se explica el permanente cambio en el ritmo de reproducción?

a] El pasaje de la reproducción simple a la ampliada

En el análisis efectuado anteriormente, la condición de imposibilidad del pasaje de la reproducción simple a la ampliada estaba en la hipótesis que excluía cualquier innovación técnica. Es obvio que tal hipótesis nada tiene de real. Sin embargo, no es cualquier innovación técnica la que sirve para dar el impulso que lleva a la economía de la reproducción simple a la ampliada, aunque sea el tipo de innovación técnica que tiene por efecto *ampliar el consumo*. Es la llamada "creación de nuevos productos", analizada más adelante. Baste suponer, por ahora, que en una situación de reproducción simple un factor exógeno provoca una elevación de la demanda de bienes de consumo, que se vuelve solvente mediante la movilización de recursos anteriormente atesorados.

Supongamos que M'1 > M1 y M'2 > M2, los no productores de ambos sectores amplían su demanda de bienes de consumo. Siendo estos incrementos a la demanda ΔM1 y ΔM2 solventes, los empresarios del sector II expanden su producción y para ello elevan el empleo y pasan a utilizar parte de su capacidad hasta entonces ociosa. Los nuevos trabajadores reciben un monto

Δv_2 de salarios y producen un volumen ΔM_2 de plusvalor adicional. De este modo, un nuevo aumento de la demanda de bienes de consumo viene a sumarse al que se originó del desembolso inicial. La economía ya entró en reproducción ampliada sin que todavía el cambio haya afectado al sector I, que continúa produciendo para atender únicamente la reposición del capital constante. Tarde o temprano, sin embargo, algunas empresas del sector II agotan sus stock de materias primas y/o pasan a producir con plena capacidad. Para reponer sus stock o ampliar su capacidad de producción, comienzan a disponer compras en el sector I. Éste, estimulado por la demanda, comienza a ampliar el empleo y a utilizar capacidad antes ociosa. Así, por ejemplo, un aumento del consumo de automóviles termina abarcando a las empresas de autopartes, neumáticos, etc., que comienzan a expandir su producción. Cuando algunas empresas del sector I llegan a la plena capacidad, aumenta también la demanda de capital constante aplicado a este sector. De esta manera aumenta la demanda de bienes de producción en el sector I (ΔCT_1) y en el sector II (ΔCT_2).

En la reproducción ampliada una parte del plusvalor tiene que ser acumulado, es decir transformado en capital variable adicional y capital constante adicional. En notación aritmética:

$$M_1 = \Delta CT_1 + \Delta V_1 + M C_1 \qquad (25)$$
$$M_2 = \Delta CT_2 + \Delta V_2 + M C_2 \qquad (26)$$

siendo $M C_1$ y $M C_2$ las partes consumidas por no productoras del plusvalor del sector I y del sector II, respectivamente. Es obvio que $M C_1$ es menor que M_1 y que $M C_2$ es menor que M_2. Esto sugiere que la demanda de bienes de consumo cae, pero eso, de hecho, no se da, pues como vimos M_1 y M_2 se expanden en el período en que la reproducción se amplía únicamente con el aprovechamiento de la capacidad ociosa, o sea en la fase inicial se acumula una pequeña porción de plusvalor.[8] Cuando surgen ΔCT_1 y ΔCT_2, el plusvalor en los dos sectores ya es sustancialmente mayor de lo que era en el nivel de reproducción simple. Además, la acumulación tiende a ser efectuada inicial-

---

[8] Es una situación en la que hay capacidad ociosa, grandes stocks de mercancías y a los trabajadores se les paga sólo *después* de producir, se puede ampliar la producción sin ningún aumento de ahorro previo.

mente con fondos desembolsados. Sería una imagen muy alejada de la realidad actual la de que los capitalistas redujeran su consumo para poder adquirir equipamiento.

En la reproducción ampliada, las condiciones al final del ciclo no son iguales a las de su comienzo. La acumulación modifica las condiciones de la oferta y la demanda. Las de *demanda* pasan a ser:

$$\text{Sector I: } P_1 = CT_1 + \Delta CT_1 + CT_2 + \Delta CT_2 \qquad (27)$$
$$\text{Sector II: } P_2 = V_2 + \Delta V_2 + V_1 + \Delta V_1 + MC_1 + MC_2 \qquad (28)$$

Las condiciones de *oferta*, a su vez, serán:

$$\text{Sector I: } P_1 = CT_1 + \Delta CT_1 + V_1 + \Delta V_1 + MC_1 \qquad (29)$$
$$\text{Sector II: } P_2 = CT_2 + \Delta CT_2 + V_2 + \Delta V_2 + MC_2 \qquad (30)$$

Comparando, ahora, oferta y demanda con reproducción ampliada, se tiene:

$$\text{Sector I: } P_1 = CT_1 + \Delta CT_1 + CT_2 + \Delta CT_2 = CT_1 + \Delta CT_1 + V_1 + \Delta V_1 + MC_1 \qquad (31)$$
$$\text{Sector II: } P_2 = V_2 + \Delta V_2 + V_1 + \Delta V_1 + MC_1 + MC_2 = CT_2 \,\Delta CT_2 + V_2 + \Delta V_2 + MC_2 \qquad (32)$$

Las ecuaciones (31) y (32) muestran, de un modo análogo al de la reproducción simple, las transacciones que deben verificarse para que la reproducción ampliada pueda darse. Una vez más, los términos que aparecen a *ambos* lados de las ecuaciones designan mercancías cuya oferta y demanda se encuentran en el mismo sector. En la ecuación (31), CT_1 y ΔCT_1 son producidos y productivamente consumidos en el sector I. En la ecuación (32), V_2, ΔV_2 y MC_2 son producidos y consumidos en el sector II. Para comprobar las transacciones que se verifican *entre* los sectores, se reducen los términos comunes a ambos lados de las ecuaciones, quedando:

$$CT_2 + \Delta CT_2 = V_1 + \Delta V_1 + MC_1 \qquad (33)$$

La ecuación (33), que constituye la condición general de la *reproducción capitalista ampliada,* muestra que el sector I vende al sector II los bienes de producción necesarios a la reposición de su capital constante (c T2) y a su ampliación (Δ T2) y que el sector II vende al sector I los bienes de consumo necesarios a su consumo necesario (v1), a la ampliación de éste (v1) y al consumo de sus no productores (m c1).

EL CRECIMIENTO DEL PRODUCTO EN LA REPRODUCCIÓN AMPLIADA

Cabe ahora formular algunas consideraciones sobre la velocidad del crecimiento del producto en la reproducción ampliada. Conviene eliminar la hipótesis simplificadora de que los trabajadores no ahorran, pues no es nada realista. Baste recordar la importancia de los fondos ahorrados mediante la previsión social. Además los asalariados con altos niveles de remuneración, que en el Brasil tienden a recibir cerca de una cuarta parte del total de salarios pagados por la industria, por cierto ahorran una buena parte de su ingreso. Por otro lado los fondos de depreciación también deben ser considerados como ahorro. Esto significa que:

$$V_1 = V_{C1} + V_{P1} \qquad (34)$$
$$V_2 = V_{C2} + V_{P2} \qquad (35)$$

Las ecuaciones (34) y (35) muestran que el monto de salarios se divide, respectivamente, en los sectores I y II, en una parte consumida (v c1 y v c2) y en una parte ahorrada (v P1 y v P2). Lo mismo sucede, naturalmente, con el plusvalor:

$$M_1 = M_{C2} + M_{P1} \qquad (36)$$
$$M_2 = M_{C2} + M_{P2} \qquad (37)$$

También es necesario distinguir ahorro de acumulación. Ahorro es ingreso no consumido que *puede* ser usado para inversión, es decir para la adquisición de bienes de producción. De esta manera, v P1, v P2, m P1 y m P2 se transforman en Δc T1 o Δc T2 o son atesorados. La acumulación incluye la inversión y también la constitución de fondos para el pago de salarios a los trabajadores agregados. Podemos abstraer esta última parte, sin embargo, porque los trabajadores suelen recibir su paga *después* de producir y de hecho financian a los patrones siempre que la venta de las mercancías que producen sea inferior al plazo (generalmente 15 días) en que se les paga. Los empleadores precisan capital de giro para pagar salarios solamente cuando el plazo de venta es mayor que el plazo de pago de salarios. Supongamos que una tendencia (la de que los trabajadores financien a los empleadores) compense a la otra (la de que los empleadores *adelanten* los salarios), de modo que, en el conjunto de la economía, los fondos acumulados se destinaran exclusivamente a la adquisición de elementos del capital constante: equipamiento, materia prima, etcétera.

En estas condiciones, el equilibrio en la reproducción ampliada puede ser analizado con la ayuda del siguiente cuadro:

	Sector I (bienes de producción)	Sector II (bienes de consumo)	Demanda total
Consumo	1 $VC_1 + MC_1$	2 $VC_2 + MC_2$	3 $VC_1 + MC_1 + VC_2 + MC_2$
Ahorro	4 $CT_1 + VP_1 + MP_1$	5 $CT_2 + VP_2 + MP_2$	6 $CT_1 + CT_2 + VP_1 + VP_2 + MP_1 + MP_2$
Oferta total	7 $CT_1 + VC_1 + VP_1 + MC_1 + MP_1$	8 $CT_2 + VC_2 + VP_2 + MC_2 + MP_2$	9 $CT_1 + CT_2 + VC_1 + VC_2 + VP_1 + VP_2 + MC_1 + MC_2 + MP_1 + MP_2$

Este cuadro muestra cómo se divide la producción al final del ciclo (oferta) y cómo debe ser redistribuida (demanda) para que la producción pueda proseguir. Lo fundamental no es solamente que oferta y demanda se igualen sino que la demanda de bienes de consumo (ítem 3) sea igual a la oferta de bienes de consumo (ítem 8) y que la demanda de bienes de producción (ítem 6) sea igual a la oferta de bienes de producción (ítem 7).

Como vimos más arriba, en estas igualdades interesan, sobre todo, las relaciones entre los sectores. Los elementos que son producidos y consumidos dentro del mismo sector tienen su demanda, en cierto modo, condicionada por la demanda de su *excedente*. Esto significa que el sector i, para producir bienes de producción por valor de $CT_2 + VP_2 + MP_2$ (ahorro del sector

II), *tiene* que invertir y consumir productivamente bienes de producción por valor de c_{T1} + v_{P1} + m_{P1} (ahorro del sector II). Asimismo, el sector II, para producir bienes de consumo por valor de v_{C1} + m_{C1} (consumo del sector I), *tiene* que emplear la fuerza de trabajo sustentada por los bienes de consumo por valor de v_{C2} y *tiene* que proporcionar un plusvalor consumido por valor de m_{C2}. Luego, habiendo demanda por los excedentes de los dos sectores (ítem 1 y 5 del cuadro), es de suponer que habrá demanda de sus productos necesarios (ítem 2 y 4).

De este modo, la condición general de la reproducción capitalista se expresa en la igualdad de los excedentes:

$$v_{C1} + m_{C1} = c_{T2} + v_{P2} + m_{P2} \quad (38)$$

La ecuación (38) muestra que la reproducción capitalista requiere que el consumo del sector que produce bienes de producción (v_{C1} + m_{C1}) sea igual, en valor, al ahorro del sector que produce bienes de consumo (c_{T2} + v_{P2} + m_{P2}).

Los valores de v_{C1} y m_{C1}, así como los de v_{P2} y m_{P2}, dependen, de una manera general, de la propensión a ahorrar de los asalariados

$$\left(\frac{v_P}{v_P + v_C} \right) \quad \text{y de los capitalistas} \quad \left(\frac{m_P}{m_P + m_C} \right) \quad \text{de ambos}$$

sectores.

No es de esperar que la proporción en que asalariados y capitalistas dividen sus ingresos entre consumo y ahorro esté de algún modo influenciada por el sector en que están insertos. En realidad, la propensión a ahorrar depende, sobre todo, del propio nivel del ingreso: ambos varían en el mismo sentido. Así, si el salario medio se eleva v (t + 1) > v (t), la propensión a ahorrar de los asalariados también tiende a elevarse:

$$\frac{v_P (t + 1) + v_C (t + 1)}{v_P (t + 1)} > \frac{v_P (t)}{v_P (t) + v_C (t)}$$

Del mismo modo, si el plusvalor medio (M dividido por el total de no productores) aumenta, crece también la propensión a ahorrar de los capitalistas:

$$\frac{MP\ (t+1)}{MP\ (t+1) + MC\ (t+1)} > \frac{MP\ (t)}{MP\ (t) + MC\ (t)}$$

La propensión a consumir es el complemento de la propensión a ahorrar:

$$\frac{VP}{VP + VC} + \frac{VC}{VP + VC} = 1 \qquad (39)$$

$$\frac{MP}{MP + MC} + \frac{MC}{MP + MC} = 1 \qquad (40)$$

Esto nos permite escribir:

$$VC_1 = V_1 \qquad \left(1 - \frac{VP}{VP + VC} \right) \qquad (41)$$

$$MC_1 = M_1 \qquad \left(1 - \frac{MP}{MP + MC} \right) \qquad (42)$$

$$VP_2 = V_2 \qquad \left(\frac{VP}{VP + VC} \right) \qquad (43)$$

$$MP_2 = M_2 \qquad \left(\frac{MP}{MP + MC} \right) \qquad (44)$$

Las ecuaciones (41), (42), (43) y (44) muestran que el consumo de los asalariados del sector I es el producto de sus salarios totales (V_1) veces la propensión media a consumir de todos los asalariados $\left(1 - \frac{VP}{VP + VC} \right)$ Lo mismo se da con el consumo de los capitalistas de ese sector. El ahorro de los asalariados del sector II es el producto de sus salarios totales (V_2) veces la propensión media a ahorrar de todos los asalariados $\left(\frac{VP}{VP + VC} \right)$ dándose lo mismo con los capitalistas de aquel sector.

También es necesario considerar el significado de CT_2 en la condición general de la reproducción capitalista (ecuación 38): CT_2 constituye la demanda de equipamientos del sector II para fines de *reposición* y de materias primas que mantienen el flujo productivo en el nivel del *ciclo que se cierra.* La demanda representada por c_{T2} es financiada por fondos de depreciación y por el capital de giro de las empresas del sector II. Hay una determinada propensión a ahorrar por parte de los asalariados y otra por parte de los capitalistas que satisfacen la condición general de la reproducción capitalista. Puede ser calculada del siguiente modo:

— sustituimos los términos de la ecuación (38) por los valores de las ecuaciones (41), (42), (43) y (44):

$$v_1 \left(1 - \frac{vp}{vp + vc}\right) + m_1 \left(1 - \frac{mp}{mp + mc}\right)$$

$$= c_{T2} + v_2 \left(\frac{vp}{vc + vp}\right) + m_2 \left(\frac{mp}{mp + mc}\right) \tag{45}$$

— podemos transformar esta ecuación de modo de aislar la propensión a ahorrar de los asalariados o la de los capitalistas:

$$\frac{vp}{v} = \frac{m_1 + v_1 - c_{T2} - \dfrac{mp}{m}(m_1 + m_2)}{v_1 + v_2} \tag{46}$$

$$\frac{mp}{m} = \frac{m_1 + v_1 - c_{T2} - \dfrac{vp}{v}(v_1 + v_2)}{m_1 + m_2} \tag{47}$$

Las fórmulas (46) y (47) todavía pueden simplificarse, ya que $v = v_1 + v_2$ y $m = m_1 + m_2$:

$$vp = m_1 + v_1 - c_{T2} - mp \tag{48}$$
$$mp = m_1 + v_1 - c_{T2} - vp \tag{49}$$

o también:

$$vp + mp = m_1 + v_1 - c_{T2} \tag{50}$$

El segundo miembro de la ecuación (50) también puede escribirse así:

$$(M_1 + V_1 + CT_1) - (CT_1 + CT_2),$$

lo que demuestra su significado económico: se trata de la diferencia entre la oferta total de bienes de producción (ítem 7 del cuadro) y la demanda de bienes de producción que mantienen la producción en el ritmo del ciclo cerrado, demanda esta que define la reproducción simple. Es lógico que, en este caso, si la oferta de bienes de producción es apenas igual a la demanda de reposición: $M_1 + V_1 + CT_1 = CT_1 + CT_2$, el segundo miembro de la ecuación (50) sea nulo y las partes ahorradas de los salarios y del plusvalor también deben ser iguales a cero.

Dado que, sin embargo, $M_1 + V_1 + CT_1 > CT_1 + CT_2$ y, por lo tanto, $M_1 + V_1 > C_2$, la condición general exige que $VP + MP > 0$, o sea, si el valor de salarios (V_1) y plusvalor (M_1) en el sector I exceden el valor de la demanda de reposición del sector II, una parte de los salarios y/o del plusvalor, equivalente a la diferencia, *tiene que ser ahorrada.*

Consecuentemente, dada una propensión a ahorrar de los asalariados $\dfrac{VP}{V}$ la ecuación (47) define la única propensión a ahorrar de los capitalistas $\dfrac{MP}{M}$ que satisface la condición general de la reproducción capitalista. Asimismo, dada una propensión a ahorrar de los capitalistas, la ecuación (48) define la única propensión a ahorrar de los asalariados $\dfrac{VP}{V}$ que satisface la condición general de la reproducción capitalista.

Daremos un ejemplo numérico de la determinación de la propensión a ahorrar que satisface la condición general. Supongamos la siguiente situación:

Sectores	C	+	V	+	M	=	P
I	1 400		600		200		2 200
II	600		200		80		880
Total	2 000		800		280		3 080

En ambos sectores la tasa de ganancia es del 10%. Mediante la ecuación (5) verificamos que: $600 + 200 - 600 = 200 = VP + MP$.

El ahorro debe ser positivo, es decir la economía se encuentra en reproducción ampliada. Por la ecuación (47) podemos determinar la propensión a ahorrar de los capitalistas $\frac{MP}{M}$, dada la propensión a ahorrar de los asalariados $\frac{VP}{V}$. Así, si $\frac{VP}{V} = 10\%$, o sea si los asalariados ahorran un 10% de sus salarios, los capitalistas tendrían que ahorrar $\frac{120}{280} = 43\%$ de su ingreso. Si la propensión de los asalariados fuera del 15%, la de los capitalistas tendría que ser $\frac{80}{280} = 28.5\%$, y así sucesivamente.

De un modo general, se puede considerar la propensión a ahorrar de los asalariados como relativamente baja y estable. Como los salarios suben lentamente, lo mismo sucede con el ahorro de los asalariados. Ya el ahorro de quienes reciben ganancias es mucho más errátil, porque se compone de dos partes: ahorro de las empresas (ganancias retenidas) y ahorro individual. El ahorro de las empresas varía con la ganancia bruta mientras que el ahorro individual está mucho más condicionado por la distribución del ingreso. De modo que lo más seguro es suponer $\frac{VP}{V}$ como dato y determinar $\frac{MP}{M}$.

Supongamos que $\frac{VP}{V} = 15\%$. Luego, M la "condición" general impone que $\frac{MP}{M} = 28.5\%$. En estas condiciones, $VC_1 = 510$; $MC_1 = 143$; $CT_2 = 600$; $VP_2 = 30$; $MP_2 = 23$. De hecho: $510 + 143 = 600 + 30 + 23 = 653$, lo que satisface la "condición".[9]

Hay dos posibles desviaciones del equilibrio: 1] los capitalistas ahorran más de lo necesario (en nuestro caso, 28.5% de su ingreso); 2] los capitalistas ahorran menos de lo necesario (menos que 28.5%). Veamos qué sucede en uno y otro caso:

1] Ahorro excesivo: supongamos que la propensión a ahorrar de los capitalistas sea del 40%; su propensión a consumir será, en consecuencia, del 60% (en vez del 71.5%, de acuerdo con la condición general). En este caso, la demanda de bienes

[9]De hecho, la "condición general" impone la igualdad entre ahorro e inversión líquida. En el ejemplo, el ahorro es igual a $VP_2 + MP_2$ $(30 + 23 = 53)$ y la inversión líquida corresponde a la diferencia entre el excedente de medios de producción $VC + MC_1$ $(510 + 143 = 653)$ y la demanda del sector II para reposición: $(CT_2 = 600)$. En este caso, el ahorro (53) es igual al excedente líquido de medios de producción (653-600).

de consumo (v_{C1} + M_{C1}) será: 510 + 120 = 630, menos que la oferta de estos bienes cuyo valor es 653. Esto hará invendible parte de los bienes de consumo producidos, lo que provocará caída del nivel de actividad en el sector II, con la consecuente disminución de su producto P_2 y de cada uno de sus componentes: c_{T2}, v_2 y M_2. La caída de c_{T2}, que representa la demanda de bienes de producción del sector II, juntamente con vP_2 y MP_2, afecta negativamente al sector I, en el que también habrá caída de actividad. Claro que el ahorro fue superior al necesario: 600 (c_{T2}) + 30 (vP_2) + 32 (MP_2) = 662, pero ahorro no significa inversión, es decir demanda efectiva de bienes de producción. De este modo, la demanda efectiva de excedente del sector I también disminuirá y la diferencia entre el ahorro y la inversión, de hecho realizado, será atesorada. Con la disminución del nivel de producción y del empleo, salarios (v) y plusvalor (M) también se reducirán, lo que provoca, como vimos, la caída de la propensión a ahorrar, tanto de asalariados como de capitalistas, hasta que la condición general de la reproducción capitalista sea satisfecha.

Es importante observar que, en el sistema capitalista, es el comportamiento de los capitalistas (y, en menor grado, el de los trabajadores) lo que determina el nivel de actividad, aunque éste, por un efecto de realimentación, llegue a afectar ese comportamiento. Así, si por algún motivo la propensión a ahorrar no disminuyera con la caída de la actividad económica (las empresas, por ejemplo, ante la caída de las ventas, retienen más ganancias), la economía continuará contrayéndose hasta que M_1 + v_1 − c_{T2} ≤ 0 (ecuación 50), o sea hasta que pase a la reproducción simple o incluso a la reproducción contraída.

2] Ahorro insuficiente: supongamos que la propensión a ahorrar de los capitalistas sea del 20% en vez del 28.5%. Su propensión a consumir será entonces del 80%, en vez del 71.5%. En este caso, la demanda de excedente del sector II será: 510 (v_{C1}) + 160 (M_{C1}) = 670, mayor que la oferta, que es igual a 653. Habrá escasez de bienes de consumo, con la consecuente elevación de precios. En este caso, la evolución puede seguir uno de estos tres caminos distintos:

A] Existe capacidad ociosa y desempleo: el sector II expande la producción, lo que provocará también elevación de la demanda de bienes de producción. Es cierto que el ahorro es: 600 (c_{T2})

+ 30 (v_{P2}) + 16 (M_{P2}) = 646, inferior a la oferta de bienes de producción, que es de 653. Pero esta insuficiencia de fondos puede ser cubierta mediante el desembolso de recursos, de modo que la producción se expanda, provocando la elevación de salarios (v) y plusvalor (M) hasta que la propensión a ahorrar de los capitalistas (y de los asalariados) se eleve al nivel requerido por la "condición general".

B] No hay capacidad ociosa y/o desempleo y la elevación de los precios de los bienes de consumo no es compensada por la elevación correspondiente de los salarios. Esto ocasiona una transferencia de ingreso de los asalariados a los capitalistas, que poseen, en general, mayor propensión a ahorrar. En este caso, el ahorro se eleva hasta el nivel exigido por la "condición general" y la economía se mantiene con pleno empleo y/o plena capacidad.

C] Las mismas condiciones que en el caso anterior, pero los asalariados logran obtener aumentos de sueldos. En este caso, el desequilibrio permanece y se desata un proceso inflacionario, en cuanto las autoridades monetarias permitan (o promuevan) la expansión de los medios de pago. Cuando la expansión cesa, la escasez de recursos frustra las tentativas de expandir la demanda de bienes de producción, la inversión cae por debajo del nivel de ahorro, lo que conduce a la economía a la situación descripta en A.

LAS INNOVACIONES TÉCNICAS

Al estudiar la reproducción vimos que el monto de inversiones, en el pasaje de un ciclo de producción a otro, está determinado por la interacción de la estructura productiva (producción del sector I y del sector II) con la utilización del excedente por la clase capitalista. La estructura productiva determina la creación de un excedente líquido de medios de producción, cuya oferta se enfrenta con la demanda constituida por la porción ahorrada, es decir no gastada en el consumo del excedente en su forma monetaria. La transformación del ahorro en inversión, es decir la compra y uso efectivo del excedente líquido de medios de producción, depende de la demanda de bienes de consumo, por el producto p_2 del sector II Es la demanda del consumo lo que *induce* tanto la inversión de reposición del capital constante gastado (c_1 y c_2) como de la inversión destinada a ampliar la capacidad productiva (Δc_1 y Δc_2). La dependencia de las inversiones en el sector II de la demanda de consumo es directa, mientras que la de las inversiones en el sector I es indirecta, ya que los medios de producción se destinan ya sea a producir bienes de consumo o a producir otros bienes de producción, los cuales, no obstante, siempre tienen como objetivo producir bienes de consumo. No importa cuántas etapas se interpogan entre el medio de producción y el bien de consumo final que contribuye a producir: en última instancia, la demanda de cualquier bien de producción es derivada de una demanda de bienes de consumo en cuya producción interviene, aunque indirectamente.

Por lo tanto, dada una cierta demanda de bienes de consumo, habrá un determinado volumen de inversión *inducida* por esa demanda. Además, hay otras inversiones que resultan de modificaciones originadas del lado de la oferta. Éstas pueden ser consecuencia de la acción gubernamental (ampliación del sector público de la economía en respuesta a necesidades que no se presentan en forma de una demanda solvente) y de innovaciones técnicas. A este tipo de inversión la denominamos *autónoma.*

Dejemos de lado, provisoriamente, las inversiones autónomas provocadas por el estado y profundicemos la noción de *innovación técnica.* Consideramos como tal cualquier modificación en el proceso productivo que no sea únicamente el resultado de su expansión cuantitativa. Incluimos, por lo tanto, en el concepto de innovación técnica, el descubrimiento de nuevos recursos naturales, el cambio en los métodos de producción, la creación de nuevos productos, incluso los que se deben a la moda (el uso de artículos de joyería por hombres, decoración de casas con *posters,* etc.).

Debido a su efecto económico muy diverso, las innovaciones técnicas deben dividirse en dos grupos: 1] cambios de procesos; 2] nuevos productos. Los *cambios de procesos* generalmente se originan en el sector ı. Consisten en la fabricación de equipamientos nuevos o de materias primas nuevas. Una parte de los cambios de proceso se agota en el sector ı: son los que afectan únicamente la producción de medios de producción. Ejemplo: un nuevo proceso para producir acero o alteraciones en determinadas máquinas utilizadas en el propio sector ı, como tornos, fresas, etc. La otra parte de los cambios de proceso repercute en el sector ıı: son las que consisten en la fabricación de nuevas máquinas o nuevas materias primas utilizadas en el sector ıı, tales como una nueva impresora o un nuevo tipo de fibra, etcétera.

Definimos como *nuevos productos* únicamente a los bienes de consumo que, o bien atienden a nuevas necesidades o a necesidades ya satisfechas de un modo nuevo. Ejemplo del primer tipo: servicio de recados telefónicos y grabador de sonido; ejemplo del segundo tipo: cámara *polaroid* o ᴛᴠ a color. De esta manera, los nuevos productos siempre se originan en el sector ıı y repercuten en el sector ı. Para que los nuevos productos puedan ser fabricados en el sector ıı, el sector ı casi siempre tiene que producir nuevos equipamientos.

Lo que generalmente sucede es una cadena de innovaciones, que se inicia por un nuevo producto. En la medida en que éste se difunde, ocurren modificaciones de proceso, que reducen los costos de producción del nuevo producto. Surgen perfeccionamientos del producto, lo que da lugar a otro nuevo producto y que originará otras modificaciones de proceso. Es lo que sucedió, por ejemplo, con el surgimiento de la TV. Inicialmente se creó la TV en blanco y negro, con receptor a válvulas: un nuevo producto. Después, surgió la TV transistorizada: un cambio de proceso. Ahora surge la TV a color: un nuevo producto. Tanto los cambios de proceso como los nuevos productos dan lugar a inversiones autónomas. Los cambios de proceso vuelven técnicamente obsoletos ciertos medios de producción, anticipando su reposición antes de que estén materialmente consumidos. Los nuevos productos expanden al sector II, motivando inversiones en nuevas líneas de producción.

LOS CAMBIOS DE PROCESO

Los cambios de proceso se justifican por la reducción de costos que permiten. Los costos de cada producto se descomponen en salarios y gastos de capital constante: $v + c$. El cambio de proceso puede afectar a v o a c, o a ambos. Afecta a v cuando reduce el tiempo de trabajo "vivo" necesario para producir una unidad del producto o cuando sustituye trabajo complejo por trabajo simple o por lo menos de menor complejidad. Afecta al capital constante c al reducir el valor de c en cada unidad del producto, lo que significa reducir el tiempo de trabajo "muerto" por unidad de producto. La distinción entre trabajo vivo y muerto es la siguiente: trabajo vivo es el incorporado al producto en la empresa que lo termina; trabajo muerto es el incorporado en los equipamientos, materias primas, etc., utilizados por el trabajo vivo. En el caso de la industria automovilística, por ejemplo, el trabajo vivo es el realizado en la empresa que monta el vehículo; el trabajo muerto es el realizado en las fábricas de autopartes, de equipamientos, de las diversas materias primas (acero, vidrio, cobre, cromo), etcétera.

Los cambios de proceso son generalmente del tipo que reduce el salario v y aumenta el capital constante c. Aumentan la productividad física del trabajo. Un determinado volumen físico de chapas es producido con menos trabajo por una prensa más perfeccionada. Cada chapa contiene menos v, aunque más c, porque la prensa más perfeccionada cuesta más caro, es decir incorpora mayor suma de trabajo muerto. Sin embargo, puede darse lo contrario: un perfeccionamiento en la producción del equipamiento o de la materia prima los hace más baratos. En este caso c disminuye en relación a v, que puede permanecer inalterado. De cualquier modo, el resultado de todo cambio de proceso es que reduce los costos de producción.

El cambio de proceso reduce también el valor de la mercancía, es decir el tiempo de trabajo necesario para producirla. Es entonces a través de la reducción del valor de la mercancía como se logra la reducción de su costo. El valor de cualquier mercancía se descompone en c + v + m, siendo c trabajo muerto y v + m trabajo vivo. Si el cambio de proceso reduce c, reduce el valor y simultáneamente el costo. Si el cambio de proceso reduce el trabajo vivo v + m, reduce el volumen de la fuerza de trabajo empleado o su calidad, y de esta manera, reduce el costo. El costo de reproducción de la FT es siempre proporcional al total del trabajo vivo v + m, porque el pago se hace por las horas efectivamente trabajadas.

Es importante señalar que, si el cambio de proceso reduce c, la tasa de ganancia m/c + v aumenta, puesto que no se altera la distribución del valor creado por el trabajo vivo entre salario v y plusvalor m. Pero, si el cambio de proceso reduce el trabajo vivo, su distribución entre v y m puede alterarse. Supongamos que, antes de la innovación, el valor del producto fuese: 10 (c) + 5 (v) + 5 (m). Si el cambio de proceso reduce el trabajo vivo de 10 a 6, sin afectar a c, el valor del producto pasa a ser: 10 (c) + 3 (v) + 3 (m). Supongamos que c sea un quinto del capital constante total CT.[10] En este caso, la tasa de ganancia antes de la innovación era: 5 (m) / 50 (CT) + 5 (v) = 1/11 o 9%. Después de la innovación pasa a ser: 3 (m) / 50 (CT) + 3 (v) = 5.6%. Hay, por lo tanto, una reducción de la tasa de ganancia si la tasa de explotación m/v no aumenta. Esta reducción se acentúa aún más cuando la disminución del trabajo vivo implica un aumento del trabajo muerto, como es frecuente.

---

[10] C es el valor del capital constante incorporado al producto. CT es el valor del capital constante total utilizado en el proceso productivo, parte del cual está constituido por capital fijo, que sólo se incorpora al producto lentamente. C = CT en un ciclo completo de producción. Si se considera un período inferior a un ciclo, C es apenas una fracción de CT.

LA DIFUSIÓN DE LOS CAMBIOS DE PROCESO

El problema consiste en saber de qué modo se difunden cambios de proceso en la economía, a los efectos de reducir la tasa de ganancia, lo que evidentemente contradice el interés de los capitalistas. Marx ofreció una solución, que hoy ya no parece aplicable. Marx pensaba en una economía competitiva, de moneda fuerte y, por lo tanto, con oferta de medios de pago más o menos fija. Dado que el volumen de medios de pago no se expande con el crecimiento del producto físico YF, el crecimiento de YF debido al aumento de la productividad sólo puede llevar a la reducción de los precios. De este modo, el valor de la unidad monetaria tiende siempre a ser aproximadamente constante en términos reales, es decir de tiempo de trabajo.

Marx admitía que el empresario innovador, al aplicar el cambio de proceso estando en una economía competitiva, tendía a reducir su precio en la misma proporción en que caían sus costos, tendiendo los demás competidores a seguir su ejemplo. La ventaja del empresario innovador consistía en obtener una mayor porción del mercado, aumentando su ganancia bruta (y, eventualmente, utilizando de modo más completo su capacidad de producción, lo que, como vimos, eleva la tasa de ganancia) en el intervalo, hasta que los competidores pudieran adoptar también el cambio de proceso. Finalmente, el precio del producto se reduciría en la medida en que cae su valor y la tasa de ganancia sería menor que antes. El empresario innovador, tocado por el aguijón de la competencia, provocaría la baja de la tasa de ganancia de todos los capitalistas del ramo.

Hoy las dos condiciones supuestas por Marx ya no rigen en las economías capitalistas: la competencia de precios fue remplazada por la competencia monopolista y la moneda se hizo fiduciaria, siendo su oferta flexible. Cabe suponer que la oferta de medios de pago crece con el producto físico YF, lo que mantiene los precios constantes con productividad creciente.[11] Además, el capitalismo monopolista excluye la competencia de precios, de modo que los participantes de un mercado tienden a

---

[11] Este hecho se refleja en la contabilidad nacional. Se considera producto "real" al producto físico evaluado a precios *constantes*.

disputarlo por otro medios: publicidad, imagen de la marca, diferenciación del producto, etc. Cuando esto sucede, la reducción de costos debida a un cambio de proceso no afecta los precios. El producto sigue siendo vendido por el mismo precio que antes de la innovación.

Volvamos a nuestro ejemplo anterior. Antes de la innovación, el producto valía 20 horas de trabajo, que correspondían aproximadamente a 20 cruzeiros. Su costo era 15 (10c + 5v) y la ganancia era 5. Ahora, después del cambio de proceso, el producto vale 16, aunque sigue siendo vendido por 20 cruzeiros. En términos del producto en cuestión, el cruzeiro sufrió una devaluación del 20%: 20 cruzeiros valen ahora sólo 16 horas; cada cruzeiro vale apenas 48 minutos o 0.8/hora de trabajo. Gracias al cambio de proceso, el trabajo vivo en el valor del producto baja en un 40%: de 10 horas a 6. Consecuentemente, v cae en la misma proporción: de 5 a 3. Los costos *monetarios* de producción cn + vn caen de 10 + 5 = 15 a 10 + 3 = 13 y la ganancia m sube de 5 a 7. En términos nominales, la tasa de ganancia *sube* del 9% a 7/50 + 3 = 13.2%. En términos reales, la tasa de ganancia hubiera bajado a 5.6% *si el producto fuese vendido por su valor*. Ocurre, sin embargo, que el monopolista puede vender el producto por encima del valor, de modo que se apropia de plusvalor correspondiente a 4 horas (= 7 − 3) producido en otros ramos, lo que aumenta *su* tasa de ganancia. Los otros capitalistas del mismo ramo también adoptan el cambio de proceso y mantienen los precios nominales, de modo que la tasa de sus ganancias también aumenta.

Si el cambio de proceso quedara confinado solamente a un ramo de la economía, sus productores obtendrían ganancias monopólicas. En realidad, no obstante, en toda la economía tienden a darse cambios de procesos, porque generalmente se derivan de la aplicación de leyes científicas generales. El descubrimiento del transistor, por ejemplo, abarató la producción de computadores, aparatos de trasmisión y recepción de TV y radios, grabadoras de sonido, máquinas de calcular y otros equipamientos electrónicos. Los cambios de proceso que son significativos trascienden el sector en que se originan y se difunden a toda la economía.

Analizaremos lo que sucede cuando en toda economía la produdución de un cierto producto físico YF requiere sólo el 80% del trabajo vivo que antes requería. En el momento t_1: YR = 1000c + 500v + 500M = 2000. La productividad del trabajo YF/NC aumentó en un 20%. El mismo YF que exigía 2000 horas de trabajo en t_1, exige en t_2 solamente 1600. YR bajó de 2000 a 1600. Pero los precios se mantienen iguales: el producto nominal YN continúa siendo igual a 2000 cruzeiros, tanto en t_1 como en t_2. Los salarios nominales VN también siguen siendo los mismos, o sea VN = 300 cruzeiros. Pero como el cruzeiro fue devaluado, esto significa que el valor real de los salarios VR cae a 240 horas (= 300 x 0.8) y el valor real del capital constante total CT cae a 4000 (= 5000 x 0.8). La tasa de ganancia, en valor real, pasa a ser:

$$\frac{560}{4000 + 240} = 13.2\%, \text{ porque } M = 560 \ (= 700 \times 0.8)$$

De esta manera, el mantenimiento de los salarios nominales VN y de los precios nominales lleva al mantenimiento también de los salarios físicos VF, es decir de la cantidad de bienes que pueden ser comprados por los asalariados, de modo que todo aumento de productividad incrementará el plusvalor M. La tasa de explotación M/V aumenta, pasando de 1 en t_1 (500/500) a 2.33 en t_2 (560/240) así como la composición orgánica del capital $\frac{CT}{V}$ que pasa de: 5000/500 = 10 en t_1 a 4000/240 = 16.7 en t_2. El producto real en t_2 pasa a ser:

$$YR = 800c + 240v + 560M = 1600$$

Al contrario de lo que suponía Marx, en el capitalismo monopolista el cambio de proceso no acarrea la baja de la tasa de ganancia. La razón básica de esto es que, no habiendo ya competencia de precios, los cambios de proceso que no elevan la tasa de ganancia *no son aplicados*. Cuando había competencia de precios, estos cambios de proceso eran ventajosos porque, al reducir el valor del producto YF, permitían a la empresa innovadora ampliar su participación en el mercado y aumentar el grado de utilización de su capacidad de producción. La tasa de ganancia sólo caía cuando el cambio de proceso se difundía a todos los ramos. Ya en el capitalismo monopolista, un cambio de proceso que produce un aumento de capital constante c, que no esté compensado por la reducción del valor real del salario v, no presenta ninguna ventaja. Los cambios de proceso sólo son viables cuando la disminución de v es mayor que cualquier incremento de c, aumentando m tanto en términos absolutos como en relación al capital invertido $k = cr + v$.

No obstante este cambio ocurrido en el capitalismo, desde la época en que Marx lo analizó su tesis básica se mantiene: la aplicación de un cambio de proceso depende del valor del monto v de salarios pagados en relación al valor del capital constante c. En la medida en que v aumenta en relación a c, ya sea debido a un crecimiento de la demanda de ft, o a cualquier otro factor, cambios de proceso que antes no eran "económicos" pasan a serlo. De esta manera, el volumen de empleo en la economía capitalista moderna sigue siendo determinado, en gran medida, por la política "tecnológica" de los capitalistas.

LAS CONSECUENCIAS DE LOS CAMBIOS DE PROCESO

Como vimos, el cambio de proceso provoca:

a] aumento de la composición orgánica del capital (c/v), pero no necesariamente de la relación entre trabajo muerto y vivo (c/v + m). En nuestro ejemplo, la relación c/v + m se mantiene igual a 1 antes y después del cambio de proceso;

b] aumento de la tasa de explotación m/v debido a la producción de plusvalor relativo. En realidad, no cabe suponer que el salario nominal vn se mantenga totalmente constante cuando la productividad aumente. Aunque en pequeña proporción, los salarios nominales suben un poco cuando hay aumento de productividad. Supongamos que un aumento de productividad del 25% acarree un aumento del 10% en los salarios nominales (proposición a ser comprobada empíricamente). En este caso tendríamos:

$$yn = 1000c + 330v + 670m = 2000$$
$$yr = \ 800c + 264v + 536m = 1600$$

c] aumenta la tasa de ganancia que, en nuestro ejemplo, pasa de casi un 9% en t_1 a 670/5000 + 330 = 536/4000 + 264 = 12.6%. Es curioso observar que, aunque v_N aumentara en la *misma* proporción que la productividad (25%), la tasa de ganancia también crecería, porque sería 625/5000 + 375 = 500/4000 + 300 = 11.6%.

Ahora falta analizar los efectos del cambio de proceso sobre el consumo, la inversión y el empleo. La aplicación de cambios de proceso ocasiona obsolescencia tecnológica de gran parte del capital constante c_T, principalmente de su componente fija: equipamientos e instalaciones. Esto lleva a un aumento de inversiones, de modo que exceden el mero desgaste de c. Si acaso la economía se hallaba en reproducción simple, limitándose la inversión a la reposición, la movilización de ahorros adicionales se haría mediante el aprovechamiento de capacidad ociosa o la incorporación de trabajadores desempleados al sector I, en primera instancia. Esto hace crecer P_1 (el producto del sector I). El empleo adicional en el sector I aumenta el consumo, de modo que el producto P_2 del sector II también deberá aumentar. La expansión de la actividad en ambos sectores provoca el crecimiento del plusvalor m y, por lo tanto, aumento del ahorro, ya que la propensión a ahorrar de los no productores es muy alta. Las capas más pudientes de la población tienen, en general, sus necesidades de consumo ampliamente satisfechas, de modo que los incrementos de su ingreso son generalmente ahorrados. En términos más técnicos: en ausencia de otros factores que causen elevación del consumo, la propensión marginal a ahorrar de estas capas tiende a ser igual a 1 (o 100%). De este modo, surge el ahorro que financiará la inversión autónoma provocada por el cambio de proceso.

A pesar de que la elevación del empleo acarrea también un aumento del volumen v de salarios, cuya mayor parte es gastada en consumo, el efecto de la adopción de cambios de proceso es aumentar la inversión en relación al consumo, o sea la producción de medios de producción en relación a la de bienes de consumo. El empleo deberá aumentar más en el sector I que en el sector II, aunque, en general, el empleo aumenta *menos* que el producto físico Y_F, ya que éste es el efecto principal del cambio de proceso. Definamos: $c/c_T = x$; $\Delta c/c_T = z$. O sea, x es la tasa de reposición anual del capital constante. z es el índice de modificación del capital constante total debido a los cambios de proceso. Por lo tanto: $c = x_{CT}$ y $\Delta c = z_{CT}$. La inversión total i, en *el período de implantación* de los cambios de proceso, será:

$i = c + \Delta c = x_{CT} + z_{CT} = (x + z)\, c_T.\, x$ no será necesariamente afectado por los cambios de proceso, aunque z será fundamentalmente su resultado. Cuanto más amplios fuesen, tanto mayor será z (siempre < 1), es decir tanto mayor será la porción del c_T que será renovada. Dado un cierto nivel de productividad $p_1/n_1 = p_1$ en el sector i, anterior al cambio de proceso, el volumen de producción de medios de producción (p_1) es función del empleo (n_1) en ese sector: $p_1 = n_1 p_1$ en t_1. En el período de implantación, p_1 se incrementará en un $\Delta p_1 = z_{CT}$. Si la productividad se mantuviese igual, n_1 crecería en una porción $\Delta n_1 = z_{CT}$ (n_1/p_1). Como, no obstante, el cambio de proceso aumentará la productividad, $\Delta n_1 < z_{CT}$ (n_1/p_1).
Supongamos que en t_1: $c_T = 5000; x = 0.2; z = 0;$ $p_1/n_1 = 10$. El empleo en el sector i sería: $n_1 = 5000 \times 0.2 \times 1/10 = 100$. En t_2:
$z = 0.1$ (un décimo del capital constante total será renovado) y $p_1/n_1 = 12.5$. En estas condiciones:

$n_1 = 5000\,(0.2 + 0.1) \times 1/12.5 = 120$
$\Delta n_1 = 5000 \times 0.1 \times 1/12.5 = 40$

Esto significa que, si no fuese el aumento de productividad, el cambio de proceso causaría un aumento del 50% del empleo n_1: $\Delta n_1 = 50$. El aumento de productividad *reduce* el empleo "normal" n_1 de 100 a 80 y el incremento Δn_1 de 50 a 40.
Una vez concluido el periodo de implantación de los cambios de proceso, el índice de modificación del capital constante z cae a cero y, consecuentemente, la producción del sector i $p_1 = x_{CT}$ vuelve a bajar a 1000. Pero, como ahora la productividad en el sector i es $p_1/n_1 = 12.5$, $n_1 = 1000 \times 1/12.5 = 80$, o sea el empleo en el sector i será *menor* que antes.
En el sector ii, el aumento del producto p_2 es el resultado del crecimiento del consumo que, como vimos, será menor que el del producto. Si en el período de implantación del cambio de proceso, p_1 pasó de 1000 a 1500, presentando un crecimiento

del 50%, P2 puede haber crecido aproximadamente el 30%. Si en el sector II la productividad también aumentó en un 25%, el empleo N2 aumentará en la proporción 1.30/1.25 = 1.04, o sea en un 4%. Sin embargo, tras el período de implantación N1 pasa de 120 a 80. Es de suponer que los salarios pagados en el sector I también disminuyen en la misma proporción, aunque el plusvalor M1 se mantendría elevado, puesto que, como vimos, la tasa de explotación M/V aumenta. Como la proporción consumida del salario V es mucho mayor que la del plusvalor M, el aumento de la tasa de explotación implica una disminución del consumo, tanto en términos absolutos como relativos. Esto deberá reducir la producción de bienes de consumo P2 y, en consecuencia, el empleo en el sector II.

El aumento de productividad causado por el cambio de proceso tiene dos efectos, ambos negativos, sobre el empleo. Uno, directo: manteniéndose la demanda de bienes de consumo en el mismo nivel físico (cantidad de bienes consumidos), el volumen de trabajo necesario (tanto en el sector II como en el I) para atender esta demanda, disminuye. Otro, indirecto: como el cambio de proceso acarrea una redistribución del ingreso a favor de las capas más pudientes, ya que el fruto del aumento de productividad es apropiado casi enteramente por los capitalistas, la propensión a consumir desciende en toda economía; esto hace caer el valor real de la demanda de bienes de consumo, o sea de la producción del sector II, lo que provoca una nueva reducción del empleo, tanto en este sector como en el sector I, porque la demanda de medios de producción es derivada de la de bienes de consumo.

En resumen, el cambio de proceso, en el periodo de implantación, aumenta la inversión y, en menor proporción, el consumo y el empleo. Pero, pasado el periodo de implantación, la inversión y el consumo descienden, en términos reales, así como el empleo, que pasa a ser menor que antes, tanto en el sector I como en el sector II.

Si no hubiera innovaciones tecnológicas, la economía capitalista tendería a permamencer en reproducción simple, como lo demostraron Schumpeter y Kalecki. Si todas las innovaciones fueran únicamente cambios de proceso, la economía capitalista pasaría por etapas de prosperidad y de depresión, dado que al final de cada ciclo el producto real y el empleo serían menores que antes. Se trataría de una especie de "reproducción contraída" a largo plazo. La razón básica de este hecho es que: 1] el aumento de la productividad deprime la porción consumida del producto y 2] la inversión inducida es una función del consumo. Evidentemente, la reproducción contraída está lejos de representar la realidad histórica del capitalismo. Para lograr una representación adecuada de ésta, necesitamos examinar ahora la creación de nuevos productos.

LOS NUEVOS PRODUCTOS

Como vimos, las innovaciones técnicas tienen como resultado nuevos productos que se caracterizan por a] satisfacer nuevas necesidades o b] satisfacer necesidades de una manera nueva. En el caso de satisfacer una necesidad *hasta entonces insatisfecha* (la invención de la TV, por ejemplo), su efecto es aumentar el consumo, es decir la parte gastada del ingreso aumenta en relación a la parte ahorrada. En el caso en que el producto satisfaga una necesidad de una manera nueva (la creación de los tejidos de naylon, por ejemplo), competirá con productos que satisfacían la misma necesidad de la manera antigua (tejidos de seda, por ejemplo). Si el nuevo producto solamente *sustituye* un producto antiguo sin afectar el consumo, su efecto es nulo a largo plazo: hay un aumento transitorio de inversiones en instalaciones, etc., para producir el nuevo producto, pero, una vez agotado este proceso, inversión, consumo y empleo caen a su nivel anterior. Por lo tanto, sólo nos interesa el nuevo producto que, además de sustituir un antiguo, lleva a un aumento *líquido* del consumo. Así, la TV sustituye, en cierta medida, al radio o al cine, pero el gasto en un receptor de TV es mayor que la suma ahorrada en un receptor de radio que se dejó de comprar y en las proyecciones de cine a las que se dejó de asistir.

Luego, un nuevo producto es un *fruto de innovación tecnológica que eleva el consumo*. Es una alteración de la demanda inducida por una alteración de la oferta. Casi siempre, un nuevo producto remplaza a uno antiguo en alguna medida. Lo que importa, repetimos, es el *aumento líquido* de consumo que provoca. Un nuevo libro, un nuevo film —en el caso de que provoquen un aumento del gasto de consumo— constituyen productos nuevos, así como las modas que conducen a un *aumento* del gasto en vestuario, objetos de decoración, muebles, etc. El sistema capitalista creó mecanismos de renovación del consumo que abrevian la vida útil de los bienes de consumo durables y semidurables, elevando sistemáticamente el consumo. Es lo que llamamos *obsolescencia moral de los valores de uso.*

A título de ilustración podemos citar algunos productos que últimamente tuvieron un considerable impacto en el consumo en el Brasil: clubes de campo, psicoterapia, nueva decoración de ambientes, nuevos modelos de automóviles, etcétera.

LAS CONSECUENCIAS DE LOS NUEVOS PRODUCTOS

Para indagar los efectos del surgimiento de nuevos productos sobre el empleo, supongamos que antes la economía estuviera en reproducción simple:

	Gastos de consumo	Ahorro		Total
Sector I	$P_1 = 1\ 000$	+ 500	=	1 500
Sector II	$P_2 = 1\ 500$	+ 1 000	=	2 500
Suma	$P\ = 2\ 500\,(G)$	+ 1 500 (P)	=	4 000

Admitamos que los nuevos productos eleven los gastos de consumo en un 20% que pasa de 2500 a 3000; los gastos de consumo en el sector I pasan de 1000 a 1200, y los del sector II de 1500 a 1800. Como este aumento del consumo no se da inmediatamente,[12] puede ser inicialmente atendido mediante el aprovechamiento de la capacidad ociosa (fábricas de radios producen equipamientos de TV, por ejemplo). Pero el mayor aprovechamiento de la capacidad de producción exige la ampliación del empleo en el sector II, que produce bienes de consumo. El aumento de empleo implicará un nuevo aumento de consumo en

---

[12] Cuando aparecen los nuevos productos, solamente están al alcance de las capas que pueden reducir su ahorro y, de esta manera, aumentar su consumo. La mayoría, que gasta todo su ingreso en consumo, sólo tendrá acceso a los nuevos productos siempre y cuando este ingreso se elevara.

ese sector, el que crecerá *más allá del 20%*. En la medida en que aumenta el consumo, la capacidad de producción tendrá que expandirse: tendrán que producirse nuevos medios de producción, lo que implica una inversión líquida, y el empleo en el sector ɪ también aumentará. La inversión, en este caso, es inducida por el crecimiento del consumo, que es el resultado tanto de los nuevos productos como del aumento del empleo por ellos provocados.

El equilibrio sólo será alcanzado cuando el consumo del ingreso originado en el sector ɪ fuera igual al valor de los bienes de producción adquiridos por el sector ɪɪ. Durante el despliegue de las consecuencias del surgimiento de los nuevos productos, el ahorro en el sector ɪɪ tenderá a ser mayor que el gasto en el sector ɪ, o sea el sector ɪɪ tenderá a ampliar la acumulación más rápidamente que lo que tarda el sector ɪ en expandir la parte consumida de su ingreso. Poco a poco, es la expansión del empleo quien dirige el aumento del consumo. La expansión del empleo en el sector ɪ es inducida por la demanda de medios de producción en el sector ɪɪ, y el aumento de consumo se expresará en un aumento de la demanda de P2 (bienes de consumo), elevando, por lo tanto, la demanda de bienes de producción del sector ɪɪ.

Gradualmente la nueva capacidad de producción va siendo instalada en el sector ɪɪ, el cual, en consecuencia, reduce sus inversiones, hasta el punto en que éstas igualen los gastos de consumo en el sector ɪ. En este momento, la economía recae en reproducción simple, si no hubiera nuevas alteraciones. Como la economía capitalista no es planificada, es posible que la acumulación en el sector ɪɪ caiga de tal modo que su demanda de medios de producción sea inferior a los gastos en el sector ɪ. Habrá, entonces, mercancías en el sector ɪ que no serán vendidas, lo que conducirá a una caída en el empleo en aquel sector hasta que el nivel de gastos de consumo en el sector ɪ descienda hasta el nivel de las inversiones del sector ɪɪ.

Decíamos antes que el efecto inmediato de los nuevos productos es el de elevar el consumo en un 20%. Admitamos que el efecto suplementario del aumento de empleo sea también el de elevar el consumo en un 20%. Por lo tanto: el consumo se elevará en un 40%. O sea pasará de 1000 a 1400 en el sector ɪ y de 1500 a 2100 en el sector ɪɪ. La producción de bienes de consumo P_2 se elevará de 2 500 a 3 500. Al final del proceso, como la inversión en el sector II debe ser igual al gasto en el sector I, ésta también pasará a ser 1 400. Finalmente, si admitiéramos que la propensión a consumir en el sector I deberá mantenerse igual, el ahorro en este sector será igual a 700. Por lo tanto, la nueva situación de equilibrio en la reproducción simple será:

	Gastos de consumo		Ahorro		Total
Sector I	P_1 = 1 400	+	700	=	2 100
Sector II	P_2 = 2 100	+	1 400	=	3 500
Suma	P = 3 500	+	2 100	=	5 600

Como se ve, hubo una expansión del 40% en todos los valores, sin que las relaciones entre ellos se hubieran alterado, lo que es lógico, ya que no hubo ninguna modificación de proceso. En términos reales, un aumento del 40% en el producto Y tiene que haber correspondido a una elevación del 40% en el empleo N.

Claro que tal constancia en la función de producción (relación entre insumos y producto) sólo se daría si la producción de los nuevos productos tuviese una función idéntica a la de la economía como un todo, caso en que esta última no se alteraría por la creación de los nuevos ramos de producción. Si tal situación no se diera, se alteraría la relación entre P_1 y P_2. Si los nuevos productos exigieran una mayor cantidad de capital total por unidad producida que el promedio, el producto del sector I (P_1) tendrá que crecer más que el producto del sector II (P_2). En este caso, el equilibrio también será alcanzado cuando la inversión en el sector II fuese igual a los gastos en el sector I, aunque ambos serán mayores, por ejemplo: 1 500. En este caso:

	Gastos de consumo		Ahorro		Total
Sector I P_1 =	1 500	+	750	=	2 250
Sector II P_2 =	2 100	+	1 500	=	3 600
Suma P =	3 600	+	2 250	=	5 850

El caso inverso, en que los nuevos productos exigen una menor cantidad de capital total por unidad producida que el promedio, puede fácilmente ser imaginado.

Se podría suponer que, una vez ampliada la capacidad de producción en el sector ii, la demanda de medios de producción caerá por lo menos hasta que una parte del nuevo capital fijo en ese sector tenga que ser repuesta. Pero también hay que recordar que, mientras el consumo se mantenga en su nuevo nivel más elevado, la demanda de materias primas, elemento importante de c_2, será la misma. Además, el aumento general del consumo, no sólo de los nuevos productos sino de todos los que componen p_2 (efecto de la elevación del empleo) debe elevar el nivel de utilización de la capacidad en el sector ii y, por lo tanto, acelerar la demanda de reposición. Mientras que la tasa de reposición del capital constante x (= c/c_T) se mantenga igual, no hay razón para que la demanda de bienes de producción c_2 del sector ii decline. El efecto del surgimiento de los nuevos productos es, por lo tanto, aumentar el producto y el empleo. Veamos ahora su repercusión sobre la productividad, los salarios y la tasa de ganancia.

No habiéndose verificado cambios de proceso, la productividad nominal media de trabajo[13] sólo será afectada en la medida en que difiera de la productividad nominal en los ramos de los nuevos productos. Siendo los nuevos productos vendidos por su valor, es decir por precios que reflejen el tiempo de trabajo socialmente necesario gastado en ellos, la productividad nominal de los nuevos ramos será idéntica a la de la economía como un todo. Si los nuevos productos fueran dominados por empresas monopolistas (protegidos por patentes, por ejemplo), podrán ser vendidos a precios por encima de su valor, lo que hará aumentar la productividad en términos nominales. Una parte del excedente producido en el resto de la economía será apropiada por las empresas que monopolizan los nuevos productos. Además, si la composición orgánica del capital en los ramos nuevos no fuera igual a la de toda economía, sus precios de producción no coincidirán con el valor de los nuevos productos, habiendo igualmente desplazamiento de la productividad nominal.

---

[13] La productividad nominal media del trabajo es el valor agregado medido en precios corrientes dividido por el tiempo de trabajo (horas-hombre). Es el concepto usual de productividad.

Al haber elevación del empleo, se debe suponer que deben aumentar los salarios físicos y, como no hubo aumento de productividad física, también los salarios reales. En la misma medida, disminuirán las ganancias M y, por lo tanto, la tasa de ganancia. Es la situación, contemplada por Marx, en la que un aumento del empleo eleva los salarios y, en consecuencia, reduce las ganancias y, por lo tanto, las inversiones, generando la crisis. Únicamente hay que tener en cuenta que eso sólo se dará a partir del momento en que las alteraciones fueran de tal magnitud que la baja de la tasa de explotación M/V no sea compensada por una elevación de la tasa de ganancia = M/(CT + V), resultante de un mejor aprovechamiento de la capacidad.

Supongamos que antes del surgimiento de los nuevos productos la situación fuese la siguiente:

YR = 1000 + 500v + 500M = 2000 y que la tasa de renovación del capital constante x = 0.2, de modo que CT = 5000.

L = 500/(5000 + 500M) = 0.09 o 9%. Admitamos que el aprovechamiento de la capacidad fuese tal que, con el mismo capital total CT, sería posible obtener un producto YR dos veces mayor:

YR = 2000c + 1000v + 1000M = 4000 (x se elevará a 0.4 lo que haría subir la tasa de ganancia a: 1000/(5000 + 1000) = 0.167 o 16.7%. Sucede, sin embargo, que los salarios subirán de V(1) = 1000 a V(2), lo que hará caer las ganancias de M(1) = 1000 a M(2). La tasa de ganancia será: L = M(2)/CT + V(2). Si la tasa de ganancia L debe permanecer igual, entonces V(2) podrá aumentar hasta el punto en que: V(2) = M(2)/L − CT, permaneciendo L igual. El aprovechamiento de la capacidad a nivel más alto proporcionará un volumen de trabajo vivo: T = M(2) + V(2). De este modo: V(2) = T − M(2) y M(2) = L (CT + T − M(2)). Tras una adecuada transposición de términos:

$$M(2) = L (CT + T) / (1 + L)$$

Así definido, M(2) es el valor mínimo al que podrán reducirse las ganancias sin que sea afectada la tasa de ganancia. Si sustituyéramos las variables en la ecuación anterior por sus valores: L = 0.09; CT = 5000; T = V(2) + M(2) = 2000, podríamos verificar que M(2) podrá descender hasta 577.5, o sea que los salarios podrán subir hasta 2 000 − 577.5 = 1 422.5 sin que descienda la tasa de ganancia. En resumen, si hubiera un aumento del 100% en el aprovechamiento de la capacidad, gracias a la expansión del producto en las condiciones de nuestro ejemplo, los salarios podrían subir hasta un 42.25% sin que la tasa de ganancia caiga *por debajo* de su nivel anterior. Es importante señalar que, en cuanto los salarios aumenten, habría un crecimiento más vigoroso del consumo, con todas las consecuencias ya apuntadas, puesto que la parte consumida de v es mayor que la parte consumida de m.

EFECTO CONJUNTO DE LAS INNOVACIONES TÉCNICAS: CAMBIOS DE PROCESO Y NUEVOS PRODUCTOS

Como se ve, las consecuencias de los nuevos productos son diametralmente opuestas a las de los cambios de proceso. Mientras que éstos contraen el consumo, redistribuyen el ingreso a favor de los capitalistas y reducen el empleo, los nuevos productos expanden el consumo, favorecen la elevación de los salarios y hacen crecer el empleo. Claro que estos efectos se compensan mutuamente, en la medida en que cambios de proceso y nuevos productos ocurren simultáneamente. Y no hay duda de que el capitalismo necesita ambos para poder crecer. Marx ya había percibido este proceso, describiéndolo del modo siguiente en los *Grundrisse:*

Por lo demás, la producción de *plusvalor relativo* —o sea la producción de plusvalor fundada en el incremento y desarrollo de las fuerzas productivas— requiere la producción de nuevo consumo; que el círculo consumidor dentro de la circulación se amplíe así como antes se amplió el círculo productivo. *Primeramente:* ampliación cuantitativa del consumo existente; *segundo:* creación de nuevas necesidades, difundiendo las existentes en un círculo más amplio; *tercero:* producción de *nuevas* necesidades y descubrimiento y creación de nuevos valores de uso (bienes de consumo: PS). En otras palabras, que el plustrabajo obtenido no quede en mero excedente cuantitativo, sino que al mismo tiempo se acreciente continuamente la esfera de las diferencias cualitativas del trabajo (y con ello del plustrabajo); se torne más múltiple, más diferenciada en sí misma. Por ejemplo, merced a la duplicación de la fuerza productiva (productividad física: PS) ya sólo se necesita emplear un capital de 50 donde antes se requería uno de 100, de tal modo que quedan libres un capital de 50 y el trabajo necesario correspondiente; para el trabajo y el capital liberados es menester una nueva rama de la producción, cualitativamente diferente, que satisfaga y produzca una nueva necesidad. Se conservará el valor de la vieja industria creando un fondo para una nueva, en la cual se ponga la relación entre capital y trabajo en una forma *nueva*. De ahí la exploración de la naturaleza entera, para descubrir nuevas propiedades útiles de las cosas; intercambio universal de los productos de todos los climas y países extranjeros; nuevas elaboraciones (artificiales) de los objetos naturales para darles valores de uso nuevo (el papel que desempeña el lujo entre los antiguos, a diferencia de entre los modernos, más adelante *to allude to)*. La exploración de la Tierra en todas las direcciones, para descubrir tanto nuevos objetos utilizables como nuevas propiedades de uso de los antiguos, al igual que nuevas propiedades de los mismos en cuanto materias primas, etc.; por consiguiente, el desarrollo al máximo de las ciencias naturales; igualmente el descubrimiento, creación y satisfacción de nuevas necesidades procedentes de la sociedad misma; el cultivo de todas las propiedades del hombre social y la producción del mismo como individuo cuyas necesidades se hayan desarrollado lo más posible, por tener numerosas cualidades y relaciones; su producción como producto social lo más pleno y universal que sea posible (pues para aprovecharlo multilateralmente es necesario que sea capaz de disfrute, y por lo tanto cultivado al extremo) constituye asimismo una condición de la producción fundada en el capital. (Karl Marx, *Grundrisse der Kritik der Politischen Okonomie (Rohentwurf) 1857-1858*, Berlín, Dietz Verlag, 1953, pp. 312-313. [*Elementos fundamentales para la crítica de la economía política (Grundrisse) 1857-1858*, México, Siglo XXI, 1971, pp. 360-361].)

Como se ve, Marx no sólo reconoce el papel estratégico que el gasto de consumo desempeña en la economía capitalista, aspecto ya debatido por los clásicos (Malthus, Ricardo), sino que lo liga explícitamente a la innovación técnica. Marx es, probablemente, el primero que comprueba la *necesidad* de la elevación del consumo como derivación del aumento de la productividad, siendo ambos, crecimiento de la productividad y del consumo, consecuencias opuestas y complementarias de la innovación técnica.

Veamos ahora cómo se combinaron en la dinámica económica del capitalismo los dos tipos de innovación técnica.

Ya observamos que las innovaciones técnicas tienden a darse por "oleadas". Principios científicos encuentran, a partir de cierto momento, aplicación tecnológica, lo que desencadena una serie de innovaciones. Es el caso, por ejemplo, del perfeccionamiento del motor a explosión, que dió por resultado el automóvil, el avión, o el conjunto motor-generador de energía eléctrica, etc. O la invención de la válvula electrónica, que dio origen al radio, la TV, etcétera.

Además del origen científico común, las innovaciones se precipitan en oleadas por una razón esencialmente económica: un nuevo producto genera, como vimos, aumento del consumo, del empleo, de los salarios, lo que induce al lanzamiento de otros nuevos productos. Conviene tener en cuenta que el lanzamiento de un nuevo producto es una iniciativa que requiere elevadas inversiones y está sujeta a muchos riesgos. Si el nuevo producto no logra la preferencia de un número mínimo de consumidores, las pérdidas pueden ser cuantiosas. Es obvio que estos riesgos son mucho menores en un momento en que la economía se encuentra en plena expansión, debido al surgimiento anterior de otros nuevos productos. De ahí que el éxito de un nuevo producto induzca el surgimiento de otros.

La aparición de innovaciones técnicas en "oleadas" fue destacada también por Schumpeter, que consideró el hecho como causa fundamental del ciclo económico.

¿Por qué no procede el desarrollo económico, en nuestro sentido, con la misma regularidad con que crecen los árboles, sino a saltos? ¿Por qué presenta esas alzas y bajas características? La respuesta no puede ser suficientemente corta y precisa: exclusivamente *por no distribuirse igualmente en el tiempo las nuevas combinaciones, como podría suponerse por los principios generales de la probabilidad* —en forma tal que pudieran escogerse intervalos de tiempo de los cuales se llevará a la práctica una nueva combinación— sino que, *en caso de aparecer, lo hacen en forma discontinua, en grupos o bandadas*. (Joseph A. Schumpeter, *Teoria do desenvolvimento econômico*, Río de Janeiro, s/d., p. 289 [*Teoria del desenvolvimiento económico*, México, FCE, 1944, pp. 319-320; cursivas del original: PS].)

Schumpeter, sin embargo, atribuye el surgimiento por "oleadas" de las innovaciones a las características psicológicas del emprendedor y a las condiciones en que puede tener éxito, mientras que el fenómeno en cuestión se manifiesta del mismo modo en situaciones en las cuales la figura del emprendedor ya fue sustituida por el *management* de la moderna multiempresa. Una explicación más próxima a la nuestra se encuentra en W.E.G. Salter, *Productivity and technical change* (Cambridge, 1969, pp. 133-135).

El efecto acumulado de diversos nuevos productos es elevar rápidamente el empleo y el nivel de actividad, acelerando la acumulación y ampliando la reproducción, hasta que ésta comienza a encontrar los límites materiales a su expansión, que se manifiestan bajo la forma de puntos de estrangulamiento que acarrean elevación de costos. Uno de los más importantes puntos de estrangulamiento es el que surge cuando la expansión del empleo comienza a agotar la oferta de fuerza de trabajo (total o de ciertas categorías profesionales), provocando elevación de salarios. En este caso, los cambios de proceso se vuelven económicamente muy atractivos porque, como vimos, su efecto más frecuente es el de reducir el empleo y el nivel real de los salarios, aunque éstos puedan llegar a aumentar en términos físicos. Consecuentemente, se adoptan cambios de proceso que, de cierta manera, "compensan" los efectos de los nuevos productos, moderando el crecimiento del empleo, de los salarios y del nivel de actividad.

Podría sorprender que los cambios de proceso estuvieran, por así decir, "preparados" para ser utilizados tan pronto como se volvieran económicamente viables. En realidad, las técnicas que insumen menos trabajo por unidad de producto ya son probablemente conocidas, aunque no se conviertan en "económicas" *antes* que los salarios aumenten. Es el encarecimiento relativo de la fuerza de trabajo (v) lo que convierte en económica otra opción técnica: se da, entonces, el cambio de proceso.[14]

---

[14] Otra de las razones por las que hay un cierto intervalo entre el lanzamiento de un nuevo producto y la adopción de un cambio de proceso es que éste, frecuentemente, sólo es aplicable en considerables escalas de producción. El nuevo producto comienza a producirse con carácter experimental, muchas veces con métodos todavía semiartesanales, hasta que la difusión de su consumo permita la aplicación de métodos de producción en masa. Es el caso de los nuevos modelos de vestidos, que pasan de "exclusivos" a la confección industrial en pocos meses. (V. Hirsch, S., *Location of industry & international competitiveness,* Oxford, 1967, pp. 18-24.)

EL PROCESO DE CRECIMIENTO DE LA ECONOMÍA CAPITALISTA

EL CICLO DE COYUNTURA

Cuando se desencadenan una oleada de nuevos productos, tarde o temprano acompañados por cambios de proceso, el efecto acumulado de los dos tipos de innovación es, en un primer momento, ampliar la reproducción. Conviene recordar que el cambio de proceso, en la medida en que torna obsoleta una parte del capital fijo y exige su renovación, también lleva a la expansión del empleo, principalmente en el sector I, y consecuentemente del consumo, con repercusiones en el sector II, etc. Solamente cuando el cambio de proceso se completa, lo que a veces lleva algunos años, se hacen sentir sus efectos constrictores. Pero, entretanto, surgen nuevos productos, con sus efectos amplificadores, etc., de modo que el ritmo de ampliación del proceso reproductivo tiende a acelerarse cada vez más. Es preciso recordar que cada innovación tiene efectos acumulativos (mecanismo "multiplicador" en el caso de los nuevos productos y de "acelerador" en el caso de los cambios de proceso) que tienden a prolongarse por una cadena causal del tipo: empleo-salario-consumo-inversión-empleo, etcétera.

La aceleración del ritmo de ampliación de la reproducción acaba por producir una crisis del tipo analizado por Marx: puntos de estrangulamiento elevan los costos, reducen la lucratividad, conducen a una reducción de inversiones. Hay una reducción de actividad y de empleo en el sector I, lo que implica una baja del consumo, haciendo que el descenso de la actividad económica se extienda al sector II, etc. La cadena de acumulación de efectos inversión-empleo-consumo-inversión actúa ahora en sentido contrario: trasmite efectos constrictores en amplitud decreciente.

Es importante recordar, sin embargo, que no habrá crisis si los aumentos de costo, provocados por los puntos de estrangulamiento, pudieran ser trasferidos a los precios, lo que se vuelve posible desde que hay una oferta sumamente flexible de medios de pago. Pero, en este caso, el efecto de los puntos de estrangulamiento se trasforma en ascenso persistente de precios, es decir en *inflación*, lo que más tarde obligará al gobierno a intervenir, desencadenando él mismo la crisis, como consecuencia de la política antinflacionaria. Así, la manipulación monetaria por sí sola no evita la crisis, pero puede postergarla, a lo sumo. La única manera de prevenir la crisis sería: a] planificar la expansión de la capacidad productiva en todos los sectores considerados vitales y de oferta relativamente inelástica a corto plazo (energía hidroeléctrica, vías de transporte, educación media y superior, etc.); b] graduar la ampliación del proceso reproductivo de modo que no estalle la capacidad de producción de aquellos sectores. Éste es el grado mínimo de planificación que requiere la economía capitalista para eliminar las fluctuaciones de coyuntura.

Admitiendo que hubiera crisis, en el sentido clásico de las que ocurrieron hasta 1938, la economía pasa por un periodo de depresión, en el que se halla en reproducción contraída. La intensificación de la competencia estimula la adopción de cambios de proceso, mientras que el descenso en los salarios y en el consumo desalienta el lanzamiento de nuevos productos. Como los desempleados también consumen,[15] el consumo baja menos que el empleo y la desinversión disminuye hasta llegar a anularse. En ese momento, la economía entra en reproducción simple, en la que podrá permanecer por un periodo variable, hasta que otra oleada de innovaciones la precipite nuevamente en la reproducción ampliada.

La fase ascendente del ciclo no es inmediatamente estrangulada por los "cuellos de botella" porque: a] en ellos se acumuló capacidad ociosa durante el periodo de crisis y depresión; b] porque son afectados por innovaciones que elevan su productividad física. Así, por ejemplo, el transporte por tierra sufrió las siguientes trasformaciones en menos de 100 años: carroza, tren, camión, siendo el tren movido sucesivamente por energía a

---

[15] Como el capitalismo necesita tanto del ejército industrial de reserva como del activo, no puede dejar de mantenerlo. En los países industrializados esto está institucionalizado bajo la forma de ayuda a los desempleados. En los países no desarrollados, la población al margen del proceso capitalista de producción es mantenida en otros sectores, como se verá más adelante.

vapor, energía eléctrica y motor diésel. Es lo que explica que cada ciclo de coyuntura haya repetido los mismos movimientos de un nivel más amplio de reproducción.

ESTÍMULOS CON EFECTOS SIMILARES AL DE LOS NUEVOS PRODUCTOS

El nuevo producto, como vimos, es el fruto de una innovación tecnológica cuyo efecto es aumentar el consumo en forma autónoma, o sea sin que este aumento haya sido inducido por una expansión del empleo ni por una elevación del salario real. Sin embargo, en una economía capitalista, también pueden obtenerse aumentos "autónomos" del consumo por otros medios.

Analicemos algunos de ellos:

a] *elevación de la demanda externa:* su efecto inmediato es aumentar la exportación, ya sea de bienes de consumo (sector ii) o de bienes de producción (sector i). Consecuentemente, en el sector afectado aumenta el empleo y la utilización de la capacidad. Si la elevación de la demanda externa fuera lo suficientemente amplia como para inducir a la economía a elevar su nivel de actividad a la plena capacidad, habrá un aumento de inversiones, con lo que entrará en reproducción ampliada, si no estuviera ya en tal situación cuando comienza la elevación de la demanda externa. Por lo tanto, las consecuencias serán similares a las del surgimiento de un nuevo producto, aunque con una restricción: el aumento de la exportación suele ir acompañado por un aumento de la importación, que tanto puede ser el fruto de una caída del impuesto cambiario que abarata los productos importados como puede ser el resultado de una reducción de las restricciones a la importación, como efecto del aumento de la capacidad de importar, proporcionada por el crecimiento del ingreso externo. El aumento de la importación anula los efectos del aumento de la exportación, en la medida en que los productos importados atienden la parte del incremento de la demanda inducido por el aumento de la exportación. Para ilustrar este proceso, supongamos que se eleve la demanda externa por un bien de consumo y, por lo tanto, un producto del sector II. El crecimiento de la exportación conduce al aumento del producto del sector II (P2), lo que induce a la elevación de la parte ahorrada de aquel producto, que se expresa en un aumento de la demanda de bienes de producción, del sector I. Sin embargo, si tales bienes de producción fueran todos importados, el estímulo representado por la elevación de la demanda externa no se trasmite al sector I, quedando circunscrito al sector II. En este caso, si la economía estaba en reproducción simple antes de la elevación de la demanda externa, puede volver a esta situación en un nivel más alto de actividad, porque el empleo en el sector II y el consumo se expandieron. Éste es el caso más común de economías coloniales, cuyo sector I está prácticamente todo situado fuera de sus fronteras.

La situación es totalmente distinta, no obstante, si el aumento de exportación no está acompañado por un aumento de importación sino por un aumento de exportaciones de capitales. En este caso, el saldo de divisas resultante del aumento de la exportación se transforma en inversión en el exterior, lo cual, por regla general, va a promover un nuevo aumento de la demanda externa, habitualmente de bienes de producción. Es lo que hacen generalmente los países capitalistas avanzados frente a economías coloniales. De esta manera, el estímulo representado por la elevación de la demanda externa se multiplica.

De cualquier modo, el efecto de una elevación de la demanda externa sobre el nivel de actividad y de empleo es rigurosamente proporcional al aumento del superávit o a la disminución del déficit en la balanza de pagos que esa elevación provoca.

b] *sustitución de importaciones:* vimos en el ítem anterior que un aumento de importaciones absorbe una parte de la demanda. La sustitución de importaciones equivale a una disminución de la importación: una parte de la demanda, atendida hasta el momento de la sustitución por la oferta externa, pasa a ser atendida por la oferta interna, ya sea del sector I o del sector II, según se trate de un bien de producción o de consumo. Consecuentemente, crece en el sector afectado el empleo y la utilización de la capacidad y, muy probablemente, la inversión. En el caso de las economías en desarrollo, lo habitual es que la sustitución de importaciones se inicie por la inversión, porque tales economías carecen, en general, de capacidad de producción de bienes que normalmente importan.

En este caso, si el bien cuya importación es sustituida es de consumo, la sustitución afecta simultáneamente al sector ii, donde surge un nuevo ramo, y al sector i, que debe proveer los nuevos medios de producción. Si los nuevos medios de producción fueran importados, no obstante, el efecto de la sustitución quedará circunscrito al sector ii. Incluso en este caso habrá un efecto líquido que se traducirá en la reducción del coeficiente de importación, es decir el valor del producto y aumentará, aunque la sustitución no reduzca el valor global de la importación, sino que sólo trasforme la pauta de importaciones. No habiendo aumento de la productividad, lo cual no cabe esperar de una sustitución de importaciones, el efecto de ésta será expandir el empleo en la misma media en que aumenta el producto real y físico.

Como las economías en desarrollo son generalmente incapaces de generar, en forma autónoma, innovaciones tecnológicas, la sustitución de importaciones es la forma específica que tales economías encuentran de introducir nuevos productos. Es importante señalar, en este contexto, que desde el punto de vista del empleo y del nivel de actividades, da lo mismo si la sustitución es de un bien de consumo o de producción. En uno y otro caso, se trata de un incremento líquido a la oferta interna de y.

c] *elevación de la demanda de productos de la economía capitalista por parte de otros sectores de la economía de mercado:* la economía de mercado se compone de un sector capitalista y de un sector extracapitalista. Este último se compone de las siguientes actividades: gubernamentales, iniciativas individuales autónomas, entidades sin fines de lucro, etc. Desde el punto de vista de la economía capitalista, la demanda del sector extracapitalista por sus productos, desempeña el mismo papel que la demanda externa (al país). De este modo, todo lo que se dijo en el ítem a] vale para la demanda del sector extracapitalista. Sin embargo, hay que hacer algunas salvedades:

1] Hay una tendencia a que las iniciativas privadas se transformen en empresas capitalistas o sean sustituidas por ellas (clínicas médicas en lugar de consultorios, industrias en lugar de talleres artesanales, haciendas capitalistas en lugar de explotaciones campesinas, etc.). En este caso, el empleo y el producto cercenados del sector autónomo pasan al sector capitalista.

Como el pasaje casi siempre implica cambio de proceso y aumentᴗ de productividad, para la economía *como un todo* el producto real y el empleo disminuyen, aunque el producto físico y nominal aumente. La trasferencia reduce la demanda "externa" de productos del sector capitalista. Sucede lo contrario cuando surgen nuevas oportunidades en el sector autónomo (aumento de consultorías, de explotaciones campesinas, etc.). El incremento de población que no se incorpore en los sectores de mercado (capitalistas) tiende a expandir, en buena medida, al sector autónomo (agricultura campesina, comercio al menudeo, etc.) y, por lo tanto, el empleo en los sectores de mercado en la medida en que el incremento en el sector autónomo eleva la demanda de éste por productos de los sectores de mercado.

2] La dimensión de las actividades gubernamentales tiende a expandirse en función del crecimiento de la población y de sus condiciones de vida. En la misma medida crece la demanda gubernamental por el producto de los sectores de mercado, descontada la parte de esa demanda que es atendida por importación, por los sectores autónomo y de subsistencia. Los recursos que financian las actividades gubernamentales provienen de los otros tres sectores: de mercado, autónomo y de subsistencia. Si el aumento de las actividades gubernamentales fuera exclusivamente financiado por un aumento de la tributación de los sectores de mercado y resultara un aumento idéntico en valor de la demanda por productos de estos sectores, el resultado líquido en términos de producto y de empleo para la economía capitalista será nulo. Sólo habrá aumento de empleo y de producto real en la economía capitalista en la medida en que la expansión de las actividades gubernamentales fuera financiada por otro sector o por un incremento del déficit presupuestario, es decir por el aumento de la deuda pública. Esta posibilidad es de gran importancia práctica por la frecuencia con que se recurre a ella. Cuando el gobierno recurre a préstamos, tiende a reducir las reservas, dada la gran liquidez de los títulos públicos. En la medida en que eso sucede, el gobierno puede elevar la demanda efectiva en la economía capitalista e *ipso facto* el empleo y el producto. Si, a pesar todo, el endeudamiento del gobierno va más allá que el desembolso que él mismo provoca, el efecto líquido es reducir la inversión privada, porque desvía ahorro de los sectores de mercado hacia las actividades gubernamentales.

Finalmente, si la expansión de las actividades gubernamentales es financiada por emisiones de moneda que superan el crecimiento de la demanda por nuevos medios de pago, su efecto es inflacionario: suben los precios, la moneda se deprecia, las reservas disminuyen, aumentan las inversiones especulativas, etc. En suma, el nivel de actividades y de empleo se eleva hasta el punto en que la inelasticidad de la oferta en ciertos ramos realimenta el proceso inflacionario, llevando a las consecuencias antes señaladas, en el capítulo sobre "El ciclo de coyuntura".

Vemos, por lo tanto, que la economía capitalista puede ser estimulada a ampliar su reproducción de diferentes maneras: por la introducción de nuevos productos, por el mejoramiento de la balanza de pagos, por la sustitución de importaciones y por el aumento de la demanda del sector autónomo, de subsistencia o de las actividades gubernamentales, esta última generalmente financiada por una elevación de la deuda pública o por emisiones de moneda.

LÍMITES AL CRECIMIENTO DEL EMPLEO EN LA ECONOMÍA CAPITALISTA

Por todo lo que ya vimos, podemos concluir que el empleo en la economía capitalista puede crecer, estimulado por los factores mencionados en el capítulo anterior, hasta el punto en que la economía entra en: a] plena capacidad o b] pleno empleo.

La situación de *plena capacidad* es aquella en la que toda capacidad está siendo utilizada en los ramos críticos, es decir cuya oferta es inelástica a corto plazo. A partir de este momento, los demás sectores no pueden expandirse porque reflejan las barreras materiales, físicas, al crecimiento de la economía. Puesto que la economía no es planificada, lo más común es que llegue a la situación de plena capacidad mientras que en numerosos ramos todavía hay una sustancial capacidad ociosa. Podemos denominar a esta situación como de plena capacidad parcial, en contraposición a la utilización de toda la capacidad en todos los ramos, que sería la plena capacidad *total*.

La situación de *pleno empleo* es aquella en la que, para todos los fines prácticos, la totalidad de la FT está empleada.[16] Como la FT presenta diferentes niveles de calificación y tipos de especialización, que no siempre coinciden con la estructura de la demanda de FT, la economía puede llegar a la situación de pleno empleo de determinadas categorías de trabajadores, mientras que otras todavía presentan un considerable margen de desempleo. Consideremos esta situación, que es la normal en economías no desarrolladas, como de pleno empleo *parcial,* en contraposición a la situación que se encuentra frecuentemente en países capitalistas avanzados, en los que la estructura de la oferta y de la demanda de FT coinciden, en líneas generales; en este caso, el empleo de la totalidad de la FT es considerado pleno empleo *total* (abstraemos, en este contexto, el análisis de las modalidades de subempleo y desempleo disfrazado, que deberá hacerse más adelante).

El pleno empleo total puede ser alcanzado en una economía capitalista —por lo tanto, no planificada centralmente— con plena capacidad parcial. La razón de este hecho es que los mecanismos del mercado de capitales que incorporan inversiones que crean capacidad de producción, dependen de estímulos a corto plazo que no reflejan el grado de utilización de la capacidad, salvo indirectamente. Tales estímulos son las *expectativas de lucratividad futura* de cada empresa, expectativas estas que generalmente se basan en la lucratividad del pasado reciente. Pero la lucratividad de la empresa está positivamente relacionada con el grado de utilización de la capacidad (tasa de operación), aunque no depende únicamente de él. Empresas de alta lucratividad pueden tener reducida tasa de operación. Es lo que sucede cuando la demanda de productos de la empresa es poco elástica a los precios, o sea cuando un aumento de la oferta sólo puede ser realizado en el mercado con fuerte caída del precio. (Ejemplo: los artículos de primera necesidad.) Parece absurdo, pero en estas circunstancias puede haber creación de nueva capacidad productiva, en forma de surgimiento de nuevas em-

[16]Consideramos el empleo de la FT no sólo en los sectores de mercado sino en toda economía. Dado el empleo en los demás sectores, hay una oferta de FT que puede ser absorbida por los sectores de mercado o no. Cuando se da tal absorción, hay pleno empleo, aunque parte de los que están ocupados en el sector autónomo y en el sector de subsistencia constituyen un ejército industrial de reserva para los sectores de mercado.

presas, en cuyos ramos ya hay una ponderable capacidad ociosa. El proceso capitalista de ubicación de inversiones es irracional y tiende a ocasionar grandes diferencias en las tasas de operación en los diversos ramos y empresas. Tales diferencias tienden inclusive a crecer en la medida en que las estructuras de mercado se tornan más monopolistas.

El pleno empleo total en la economía capitalista depende, en última instancia, de dos factores:

a] de la coincidencia entre la estructura de calificación de la mano de obra de la demanda y de la oferta de fuerza de trabajo. No habiendo tal coincidencia, el resultado es pleno empleo parcial. Si la proporción de calificados es mayor en la demanda que en la oferta, habrá desempleo de no calificados, que parece ser el caso brasilero. Si la proporción de calificados es mayor en la oferta que en la demanda, habrá desempleo de calificados, lo que parece ser el caso de países africanos y del sudeste asiático. Es necesario recordar que, bajo el impacto del cambio tecnólogico, la estructura de calificación de la demanda es extremadamente mutable, lo que exige un proceso de permanente ajuste de la oferta. Cuando el volumen global de fuerza de trabajo tiene alto nivel de instrucción y, además, crece poco, tal ajuste se hace mejor, porque hay suficiente motivación para que las inversiones en especialización se realicen. Es lo que debe estar sucediendo en Europa Occidental, donde rige el pleno empleo en muchos países desde el final de la segunda guerra mundial. Cuando el nivel de instrucción de la fuerza de trabajo es bajo y su crecimiento es rápido, la tendencia es ajustar el sistema escolar a las nuevas necesidades de la economía de modo de adecuar los *incrementos* de la oferta de FT, en vez de invertir en la especialización de personas afectadas por desempleo tecnológico;

b] de la eliminación de puntos de estrangulamiento que pueden aparecer en el conjunto de actividades definidas por la división social del trabajo. Como en la economía capitalista el ajuste entre oferta y demanda de cada valor de uso se efectúa, en principio, por mecanismos de mercado, los desequilibrios sectoriales sólo son percibidos a posteriori y su solución puede demorar, dependiendo del tiempo de maduración de las nuevas inversiones. Cuanto mayor es el número de actividades, tanto mayor es la probabilidad de que se produzcan puntos de estrangulamiento. Si s es el número de sectores diferentes de la economía, cuyos productos se intercambian entre sí, el número

τ de interrrelaciones es igual a: $\dfrac{1}{2}$ $(s^2 - s)$. Teóricamente, τ

es el número de posibles puntos de estrangulamiento. Por lo tanto, cuanto mayor sea s, tanto mayor será τ, siendo evidente que τ es una función curvilínea de s. Así, si s es igual a 10, τ será igual a 45. Si s = 20, τ será igual a 190, o sea un aumento del 100% en el número de sectores s provoca un aumento del 322% en el número posible de puntos de estrangulamiento.

Cuando un país posee una economía de mercado altamente especializada, como es común en las economías coloniales, el número de sectores en que se divide es reducido, teniendo, en compensación, una proporción elevada de sus puntos de interdependencia (es decir, puntos potenciales de estrangulamiento) ligados a la oferta externa que debe ser considerada como uno de los s sectores. Sucede que la oferta externa depende de la capacidad de producción de un gran número de países, siendo por eso generalmente bastante elástica a los precios. Es muy difícil, por ejemplo, que falten en el mercado mundial productos manufacturados, que son generalmente los importados por economías coloniales.[17] Esto sólo se dio en ocasión de conflagraciones mundiales. De esta manera, una economía colonial está relativamente poco expuesta al surgimiento de puntos de estrangulamiento. No ocurre lo mismo con economías que se desarrollan, ya que cada acto de sustitución de importaciones agrega por lo menos una unidad al número de s sectores.

El proceso de desarrollo está particularmente expuesto a crear puntos de estrangulamiento por el hecho de alterar la estructura productiva, creando *nuevos* puntos de interdependencia, para cuyo ajuste falta experiencia anterior. Es muy difícil determinar la capacidad productiva de un nuevo ramo cuando la única indicación que se posee es el volumen de demanda atendido anteriormente por importación, puesto que se desconoce la elasticidad de esta demanda, tanto en cuanto a los precios

---

[17] Por eso, casi siempre los puntos de estrangulamiento ocasionan presiones sobre la balanza de pagos, donde se verifica un estrangulamiento, fruto de todos los otros. Se trata de compensar la insuficiencia de la oferta interna recurriendo a la oferta externa. Tal recurso, evidentemente, encuentra su límite en la capacidad de importación del país.

como al ingreso, ya que la oferta de importaciones sufre limitaciones provenientes de la balanza de pagos.

Otro aspecto a destacar es que un punto de estrangulamiento tiende a generar otros, en la medida en que las relaciones de interdependencia tienden a propagar los efectos de la inelasticidad de la oferta. Así, la escasez de acero puede generar escasez de máquinas, de construcciones, de vehículos, etcétera.

El efecto de los puntos de estrangulamiento sobre el empleo es negativo: éste no puede crecer más allá de un cierto límite, que casi siempre es inferior al necesario para que se logre el pleno empleo. En principio se puede suponer que una economía no planificada y, por lo tanto, expuesta a puntos de estrangulamiento pueda crecer con suficiente dinamismo como para alcanzar el pleno empleo total. En los países en desarrollo, sin embargo, tal crecimiento tendría que ser muy rápido, dado el fuerte aumento de la oferta de fuerza de trabajo.

Las condiciones que se requieren para que la economía alcance el pleno empleo total no se realizan en los países no desarrollados. En tales países puede considerarse que el pleno empleo es imposible de ser alcanzado, dados los presupuestos del sistema. Lo normal es que la economía crezca hasta alcanzar la plena capacidad y, tal vez, el pleno empleo parcial. A partir de ese momento, la economía o bien entra en crisis o presenta inflación.

Deducimos, pues, que el empleo, en la economía capitalista, tiende a fluctuar cíclicamente entre dos límites:

inferior: la economía, en crisis, contrae su reproducción hasta comprimir el consumo a un nivel mínimo socialmente soportable, permaneciendo por algún tiempo en reproducción simple;

superior: la economía, en expansión, alcanza una situación de pleno empleo parcial o total o una situación de plena capacidad (siendo la plena capacidad total sólo una posibilidad teórica); a partir de una situación de éstas la economía no puede crecer más a *corto plazo.*

De esta manera, el pleno empleo total es sólo una de las posibilidades de realización de la economía capitalista, que depende, en última instancia, del grado de planificación al que está sujeta. Una economía capitalista que integra una economía no desarrollada, como la del Brasil, no alcanza, ni siquiera coyunturalmente, el pleno empleo total, debido a los siguientes factores:

a] la economía, en la medida en que se desarrolla, se diversifica, perdiendo su carácter especializado, lo que la torna más rígida, o sea mucho menos capaz de recurrir a la división internacional del trabajo para atender las necesidades derivadas de una rápida trasformación de estructura. Es imposible, por ejemplo, que la economía brasileña pueda, hoy, recurrir a los mismos métodos que le permitieron expandir rápidamente el cultivo de café en el siglo pasado, trayendo del exterior mano de obra y capitales para construir la infraestructura necesaria: vías férreas, puertos, bodegas, etcétera;

b] la población crece a una tasa elevada y se transfiere a una tasa aún mayor al mercado de trabajo capitalista; además de que la oferta de FT se expande con gran vigor, los bajos niveles de calificación de la gran mayoría de mano de obra no corresponden a las necesidades de la economía capitalista, dando origen a situaciones de pleno empleo parcial;

c] la planeación de la economía capitalista en los países no desarrollados está apenas en sus comienzos, con la definición preliminar de las áreas críticas. En el Brasil, por ejemplo, sólo ahora se está descubriendo que la red de servicios urbanos, en los centros metropolitanos, es una de estas áreas críticas. Los éxitos iniciales de la planeación sectorial (acero, energía eléctrica, transportes) son todavía insuficientes para evitar que la economía caiga en plena capacidad parcial después de mantenerse en expansión por algunos años. Frente a la insuficiencia de la planeación a mediano y largo plazo, se recurre cada vez más a controles coyunturales, los cuales, con el pretexto de evitar la inflación, limitan el crecimiento de la economía capitalista, de modo de impedir la agudización de los puntos de estrangulamiento. El efecto general de esta política anticíclica es impedir que la tasa de crecimiento del empleo en la economía capitalista alcance la tasa de crecimiento de la oferta de FT.

Ahora falta examinar de qué depende el empleo en los demás sectores de la economía.

EL EMPLEO EN LAS ACTIVIDADES GUBERNAMENTALES

En primer lugar, necesitamos distinguir las actividades gubernamentales del sector público de la economía. Éste comprende, además de las actividades gubernamentales, las sociedades de economía mixta: Petrobrás, Compañía Siderúrgica Nacional, Red Ferroviaria Federal, Empresa Brasileña de Telecomunicaciones, etc. Pero las sociedades de economía mixta integran, de hecho, el sector capitalista de la economía. El hecho de que la mayoría de las acciones de estas empresas sean de propiedad pública, lo que permite al gobierno controlar su dirección, no altera esencialmente su manera de actuar económicamente. Las sociedades de economía mixta tienen, como las demás empresas capitalistas, el lucro como objetivo de su actividad; obedecen a los incentivos de mercado para ubicar sus recursos y expanden sus actividades y el empleo en la medida en que esto les permita aumentar su lucratividad. Algunas de las sociedades de economía mixta, como la Red Ferroviaria Federal, son crónicamente deficitarias, siendo subsidiadas por el poder público, al igual que algunas compañía privadas de aviación, por ejemplo.[18] Quedan, por lo tanto, como actividades gubernamentales, las que prestan servicios no remunerados: fuerzas armadas, policía, tribunales, escuelas públicas, hospitales públicos, previsión social, burocracia financiera y administrativa del estado, tecnocracia de la planeación y control, diplomacia, etcétera.

Interesa analizar son las leyes que rigen el crecimiento de las actividades gubernamentales (AG) y del empleo que ellas ofrecen. El crecimiento de las AG depende, por fin, de dos factores:
a] de la demanda de sus servicios;
b] de los recursos para pagarlos.

La demanda de los servicios prestados por las AG tiende a cre-

---

[18] Hay determinados servicios, como el de correos y telégrafos, por ejemplo, que pueden ser prestados por empresas que asumen jurídicamente la característica de sociedades anónimas, pero que no pueden ser conducidas según el principio de la lucratividad. En este caso, tales servicios forman parte de las actividades gubernamentales. El criterio que distingue el sector de las actividades gubernamentales del de mercado es económico y no jurídico.

[93]

cer con el aumento de la injerencia del estado en la economía (funciones de control y planeación), con el aumento de las tensiones sociales (funciones de prevención, represión, información y propaganda) y con el mejoramiento de las condiciones de vida de la población (servicios sociales). Todo indica que la demanda de servicios originados en AG crece, más que en proporción al producto de la economía capitalista, en función de los efectos sociales y políticos del desarrollo capitalista y tiende generalmente a superar su oferta: excesivas demoras en la justicia, superpoblación carcelaria, atención lenta en los servicios de previsión social, falta de cupos en la educación pública, etc. Todo lleva a creer que las AG se encuentran en una situación de plena capacidad, por lo menos parcial, y que el verdadero límite a su expansión no se encuentra en una insuficiencia de la demanda sino en la escasez de recursos para pagarla.

Los recursos para remunerar a las AG provienen del excedente producido en el resto de la economía: en los sectores de mercado, en el sector autónomo y en el sector de subsistencia. Aunque, según la etapa de desarrollo en que se encuentre la economía, el sector autónomo y el de subsistencia puedan ser mucho mayores que los sectores de mercado, el hecho es que solamente estos últimos producen un excedente ponderable, capaz de ser movilizado para remunerar las AG. En los otros dos sectores —el autónomo y el de subsistencia— la productividad suele ser muy baja, lo que condiciona un excedente percápita reducido, sumado al hecho de que en el sector de subsistencia el excedente aparece muchas veces bajo la forma de valores de uso, no siendo, por lo tanto, tributable.

En consecuencia, si admitimos que las AG son predominantemente solventadas por el excedente de la economía capitalista, tenemos que concluir que la expansión de las AG depende, en última instancia, de la expansión de la economía capitalista. El excedente de esta última se divide necesariamente en tres partes:

a] la que se destina a mantener a los miembros no productivos de la sociedad capitalista: rentistas, sus empleados y dependientes (parientes, emparentados, concubinas, etc.);

b] la que se destina a inversiones líquidas, siempre que la economía capitalista se encuentre en reproducción ampliada;

c] la que se destina a remunerar las AG.

Se puede considerar la primera parte del excedente, la que

mantiene a los miembros no productivos de la sociedad, como relativamente incomprensible y tendiente a crecer con la expansión demográfica del grupo a cuyo consumo se destina y con la elevación del nivel de este consumo, en función de los "nuevos productos" que la economía capitalista va introduciendo. Las otras partes del excedente crecen en función de la primera. Ya vimos que la economía capitalista crece en función del consumo, siendo una parte importante de éste la porción consumida del excedente. Cuanto mayor sea la porción consumida del excedente, tanto más crece la utilización de la capacidad, el empleo y la inversión y, por lo tanto, el excedente como un todo. Para que, no obstante, tal crecimiento se verifique es preciso que la segunda parte del excedente —la que se destina a las inversiones— también permanezca elevada. De este modo, es forzoso concluir que la tercera parte del excedente (la que se destina a remunerar las AG) tiene que ser limitada, a riesgo de matar o, al menos, debilitar la gallina de los huevos de oro.

Se podría alegar que la participación del gobierno en el producto nacional de los países en desarrollo tiende a aumentar, pero esta tendencia puede ser atribuida al crecimiento más que proporcional de los sectores de mercado en el seno de la economía de aquellos países. La hipótesis que aquí se propone es que las AG no pueden, a largo plazo, crecer más que la economía capitalista, siendo también improbable que crezcan menos. Es posible, no obstante, formular una hipótesis alternativa:

a] en la economía capitalista, el aumento constante de la productividad física, gracias a los cambios de proceso, tiene por efecto hacer que el excedente crezca más rápido que el producto;

b] dado el limitado número de rentistas y la rápida elevación de su ingreso percápita su propensión marginal a consumir es decreciente, a pesar del surgimiento de nuevos productos (la propensión marginal a consumir sería nula si no fuera por los nuevos productos). En virtud de estas tendencias, la parte consumida del excedente tendería a decrecer, lo que podría ser acentuado por medidas fiscales (cobranza más estricta del impuesto sobre la renta, por ejemplo);

c] si los cambios de proceso elevaran suficientemente la productividad en el sector I, que produce bienes de producción, la parte reinvertida del excedente no necesitaría crecer más que el excedente como un todo;

d] en este caso, la parte de excedente destinada a remunerar las A G puede crecer más que el excedente global y mucho más que el producto capitalista.

Es probable que esta última hipótesis llegue a verificarse en los países en desarrollo capitalista, principalmente debido al carácter estratégico del papel de las A G en el propio proceso de desarrollo. Sea como fuere, la expansión de las A G sigue siendo una función del producto capitalista, aunque pueda ser una función creciente no lineal. Esto significa que las A G crecerán más intensamente cuando la economía capitalista esté en expansión y dejarán de crecer, pudiendo incluso decrecer, cuando la economía capitalista esté en crisis o en depresión. Finalmente, falta examinar la evolución del empleo en las A G. Un dato relevante es que la productividad del trabajo en las A G está lejos de crecer con el mismo ritmo con que tiende a aumentar en la economía capitalista. Es verdad que algunas actividades de control y de procesamiento están siendo afectadas por cambios de proceso, principalmente mediante la utilización de la computación electrónica. Pero las actividades de seguridad y de mantenimiento del orden y los servicios sociales (educación, salud, asistencia social) no han sufrido cambios significativos de proceso. Así, debe admitirse que la expansión de las A G tiende a inducir un aumento del empleo en estas actividades en proporción casi idéntica al crecimiento de sus servicios.

Hay, sin embargo, un límite para esta expansión del empleo: es la que proviene de la estructura de la oferta de F T. Las A G demandan, cada vez más, mano de obra con elevada calificación, ya que numerosos servicios de rutina están siendo mecanizados. Es curioso observar, por ejemplo, que la previsión social en el Brasil está empleando una proporción cada vez mayor de médicos y dentistas, aunque en forma indirecta (sistema de preferencia). Es muy probable que la expansión del empleo en las A G llegue más bien a competir con la demanda de mano de obra calificada proveniente del sector capitalista que a absorber la creciente oferta de F T no calificada. Si eso fuera cierto, la expansión de las A G tenderá a precipitar la economía global en una situación de pleno empleo parcial, mucho antes de que se pueda alcanzar el pleno empleo total.

EL EMPLEO EN EL SECTOR AUTÓNOMO

Definimos el sector autónomo de la economía como aquel que está compuesto por iniciativas individuales y cuyo producto se destina al mercado (en contraposición a las iniciativas cuyo producto, en gran parte, es autoconsumido y que pertenecen al sector de subsistencia). El sector autónomo se compone predominantemente de: a] explotaciones campesinas; b] unidades de comercio al menudeo; c] unidades de prestación de servicios (bares, talleres de reparación, jardineros, limpiabotas, transportistas, taxistas); d] artesanos e industrias domésticas (costureras, sastres, ceramistas, panaderías); e] profesionistas liberales; f] lumpen (mendigos, prostitutas, delincuentes). Por la mera enumeración se ve enseguida que se trata generalmente de actividades de precario nivel de productividad, que podrían ser, en principio, sustituidas, con ventaja, por empresas capitalistas: haciendas, supermercados, edificios de departamentos, cadenas de hoteles y restaurantes, compañías de taxis, grandes talleres mecánicos "autorizados" por los fabricantes de los productos a ser reparados, industrias de confección de ropa, de panificación, de productos cerámicos, clínicas médicas y odontológicas, despachos de abogados, oficinas de ingeniería, de proyectos, etc., etc. La sobrevivencia de la economía autónoma sólo se explicaría por el hecho de que los individuos integrados a ella subremunerarían su trabajo, su capital y/o su tierra.[19] Los costos más elevados de la producción "autónoma" son compensados por la subremuneración de los factores de producción; personas de la familia que trabajan y no reciben salarios, valor locativo del espacio doméstico utilizado para la producción que no está considerado en la formación del

---

[19] Excepciones que confirman la regla son ciertos profesionistas liberales que detentan aptitudes altamente especializadas y que, por ello, gozan de elevados ingresos. En la medida en que el desarrollo avanza, una porción cada vez mayor de profesionistas de nivel universitario se emplea en los sectores de mercado o en las actividades gubernamentales.

precio del producto, ocurriendo lo mismo con la depreciación de los instrumentos de producción, con la renta de la tierra, con las horas extras trabajadas, etc. Agréguese también que el ínfimo volumen de producción de cada unidad autónoma permite a muchos eludir el pago de impuestos que gravará actividades análogas realizadas con moldes capitalistas, lo que aumenta su competitividad.

Podemos considerar que esta tendencia genérica a la subremuneración de los factores se explica por su ínfimo costo-oportunidad. En otras palabras, los productores autónomos subremuneran los factores (en comparación con los niveles de remuneración que prevalecen en la economía capitalista) porque no tienen modos alternativos de utilizarlos. Esto significa que el sector autónomo es un *depósito de factores ociosos* de la economía de mercado. De los factores de producción nos interesa, en primer lugar, la fuerza de trabajo. El sector autónomo tiende, por definición, a absorber la fuerza de trabajo excedente, o sea aquella que se encuentra en la economía de mercado, pero no logra emplearse en la economía capitalista o en las A G.

No se debe entender por eso que el nivel de remuneración de *todos* los que trabajan en el sector autónomo sea siempre inferior al nivel más bajo prevaleciente en el mercado de trabajo capitalista. Determinados individuos del sector autónomo, particularmente profesionistas liberales, perciben ingresos relativamente altos (prestigio profesional en el caso de médicos, abogados, etc., ubicación privilegiada en el caso de dueños de puestos de periódicos, sitios de taxis, explotaciones campesinas). La regla, sin embargo, es la misma: el autónomo está siendo cada vez más presionado por la competencia de la empresa capitalista, resistiendo únicamente en la medida en que subremunera los factores, principalmente su propio trabajo.

Si la economía capitalista pudiera ir absorbiendo paulatinamente la totalidad de la F T disponible, sería fácil prever que acabaría por liquidar al sector autónomo.

Éste, sin embargo, no es el caso: la economía capitalista, en su periodos de expansión, absorbe ramos que se encuentran predominantemente en el sector autónomo pero, en los periodos de contracción, la economía capitalista alimenta al sector autónomo con un flujo de factores desocupados, particularmente de fuerza de trabajo.

En los periodos de expansión, cada vez que la economía capitalista absorbe un ramo que antes estaba en el sector autónomo, refuerza su tendencia a la expansión, porque el efecto de una absorción de este tipo es similar al de una sustitución de importaciones. Hasta el momento de la absorción, la economía capitalista "importaba" las mercancías del sector autónomo; después incorpora el ramo, cuya producción pasa a integrar el producto capitalista. En el proceso de absorción, la economía capitalista expande *su* empleo, aunque reduce el empleo global, porque la absorción se da en virtud de la mayor productividad de la empresa capitalista; el mismo volumen físico de mercancías puede ahora ser producido con menos trabajo. De modo que al absorber ramos del sector autónomo, la economía capitalista rechaza hacia adentro de aquel sector una parte de la mano de obra previamente ocupada en los ramos absorbidos, que ahora están obligados a emplearse en otros ramos del sector autónomo: campesinos que se vuelven jardineros, horticultores que se convierten en vendedores ambulantes, etc. El resultado general de esta tendencia es que la economía capitalista crece en detrimento del sector autónomo, en términos *relativos*, sin que el sector autónomo se reduzca en términos *absolutos,* ya que es continuamente alimentado por el desempleo originado en los sectores de mercado y por el excedente de población originario del sector de subsistencia. Otra tendencia resultante del mismo proceso es el aumento del desnivel de productividad entre la economía capitalista y el sector autónomo, dándose lo mismo con el desnivel de la remuneración de los factores. Es lo que explica que en el límite inferior determinado número de personas prefiera la condición de desempleado abierto a la de trabajador autónomo, aun cuando el desempleado abierto no recibe ninguna asistencia. Aparentemente, la opción entre ser un desempleado abierto o un desempleado disfrazado depende de las perspectivas de empleo en la economía capitalista. En los periodos de expansión del empleo en la economía capitalista, es muy posible que el número de desempleados abiertos aumente por la entrada en la fuerza de trabajo de personas que antes se ocupaban en quehaceres domésticos o en trabajos transitorios, etcétera.

Otro modo de crecimiento del sector autónomo, aunque falso, resulta del elevado "costo del empleo" para la empresa capitalista. Ésta, debido a las llamadas "cargas sociales", está obligada a gastar una cantidad sustancialmente superior a la remuneración directa de la mano de obra, cada vez que paga un salario. Cuando la oferta de mano de obra es abundante (que es casi siempre el caso de la fuerza de trabajo poco o nada calificada en países como el Brasil), es ventajoso para la empresa establecer vínculos de trabajo independientes, pero de compra de servicios, lo que evidentemente tiende a multiplicar el número de trabajadores autónomos. Es lo que se verifica, por ejemplo, en la agricultura de ciertas regiones, donde los asalariados son sustituidos por "volantes" o "jornaleros". Lo mismo se da en la construcción civil, donde surge el contratista como intermediario en la compra y venta de fuerza de trabajo. Aparece, en estos casos, un tipo de trabajador "autónomo" que es un verdadero subasalariado, en el sentido de que no es realmente autónomo por no poseer medios de producción, que lo independizarían del mercado de trabajo, y que tampoco posee la relativa estabilidad en el empleo que caracteriza al asalariado. Tal tipo de "autónomo" también surge bajo la forma de *free lancer* en la publicidad, en las ventas (representante autónomo), en el periodismo, TV, teatro, cine e inclusive en la consultoría técnica. Este segundo tipo de "autónomo", así, con comillas, se debe no a la abundancia de la oferta de su fuerza de trabajo sino a su relativa escasez: dada la utilización intermitente de sus servicios, el establecimiento de una relación de dependencia con este tipo de "autónomo" sería muy costoso para la empresa.

Conceptualmente, el "autónomo" que no depende del mercado de trabajo pero vende su fuerza de trabajo (y no el producto de su trabajo) por periodos determinados, debe ser considerado un asalariado, integrando *de hecho,* según el caso, los sectores de mercado o las actividades gubernamentales.

Si se consideran únicamente los autónomos propiamente dichos, incluidos en la definición propuesta al comienzo de este capítulo, su número resulta principalmente del desencuentro entre la oferta de fuerza de trabajo y su demanda por los subsistemas de mayor productividad de la economía: los sectores de mercado y el de actividades gubernamentales. Para analizar más rigurosamente las determinantes del empleo en el sector autónomo es preciso distinguir en él tres partes: a] actividades po-

co penetradas por las empresas capitalistas; b] actividades satélites de la economía capitalista; c] actividades de productividad
ínfima, que subsisten por el bajo costo-oportunidad de los
factores.

Las actividades aún no capturadas por las empresas capitalistas (comercio al menudeo, servicios personales, horticultura,
etc.) son una sobrevivencia del pasado y tienden a reducirse con
el desarrollo de la economía. Pueden perdurar, no obstante, en
las áreas en que la pequeña dimensión del mercado no permite
que la escala de producción sea lo suficientemente amplia como
para la aplicación de técnicas más productivas (comercio al menudeo en pequeñas ciudades aisladas, servicio de reparación en casas particulares, etc.). Pero generalmente las tendencias a la
urbanización y a la metropolización reducen el empleo en estas
actividades a una expresión insignificante.

Otro aspecto de esta cuestión es que, en la medida en que *no*
haya cambios de proceso que eleven la productividad del trabajo en estas actividades, su precio tiende a ser cada vez mayor,
dada la aspiración a un modelo de vida semejante al de los que
están integrados en la sociedad capitalista, por parte de quienes
realizan aquellas actividades. Esto origina una tendencia a que
el propio consumidor ejecute tales actividades. En los países
más adelantados, numerosos servicios de autónomos son realizados por los propios usuarios, con instrumentos provistos por
las empresas capitalistas: secadores de cabello, cortadoras de
césped, barnices para pintura doméstica, lavadoras, etc. Es una
forma de captura indirecta de actividades del sector autónomo
por la economía capitalista.

Las actividades satélites de la economía capitalista encuentran
su justificación económica en el hecho de que la tecnología
disponible todavía no proporcione una productividad del trabajo lo suficientemente alta como para incorporarlas a la economía capitalista. Puesto que el capital aplicado a actividades
autónomas no requiere una tasa de ganancia igual a la media de
la economía capitalista, tales actividades permanecen en el sec-
to autónomo. Sería el caso de los puestos de gasolina, por ejemplo, que son atendidos por el propio dueño. Si fuese posible au-
tomatizar este servicio, ellos serían incorporados a las empresas distribuidoras de combustibles.

De un modo general, las empresas capitalistas tienden a comprar los servicios de productores autónomos en actividades nuevas, cuya tecnología está en estado de experimentación o que requieren la participación esporádica de tales productores. Es el caso de los talleres autorizados, de los trabajadores por contrato, de los representantes autónomos. Tan pronto como esta actividad madura, alcanzando mayor escala y, de esta manera, permitiendo la aplicación de tecnología que eleva la productividad del trabajo, tales actividades tienden a ser incorporadas a la empresa capitalista. Así, las actividades autónomas que dependen de la economía capitalista tienen un ciclo de vida limitado, surgiendo nuevas actividades en función del dinamismo tecnológico de la economía capitalista, que al mismo tiempo va eliminando a las más antiguas. El estudio del efecto, simultáneamente amplificador y constrictor del progreso técnico sobre las actividades autónomas dependientes de la economía capitalista, deberá concentrarse en las relaciones entre la industria y el artesanado y, principalmente, en las tendencias a la concentración vertical que llevan a las industrias a incorporar funciones del sector terciario: investigación, comercialización, transporte, comunicación, etc. El empleo en las actividades satélites de la economía capitalista tiende a evolucionar con el propio producto de la economía capitalista, siendo su volumen generalmente poco significativo.

Finalmente, las actividades autónomas de ínfima productividad son responsables por la mayor parte del empleo en este sector, sobre todo en países de economía no desarrollada en proceso de urbanización. El volumen de tales actividades es una función del desempleo disfrazado en la economía, que es generado por la existencia de una masa de la población que no tiene acceso a los medios de producción que resultan del proceso de acumulación de capital y que tampoco puede participar del excedente de producción mediante trasferencias institucionalizadas: ayuda al desempleado, asistencia social, etc. Esta población es generada, por un lado, por los cambios de proceso que elevan la productividad y reducen la demanda (desempleo tecnológico) y, por otro, por el rápido crecimiento poblacional, acelerado por la disminución de la mortalidad.

La población de desempleados disfrazados no solamente se enfrenta con una demanda insuficiente de su fuerza de trabajo sino que también encuentra obstáculos sociales para su inserción en la división social del trabajo, que determinan no su cantidad sino sus características. Tales obstáculos pueden ser agrupados en las siguientes categorías:

a] inmovilidad de la fuerza de trabajo en el espacio por falta de recursos materiales y/o por resistencia a abandonar su tierra natal; buena parte de la población permanece en áreas donde el empleo se reduce, ya sea por la reducción de las actividades económicas (ciudades "muertas" del Valle del Paraíba), o por cambios de proceso (Saveiros en la Bahía de Todos los Santos);

b] insuficiente preparación técnica y psicológica para incorporarse a las actividades rutinizadas de la economía capitalista: analfabetismo, falta de motivación para el trabajo continuo y alienado, etcétera;

c] prejuicios de raza, sexo y edad, etc.: rechazo por parte de las empresas a incorporar negros, mujeres y personas por encima de cierta edad. Estos prejuicios subsisten, evidentemente, por la disponibilidad de fuerza de trabajo con las características favorecidas;

d] profusión de enfermedades físicas y mentales que impiden la inserción en la economía capitalista o en las actividades gubernamentales. Tales enfermedades provienen, en parte, de la inadaptación a las normas del mundo capitalista urbano, confundiéndose con actitudes de rebeldía contra tales normas. Producen una población de "inempleables", que subsiste por medio de actividades ilícitas (prostitución, delincuencia) o con desempleo disfrazado (vendedores ambulantes, mendigos).

El desempleo disfrazado constituye una situación intermedia entre el desempleo abierto (desempleado en busca de trabajo asalariado) y la inactividad (situación de los que están fuera de la fuerza de trabajo). El desempleo disfrazado no depende del acceso a los medios de producción socialmente constituidos ni de la demanda del producto de su actividad, aunque, accesoriamente, la demanda pueda constituir el elemento decisivo del pasaje del desempleo disfrazado hacia la inactividad, o viceversa.

Evidentemente, hay un límite para el número de los que pueden vivir de las sobras del excedente social. Excediendo este límite, el desempeño de funciones en desempleo disfrazado no proporciona ningún ingreso, llevando a los "excedentes" a vivir a costa de quienes poseen algún ingreso o a ser aniquilados por la miseria.

EL SECTOR DE SUBSISTENCIA

Consideramos al sector de subsistencia como el conjunto de unidades cuyo producto se destina *predominantemente* al consumo de los propios productores. La dificultad está en la definición precisa de "predominantemente". La porción del producto destinada al autoconsumo no tiene que ser, en principio, la mayor parte, en el sentido cuantitativo, del producto total: tiene que ser la porción *decisiva* del consumo, o sea de la subsistencia del productor.

Es común que haya un cierto margen de autoconsumo en empresas capitalistas, siendo este margen proporcionalmente mayor si la empresa es de dimensiones reducidas. Es normal que, en un pequeño hotel, el propietario y su familia vivan en él y usufructúen sus servicios. El pequeño industrial no deja de consumir una parte de su producto, y así sucesivamente. El margen de autoconsumo es aún mayor en las unidades autónomas: el tendero "vende" a sí mismo los comestibles que necesita, el plomero no deja de arreglar sus propias llaves, etc. Lo que distingue a las pequeñas empresas capitalistas y a las unidades autónomas de las que componen el sector de subsistencia es que éstas no pueden subsistir *exclusivamente* mediante el autoconsumo del fruto de su actividad. El pequeño hotelero no puede subsistir si no hay una demanda *externa* de sus servicios, y lo mismo sucede con el pequeño industrial, el tendero o el plomero. Lo que caracteriza a las unidades del sector de subsistencia es que, a pesar de estar ligadas al mercado, pueden prescindir de los productos que adquieren mediante la venta de parte de su propio producto, sin que su subsistencia básica sea afectada.

Claro que las unidades de subsistencia, debido a su carácter autosuficiente, tienen que ser productoras de alimentos, o sea establecimientos agrícolas o extractivos. Por lo tanto, el sector de subsistencia es esencialmente rural, aunque puedan existir parcelas en el medio urbano, en la medida en que éste abarca actividades productoras (distintas de "trasformadoras") de alimentos tales como la pesca, la cría de pequeños animales o la horticultura. Es de suponer, no obstante, que los casos en los que el sector de subsistencia está presente en ciudades son excepcionales, aunque en momentos de crisis pueda asumir cierta importancia, como sucedió en 1972 en Maragogipe, en los suburbios de Bahía, cuando el cierre temporario de la gran fábrica de cigarros, que es el centro de la vida económica local, obligó a la población a dedicarse a la pesca del siri* para poder subsistir. El sector de subsistencia se compone de unidades con diverso grado de aislamiento, que a veces forman "mercados locales" de reducida expresión. Es común que pequeñas ciudades del interior sirvan como centros para el intercambio de excedentes de producción de numerosas unidades de subsistencia, en ferias periódicas o mediante "ventas", que son establecimientos comerciales en los que se practica el trueque puro o donde la moneda funciona casi solamente como unidad supuesta. El hecho de que el sector subsistencia pueda dar lugar a una cierta vida comercial no contradice su carácter autosuficiente. Lo fundamental, en todo caso, es que la división del trabajo entre las unidades productoras sólo abarque una porción limitada de sus actividades sin que se establezcan entre ellas relaciones de interdependencia total.

La existencia permanente de un sector de subsistencia dentro de una economía esencialmente capitalista, como es el caso del Brasil de hoy, se explica por la disponibilidad de factores de producción —principalmente fuerza de trabajo y tierra— que se hallan social o físicamente aislados del gran mercado nacional. Este aislamiento se da, por un lado, por la ocupación de tierras alejadas de la red de transporte que interconecta los principales centros urbanos del país y, por otro, por el agotamiento de recursos naturales que constituían anteriormente la base de actividades dirigidas al mercado. Se encuentran en este segundo caso zonas que en el pasado fueron de explotación minera o de cultivo de café, en las cuales, habiéndose agotado los depósitos minerales o la fertilidad de la tierra, permanece una cierta población con economía de subsistencia. Se verifica aquí, una vez más, la ley según la cual la economía capitalista sólo es posible a partir de una cierta productividad del trabajo que permita al

*Nombre común de varias especies de crustáceos. [T.]

capital obtener un volumen de plusvalor suficiente para alcanzar la tasa media de ganancia. Cuando la productividad del trabajo decae, debido a la falta de recursos naturales, la actividad capitalista cesa, y lo que puede quedar es apenas una economía de subsistencia. En forma similar, el sector autónomo, como vimos en el capítulo anterior, no sufre competencia por parte de la economía capitalista en las actividades en las que las reducidas dimensiones del mercado no permitan organizar el trabajo de modo que se obtengan niveles razonables de productividad.

Al contrario que el sector autónomo, cuya existencia y magnitud se explican por el exceso de oferta de fuerza de trabajo frente a su demanda, el sector de subsistencia y sus dimensiones encuentran su origen en un excedente no sólo de fuerza de trabajo sino también de recursos naturales, particularmente de tierra cultivable. El modo de producción capitalista únicamente utiliza estos factores en la medida en que pueda combinarlos con capital constante en proporciones tales que el producto, en términos físicos, pueda: a] reproducir la fuerza de trabajo; b] reproducir el capital constante y c] proporcionar un plusvalor que (en valor real) dé la tasa de ganancia media.[20] Claro que en estas condiciones puede haber factores no utilizados. Para que, a pesar de todo, los trabajadores sobrantes puedan tener acceso a la tierra no utilizada, es preciso que sea propiedad suya o que constituya un bien libre. En las regiones donde hubo decadencia de las actividades capitalistas, la tierra se desvaloriza, lo que facilita su utilización por parte de agricultores con economía de subsistencia, mientras que en las regiones todavía

---

[20] Una de las formas de reducir el costo de reproducción de la fuerza de trabajo, al que se recurre con cierta frecuencia, es la combinación de economía de subsistencia con producción para el mercado. La empresa capitalista cede al trabajador tierra para cultivos de subsistencia y obtiene el producto del plustrabajo directamente bajo la forma de una mercancía comercializable. El cultivo intercalado de cereales y leguminosas por los colonos de *fazendas** de café es un ejemplo de esta modalidad. Analíticamente, la unidad de producción debe ser, en este caso, dividida en dos: una se encuentra en la economía capitalista que produce para el mercado; la otra se encuentra en el sector de subsistencia. Aparentemente, el dueño de la tierra dispone de fuerza de trabajo sin desembolso de capital variable. En realidad, sin embargo, el capital variable gastado equivale a la renta de la tierra que el propietario dejó de recibir por ceder parte de éstas al cultivo de subsistencia de los trabajadores. Como de todos modos las tierras cedidas a los trabajadores darían generalmente un ingreso insignificante, se trata, sin duda, de una manera de abaratar el costo de reproducción de la mano de obra.

*Hacienda, rancho. [T.]

no alcanzadas por la red nacional de transportes lo más frecuente es que las tierras sean ocupadas por posesionarios que, por vivir al margen de la economía de mercado, también se hallan al margen de la sociedad civil, estando por ello imposibilitados de legalizar su posesión.

En la medida en que la economía capitalista se expande, va ampliando el uso de los factores de producción y, consecuentemente, incorpora poco a poco zonas que estaban en el sector de subsistencia. Una de las principales formas de esta expansión, en países con grandes reservas de tierra cultivable, como el Brasil, es la ampliación de la red de trasportes a través de nuevos territorios. El resultado de la construcción de nuevas vías férreas es poner en contacto con el mercado nacional regiones que antes estaban relativamente aisladas, muchas de las cuales, sin embargo, eran explotadas en economía de subsistencia. La apertura de tales regiones permite su explotación por empresas capitalistas, que tratan de apoderarse de las tierras mediante la expropiación a los posesionarios. Esta tarea les es facilitada sobre manera por el apoyo del poder político y judicial, que siempre actúa en favor de los "agentes del progreso". En el Brasil, los conflictos entre *"grileiros"** y posesionarios, han acompañado casi sistemáticamente la apertura de nuevas vías de trasporte.

Por otra parte, la integración espacial de la economía, combinada con el crecimiento de los mercados urbanos para productos agrícolas, también alcanzará zonas de economía de subsistencia cuyo pasaje hacia la economía de mercado no se da en forma violenta, mediante la expropiación de la tierra, sino paulatinamente. Poco a poco, los establecimientos agrícolas van ampliando sus ventas y profundizando sus vínculos con el mercado, hasta que su dependencia de la demanda externa se torna *decisiva* y, de hecho, se vuelven parte del sector de mercado interno o, más habitualmente, del sector autónomo. Es este pasaje gradual de un sector a otro lo que da lugar a un "gradiente", en el que se encuentran numerosos establecimientos que todavía no dejaron totalmente el sector de subsistencia ni se integraron enteramente a la economía de mercado. En el mismo "gradiente", como es natural, están también los establecimientos que rea-

---

Grileiro: individuo que trata de apoderarse de tierras ajenas mediante falsas escrituras de propiedad.[T.]

lizan el movimiento opuesto: su participación en la economía de mercado está en disminución debido a la decadencia general de la economía capitalista en el área, y están siendo empujadas hacia el sector de subsistencia.

Es interesante observar que la expansión geográfica de la agricultura capitalista en países con excedentes de tierra (como el Brasil) se lleva a cabo, por lo general, mediante el abandono de las áreas de cultivo más antiguas, cuya fertilidad tiende a estar muy disminuida debido a los métodos depredatorios de cultivo. Estos métodos exhaustivos (fundamentalmente cultivo por rotación de tierra) son utilizados por la agricultura capitalista precisamente *porque* todavía hay tierra virgen.

Lo que sucede es que los precios de los productos agrícolas son determinados por un nivel de costos de producción que *no* incluyen gastos en fertilizantes, etc., porque continuamente son incorporadas a la producción tierras vírgenes de alta fertilidad natural. De este modo, las tierras que exigen la aplicación de fertilizantes tienden a ser abandonadas por la agricultura capitalista, revirtiendo, por lo tanto, la economía de subsistencia. Así, la economía capitalista, en su marcha a través del territorio, va destruyendo la economía de subsistencia que encuentra delante, sólo para recrearla en su retaguardia.

Hay en este proceso, que por su lógica interna debiera llevar al agotamiento de la fertilidad del suelo en la mayor parte del territorio del país, una tendencia compensadora que deriva del hecho de que los grandes centros urbanos, que constituyen naturalmente los principales mercados para los productos agrícolas, sean relativamente inmóviles en el espacio. En la medida en que la vanguardia de la agricultura capitalista se aleja de los mayores y más antiguos centros urbanos, *no* se crean, en su trayectoria, nuevos centros urbanos que puedan compararse en tamaño a los más antiguos. Es verdad que las redes metropolitanas tienden a extenderse a lo largo de las vías de comunicación y de trasporte, pero la velocidad de su marcha es incomparablemente menor que la de la frontera agrícola. Actualmente, el límite de la metrópoli paulista se encuentra, en la mejor de las hipótesis, en los alrededores de Campinas, mientras que la frontera agrícola ya penetra en Mato Grosso.

El resultado de esta disparidad entre la localización de las actividades agrícolas y la del gran mercado urbano es que los costos de trasporte tienden a gravar cada vez más el precio de los productores agrícolas, lo que tiene como consecuencia que los precios más elevados pueden solventar los gastos en fertilizantes y otras operaciones que impiden el agotamiento del suelo en las zonas *más próximas* al gran mercado. Lo importante es que esta tendencia de explotación intensiva del suelo se hace sentir mucho antes de que todas las reservas de tierra virgen hayan sido agotadas. Éste es un freno significativo a la constitución de áreas con economía de subsistencia próximas al centro geográfico de la economía capitalista, pudiendo incluso haber una reversión a la economía capitalista de zonas que ya atravesaron un ciclo capitalista en el pasado y que se encuentran en economía de subsistencia.

Otro aspecto relevante de esta cuestión es que la explotación intensiva del suelo tiende a utilizar una suma mucho mayor de trabajo por unidad de superficie y de producto que la explotación extensiva. La demanda adicional de mano de obra puede provocar la elevación del nivel de salarios agrícolas, lo cual, a su vez, puede tener como consecuencia la mecanización de las actividades agrícolas, o sea la sustitución de trabajo por capital constante.

El sector de subsistencia puede ser enfocado como reservorio de factores —de tierras y de trabajo— para la economía capitalista. La productividad del trabajo, en la economía de subsistencia, puede ser considerada *prácticamente siempre* como muy inferior a la de la economía capitalista. Si no fuese así, las actividades con economía de subsistencia serían siempre, e inmediatamente, captadas por la economía capitalista. De este modo, la economía capitalista puede "movilizar" mano de obra del sector de subsistencia en la medida en que lo desee, siendo suficiente para ello ofrecer salarios por encima del nivel de productividad media de la economía de subsistencia (excluidos los casos en que existen barreras culturales entre los dos subsistemas, como en los países en que la economía de subsistencia está constituida por comunidades tribales, por ejemplo). En estas condiciones, la productividad del trabajo en economía de subsistencia funciona como umbral inferior al nivel de salarios en la agricultura capitalista.

Este aparente condicionamiento de la economía capitalista por la economía de subsistencia es, no obstante, verdadero sólo en condiciones ideales, o sea cuando la productividad del trabajo en el sector de subsistencia está determinada de modo independiente de la economía capitalista. En la mayoría de los casos, sin embargo, la economía capitalista tiene el control sobre el total de tierras con economía de subsistencia y, consecuentemente, sobre la productividad de su trabajo. Cuando la economía capitalista se expande o se retrae en el espacio, va ocupando o abandonando la tierra en forma selectiva, dejando siempre a la economía de subsistencia las peores zonas desde el punto de vista de la fertilidad (y también de la ubicación, pero esto aquí no viene al caso). Al mismo tiempo, la población que vive de la economía de subsistencia va aumentando por crecimiento vegetativo y/o por migración. El establecimiento de poblaciones en unidades de subsistencia es a menudo estimulada por empresas capitalistas (mediante cesión de tierras, por ejemplo), precisamente para que esas unidades funcionen como viveros de trabajadores. Así, la economía capitalista está en condiciones de controlar la oferta de fuerza de trabajo y, por lo tanto, su precio.

En la medida en que aumenta la población con economía de subsistencia sin que se amplíe su base territorial, lo que siempre sucede cuando zonas de minifundios están rodeadas por empresas capitalistas medianas y grandes, la productividad del trabajo en la economía de subsistencia desciende. Y se la hace descender a un nivel tal que los trabajadores del sector de subsistencia están obligados a ofrecerse a las empresas capitalistas por salarios tan bajos que apenas garantizan la reproducción fisiológica de su fuerza de trabajo.

Es posible y probable que se encuentren con cierta frecuencia situaciones en las que la productividad marginal del trabajo en el sector de subsistencia sea muy inferior al consumo medio del trabajador y su familia, lo que configura el llamado "desempleo disfrazado" en una de sus modalidades. Hay numerosos ejemplos en el estudio del Comité Interamericano de Desarrollo Agrícola: *Posse e uso da terra e desenvolvimento sócio-econômico do setor agrícola. Brasil* [Tenencia y uso de la tierra y desarrollo socioeconómico del sector agrícola. Brasil]. He aquí algunos:

Medina hace algunas referencias sobre la distribución de tierras a los agricultores en relación a la calidad de los suelos. Por ejemplo, en Río Gran-

de del Norte comprueba que: "El cultivo de estiaje es encontrado en el
distrito de Dix-Sept Rosado en Mossoró con características propias.
'Sólo los ricos plantan en el estiaje', nos declararon" (cursivas mías: PS).
En el Agreste del Paraíba los propietarios de tierras no plantan cultivos
de subsistencia para el mercado. Uno de ellos declaró: "En las hondonadas, sólo planto caña. *Los pobladores sólo se quedan con las laderas. Las
hondonadas no se las damos"* (cursivas mías: PS).

Refiriéndose a pequeños agricultores, un agrónomo de Lagoa Nova en
el Paraíba señaló: "Hasta lo que el labrador planta para su consumo es, a
menudo, insuficiente para su consumo." Cabe mencionar que el nivel técnico de esos labradores es sumamente precario, el suelo se empobrece gradualmente y la herramienta agrícola fundamental es la azada [...] (pp.
533-534).

En Garanhuns: "Las condiciones 'técnicas' y económicas y, por lo
tanto, las 'humanas' de la familia del pequeño productor, así como las
consecuencias sociales generales de las repercusiones en el abastecimiento
de artículos básicos, se agravan cuando tomamos en cuenta los establecimientos de alrededor de 5 ha de superficie, que tienden más al autoconsumo, e incluso así no dan para el autosustento del labrador. Sus
propietarios tienden a tratar de cultivar más en otras tierras (ajenas, bajo
permiso), o a 'alquilarse' como trabajadores jornaleros, permanentes o tem-
porarios" (p. 538).

Cuando la productividad física del trabajo en el minifundio
es insuficiente para proveer a la subsistencia de la familia, obli-
gando a parte de sus miembros a buscar una ocupación asalariada externa, los lazos de dependencia de esta familia con relación
al mercado de trabajo se tornan decisivos para su sobrevivencia.
En estos casos, que son casi siempre donde se enfrentan lati-
fundios capitalistas con minifundios de subsistencia, nos encontramos ante un tipo particular del "gradiente": la FT de los que
habitan en los minifundios está repartida entre el sector de subsistencia y los sectores de mercado, presentando este reparto
dos formas: a] los trabajadores se ocupan durante parte del año
en el sector de subsistencia y durante otra parte del año integran
los sectores de mercado; b] parte de la FT se integra a los sectores de mercado y el resto permanece en el sector de subsistencia.
No se puede admitir, de manera simplista, que la economía
capitalista tenga pleno dominio sobre el sector de subsistencia,
pudiendo ampliar o reducir sus dimensiones de acuerdo con
sus intereses. Lo cierto es que la acción de las empresas capitalistas, que disponen, en principio, del monopolio de la propiedad de la tierra, se ajusta a una realidad determinada por
factores demográficos y sociales. Así, en todo momento y lugar

existe una determinada población rural con economía de subsistencia, que presenta un cierto crecimiento vegetativo. Dada la cantidad de tierra que esta población puede utilizar para su sustento, la cual, en principio es determinada por la política de las empresas capitalistas, esta población tendrá la posibilidad de usufructuar un determinado modelo de consumo, que será función de su productividad media. Pero es preciso considerar que la población rural tiene otras alternativas, además de aceptar las condiciones impuestas por la economía capitalista *local:* puede migrar hacia otras zonas rurales o hacia la ciudad. Son estas otras alternativas las que ponen un límite, al menos potencial, al grado de explotación del trabajo por la agricultura capitalista.

Es necesario tener siempre presente que la ganancia de la agricultura capitalista no proviene de la explotación de la tierra sino del trabajo. El plusvalor generado por la empresa agrícola tiene su origen en la diferencia entre el producto total y el costo de reproducción de los factores, de los cuales el más importante es la fuerza de trabajo, especialmente en países no desarrollados de gran extensión territorial y baja densidad demográfica, como el Brasil. Es esta gran extensión territorial lo que da a la FT posibilidades de migrar y reducir así su oferta en las zonas donde el nivel de vida es excesivamente bajo.

Investigaciones sobre las condiciones sociales y económicas de la población rural brasilera han demostrado que: 1] es bastante móvil en el espacio y 2] que la mayor preocupación del dueño de la tierra es asegurarse en oferta estable de FT (véase CIDA, *op. cit.,* especialmente pp. 20-25). La competencia por la mano de obra entre las empresas agrícolas capitalistas y la baja productividad del trabajo agrícola, debida al atraso tecnológico, son las que explican las características generales del sector de subsistencia en el país.

En la tecnología agrícola es donde se manifiesta de modo más evidente la distancia que separa a los países desarrollados de los no desarrollados. La diferencia en la productividad del trabajo (sin duda causada por desniveles tecnológicos) entre los dos tipos de países es máxima en la agricultura. A título ilustrativo se puede mencionar que en 1966 el valor del producto agrícola en los Estados Unidos (22.9 mil millones de dólares) era algo mayor que el de la India (19.9 mil millones). Para producir ese valor trabajaron poco menos de 5 millones de personas en los

Estados Unidos y más de 145 millones en la India (datos de la FAO y de la ONU).

La mencionada diferencia de productividad agrícola muestra que la tecnología moderna se vuelve cada vez más atractiva, en términos económicos. Esto significa que, paulatinamente, las *fazendas* capitalistas tienden a sustituir trabajo por capital, mecanizando sus actividades. Esta sustitución está condicionada por la relación entre el costo del capital (intereses, amortización, mantenimiento y operación del equipamiento) y de la fuerza de trabajo que sustituye. En la medida en que el costo del capital disminuye, gracias a la producción en masa del equipamiento agrícola y al subsidio de su precio por el gobierno, y el costo de la fuerza de trabajo aumenta, ya sea por efecto de la organización de los trabajadores (hoy muy débil en el Brasil) o a causa del "éxodo rural", la mecanización del trabajo agrícola y la consecuente disminución del empleo en la economía agrícola capitalista aparecen cada vez más frecuentemente. Lo que generalmente sucede es que, mientras la disminución de la oferta de fuerza de trabajo agrícola por emigración es relativamente lenta, el efecto de los cambios de proceso sobre el volumen de empleo es repentino y violento. De modo que es probable que el primer impacto de la mecanización de la agricultura sea aumentar intensamente el contingente poblacional que tiene que vivir en economía de subsistencia en una base territorial cada vez más exigua. Puede suceder entonces que se cree una verdadera "masa marginal" en el campo, puesto que las *fazendas* tienden a expulsar a los trabajadores que ya no necesitan, que van a concentrarse en minifundios en condiciones cada vez más precarias de productividad y de nivel de vida, admitiendo que no todos puedan migrar directamente hacia las ciudades.

En síntesis, el sector de subsistencia es el resultado de una agricultura capitalista técnicamente atrasada que, en general, dispone del monopolio de la tierra y utiliza la economía de subsistencia como fuente suplementaria de mano de obra barata. En la medida en que el atraso tecnológico de la agricultura capitalista vaya siendo superado, el sector de subsistencia perderá su funcionalidad para la economía capitalista, permaneciendo únicamente como un depósito de factores ociosos para el sistema que la abarca.

PARTE 2

EMPLEO, PRODUCCIÓN Y REPRODUCCIÓN DE LA FUERZA DE TRABAJO

EL EMPLEO COMO MEDIO DE DISTRIBUCIÓN
DE LOS BENEFICIOS DEL DESARROLLO

La problemática del empleo en el desarrollo económico está siendo objeto de considerable atención en los últimos años. Se ha sostenido, en general, que el proceso de desarrollo (tal como viene ocurriendo en las últimas décadas) no ha "absorbido" los recursos humanos disponibles. Esta proposición ha sido tan frecuentemente reiterada que adquirió categoría de ortodoxia, como lo demuestra Joseph Ramos, aunque no haya pruebas empíricas que la sustenten. Con relación a América Latina, por ejemplo, el mencionado autor relata: "A pesar de la creencia generalizada, me fue imposible encontrar datos concretos que indicaran un claro aumento en las tasas de desempleo abierto."[1]

Sucede que el abordaje de la cuestión en términos de absorción o no absorción se pierde en una maraña de premisas, en general no explicitadas. Lo que se pretende, con el objetivo de la "absorción de recursos humanos", es que todos los adultos en edad de trabajar tengan un empleo razonablemente remunerado. El empleo es encarado no como una actividad sino como un *medio* para obtener una porción de los frutos de la actividad productiva. Es lo que afirman, por ejemplo, E. Thorbecke y E. Stoutjesdijk: "Es así como en un buen número de países en desarrollo, en particular en América Latina, aunque la tasa de crecimiento de la producción haya sido del 5%, el nivel de vida de una gran parte de la población no mejoró en absoluto. Esta situación se verifica sobre todo en los países que se caracterizan por dualismo económico. Así, en el Perú y en Guatemala, el desempleo y el subempleo adquieren proporciones cada vez más alarmantes."[2] Para estos autores, el desempleo es la causa, si no única por lo menos principal, de que el crecimiento no mejore

---

[1] Joseph Ramos, "Una interpretación heterodoxa del problema del empleo en América Latina", en *El trimestre económico*, núm. 165, México, enero-marzo de 1975.

[2] E. Thorbecke, y E. Stoutjesdijk, *Emploi et production*, París, OCDE, 1971, pp. 7-8.

las condiciones de vida de la población en su mayoría. Es lo que también señala Edgar O. Edwards: "La experiencia acumulativa de las dos últimas décadas demostró que las estrategias de desarrollo perseguidas por la mayoría de los países en desarrollo no produjeron la amplia distribución de beneficios que algunos pensaron que resultaría naturalmente del hecho de que se alcanzaran razonables tasas de crecimiento. Uno de estos beneficios —la oportunidad de ganarse la vida— acabó por revelarse particularmente inalcanzable para un creciente número de personas."[3]

Formulaciones como éstas se encuentran en casi todos los estudios que pretenden señalar las causas y sugerir soluciones para el problema del empleo en los países no desarrollados. Lo que ellas presuponen es que la pobreza, en esos países, se origina en el desempleo o, a la inversa, que quien dispone de "empleo", es decir de cualquier tipo de actividad, dispone de una "oportunidad de ganarse la vida". Pero es fácil demostrar que estos presupuestos son falsos. Claro que todos los que están, de una manera u otra, "empleados", se ganan la vida, pero los que no lo están también se la ganan, puesto que en caso contrario no estarían vivos.[4]

[3] Edgar O. Edwards, *Employment in developing countries*, Nueva York y Londres, Columbia University Press, 1974.

[4] Un comentario lúcido respecto de esta cuestión proviene del análisis de los resultados del relevamiento efectuado en Santo Domingo por el PREALC: "La imagen típica que tenemos de un desempleado es la de un hombre adulto, que provee al sustento de los suyos, cuyo desempleo significa una catástrofe para su familia, y para la economía la pérdida del trabajador generalmente más productivo. Sin embargo, en Santo Domingo, apenas el 10% de los abiertamente desempleados pertenecen a la población primaria [conjunto de hombres, jefes de familia, de 25 a 54 años: PS]. De acuerdo con nuestra encuesta, proceden casi siempre de familias en las cuales por lo menos uno de los miembros está trabajando. De esta forma se reduce el impacto que el desempleo de esas personas tiene sobre el ingreso familiar. Pero también es probable que buena parte del desempleo que se registra entre miembros de la población secundaria [compuesto por todos los que no pertenecen a la población primaria: PS] refleje la imposibilidad que estos experimentan de encontrar la *exacta* clase de trabajo a que aspiran. El hecho de que dentro de la familia haya otra persona que supla las necesidades básicas del hogar permite a estas personas discriminar entre empleos y no tomar el primero que encuentran [. . .] El desempleado generalmente proviene de familias cuyo ingreso, excluyendo el de la persona en cuestión, está por encima del de los que están empleados" [cursivas del original: PS]. (PREALC, "La subutilización de la mano de obra urbana en países subdesarrollados", en IPEA, *Sistemas de informaçao para Políticas de Emprego*, Brasilia, 1975, p. 120).

Lo que no se puede, en este caso, es hacer abstracción respecto de que los países llamados "en desarrollo" son sociedades de clase en las cuales, para la gran mayoría de la población, la oportunidad de ganarse la vida está lejos de ser una bendición.

El punto de vista que ve en el empleo un beneficio esperable del crecimiento económico es el del capital, que tiende a justificarse socialmente con el hecho de que ofrece lugares de trabajo a numerosas personas. Para estas personas, sin embargo, que se ven obligadas a fatigarse para toda la vida a cambio de una remuneración casi nunca adecuada, el "privilegio" de tener a quien venderle su fuerza de trabajo es sumamente dudoso. El "pobre que trabaja", tan estimado por los economistas clásicos, es la figura central del proceso de desarrollo actual: nada permite suponer que su suerte sea sustancialmente mejor que la de los pobres que circunstancialmente se encuentran al margen de la actividad económica. Además, como este hecho es innegable, se trata de salvar la teoría de que la pobreza es causada por el desempleo, considerando como "subempleados" a los que ganan por debajo de un cierto límite convencional, por ejemplo el salario mínimo legal. Esta solución nominalista permite engordar en forma notable las estadísticas de subempleo, pero pone en contradicción a los que pretenden combatir la pobreza mediante medidas que amplíen la demanda de fuerza de trabajo, como por ejemplo la reducción del salario mínimo legal o de los salarios en el llamado "sector moderno". Así, la misión de la OIT en Colombia afirma en su informe: "Recomendamos, sin embargo, que durante los próximos años deben tratar de evitarse aumentos en el nivel general de salarios monetarios en este sector, que excedieran demasiado las alzas del costo de la vida, aunque hubiera grandes aumentos de productividad."[5] Poco antes, el informe de la misión descarta la propuesta de reducción de los salarios como políticamente impracticables. ¡Qué lamentable!

Si nominalmente los que ganan por debajo de cierto límite son "subempleados", la tentativa de bajar el nivel de salarios sólo puede aumentar el número de "subempleados", a no ser que, nominalmente, el límite también sea rebajado... Obvia-

---

[5]ILO, *Towards full employment, a programme for Colombia, prepared by an inter-agency team organized by the International Labour Office*, Ginebra, 1970, p. 190.

mente, el cinismo no lleva a tanto. Lo que se supone es que, al hacerse más barato el factor "trabajo", los empresarios van, de alguna manera (y en esto van montañas de presupuestos), a reducir la composición orgánica de sus capitales, elevando la demanda de fuerza de trabajo. Habría así más pobres trabajando y, según los salarios que se les pague, trasformación de cierto número de desempleados en "subempleados". Obsérvese, de paso, que esta política, preconizada en nombre de la redistribución del ingreso, si fuese puesta en práctica, seguramente elevaría la tasa de explotación, o sea redistribuiría el producto a favor del capital y contra los trabajadores. Éste sería el "pequeño" precio a pagar para que tal vez más gente obtenga una oportunidad de ganarse la vida.

RASGOS BÁSICOS DEL DESARROLLO CAPITALISTA

Ahora se ve hasta qué punto es indispensable retomar los fundamentos teóricos respecto de lo que ocurre con el empleo cuando una economía colonial se desarrolla, es decir cuando rompe con sus propios presupuestos y pasa a trasformarse en una economía industrial moderna. En el caso del Brasil,[6] que interesa aquí de modo particular, esta trasformación se da al mismo tiempo a nivel económico y social, o sea que implica el desarrollo de las fuerzas productivas y el cambio de las relaciones de producción. Éste es el punto de partida básico. Lo que se da no es simplemente desarrollo económico sino desarrollo de una economía *capitalista* o, más sencillamente, el desarrollo del *capital*. Esto significa que la redefinición de la división social del trabajo, la diversificación de la producción, el progreso técnico y la elevación de la productividad, pasan por el establecimiento y la expansión de las relaciones de producción capitalistas. La participación de la población en la fuerza de trabajo o, más genéricamente, la relación de la población con el proceso de producción (social e individual) sólo puede ser comprendido en el contexto global del desarrollo del capital.

EL DESARROLLO DE LAS FUERZAS PRODUCTIVAS

Comencemos, pues, por el desarrollo de las fuerzas productivas, que se da en Brasil (como en la mayoría de los países) bajo el amparo de la sustitución de importaciones. Ésta implica, contradictoriamente, la importación de tecnología. Para dejar de importar y pasar a producir dentro del país determinadas mercancías, es preciso traer, adaptándolos, métodos de producción ya en

---

[6] El caso del Brasil, aunque represente una experiencia histórica y geográficamente condicionada, es bastante representativo de lo que ocurre en la mayor parte de los países que se encaminaron por el rumbo capitalista de desarrollo.

uso en otros países. Sin embargo, esta importación no se realiza de una sola vez. Como la técnica de producción progresa sin cesar en los países industrializados y no en los países que están tratando de desarrollarse, el atraso tecnológico es incesantemente repuesto. La sustitución de importaciones es un proceso que, para cada mercancía específica, se completa en un determinado periodo. La del automóvil, por ejemplo, se dio en Brasil entre 1953 y 1960, *grosso modo*. La importación derivada de tecnología, en principio, nunca se completa o, si se quisiera, sólo se completaría si a] el país pasara a la vanguardia del desarrollo tecnológico en el área en cuestión o b] el desarrollo tecnológico en el área cesara por alguna razón. Ninguna de las dos hipótesis es plausible.

Está claro, entonces, que el desarrollo de las fuerzas productivas dependerá del ritmo de progreso tecnológico que ocurra en los países desarrollados y del grado de atraso tecnológico que, en consecuencia, se produce en los no desarrollados. El desarrollo de las fuerzas productivas se manifiesta de dos formas contradictorias: por el aumento de la productividad que resulta de los "cambios de proceso" en ramos ya establecidos en el país y por el surgimiento de ramos que se dedican a "nuevos productos", es decir de bienes de consumo que, en general, antes eran únicamente importados. En ambos casos hay importación de tecnología, aunque también pueda haber alguna creación tecnológica autóctona. Pero, como norma general, puede admitirse que los "cambios de proceso" se verifiquen en ramos en los que la sustitución de importaciones ya se completó (o que surgieron por extensión de la división social del trabajo), mientras que los "nuevos productos" surgen mediante la propia sustitución de importaciones, salvo en el caso de los servicios y de otras mercancías que no son objeto del comercio internacional. En este último caso, el "nuevo producto" —como el *check-up* médico, por ejemplo— no surge por sustitución de importaciones, pero no por eso deja de haber importación de tecnología y un refuerzo de la dependencia.

El "cambio de proceso" implica muchas veces aumento de la composición orgánica del capital del ramo en cuestión, aunque pueda dar como resultado una reducción de la composición orgánica en otros ramos, en caso de que el producto permanezca más barato y sea un insumo, es decir un elemento del capital constante de estos otros ramos. Sea como fuere, el resultado de cualquier "cambio de proceso" es *reducir* la cantidad total de trabajo social necesario a la producción de la misma cantidad de valores de uso. Si no lograra este resultado, sería económicamente no viable y no sería aplicada.[7] De esta manera, el resultado líquido final de la introducción de cualquier "cambio de proceso" es reducir el empleo, al menos en el sector capitalista de la economía.

Las consecuencias de los "nuevos productos" son opuestas: representan una ampliación de la actividad productiva, ocasionando, en consecuencia, aumento del empleo. Es verdad que un "nuevo producto" puede sustituir uno anterior, que deja de ser producido: los filmes en color sustituyeron a los en blanco y negro, fibras sintéticas sustituyeron, en los tejidos, a las naturales, alimentos en conserva sustituyeron a los frescos, etc. El incremento de empleo, provocado por la introducción del "nuevo producto", es la diferencia entre el empleo total en el nuevo ramo y la disminución del empleo en los ramos alcanzados por la sustitución. En principio, el empleo creado por el "nuevo producto" puede ser incluso menor que la caída del empleo que él provoca en ramos más antiguos, dando como resultado líquido un *"decrecimiento"* del empleo global. Pero este efecto es altamente improbable. En general, la superioridad del "nuevo producto" en relación al más antiguo deriva de un mayor volumen de trabajo social gastado en su producción: es el caso, por ejemplo, de los filmes en color en relación a los en blanco y negro, de los alimentos en conserva en relación a los frescos, sin hablar de los tejidos que no se arrugan, de las lámparas que dan más luz, de los cigarros más largos, de los aparatos de sonido más sofisticados, etcétera.

Los efectos opuestos de los dos tipos de innovaciones técnicas indican que hay cierta complementariedad entre ellos. Esta complementariedad puede ser mejor comprendida si se supone como dada, en todo momento, la fuerza de trabajo disponible cuya utilización se expresa en un determinado volumen de trabajo social, digamos, millones de horas-hombre por año. En el caso del empleo, el desarrollo de las fuerzas productivas sólo pue-

---

[7]En la primera parte de este libro se encuentra un análisis más detallado de los efectos de "cambios de proceso" y de "nuevos productos".

de darse mediante "cambios de proceso" que liberan mano de
obra. Esta mano de obra liberada, aquí, constituye (o reconstituye) el ejército industrial de reserva, y permite la introducción
de "nuevos productos". En el caso de no haber pleno empleo,
pueden introducirse "nuevos productos" independientemente
de que antes haya habido o no "cambios de proceso". Suele suceder, sin embargo, que la elevación de la demanda de fuerza
de trabajo, causada por la introducción de "nuevos productos",
debe, *ceteris paribus*, provocar cierta elevación de salarios, lo
que convierte a los "cambios de proceso" que ahorran mano de
obra en económicamente más interesantes para los empresarios,
haciendo que aumente la probabilidad de que lleguen a ser adoptados. Así, un proceso de desarrollo que se caracteriza por la
introducción de "nuevos productos" mediante sustitución de
importaciones *tiene* que basarse en un adecuado flujo de "cambios de proceso", a riesgo de tener que limitarse solamente al
aprovechamiento del incremento (natural o migratorio) de la
fuerza de trabajo.

LA DEMANDA DE FUERZA DE TRABAJO

Como se ve, desde el punto de vista del capital, la disponibilidad de fuerza de trabajo es el principal límite a su expansión.
Al contrario de lo que indican las apariencias, el capital no explota recursos naturales o mercados sino *trabajo social.* Es éste
quien se convierte en valor, siendo una parte de él acumulada
bajo la forma de nuevo capital. El acceso diferencial a recursos
naturales o a mercados permite a ciertos capitales beneficiarse
con ingresos de monopolio, mediante los cuales se apoderan de
parte de las ganancias "producidas" por otros capitales. Pero,
por más importante que el ingreso monopólico pueda ser para
ciertos capitales particulares, lo que importa a *todos* los capitales, y por lo tanto al capital en general, es la *ganancia,* es decir
la porción del trabajo social que, no siendo necesaria a la reproducción de la fuerza de trabajo y de los elementos del capital
constante, constituye excedente y, como tal, es apropiada por
el capital. Como el objetivo del capital es expandirse, mediante
la acumulación de la mayor parte de la ganancia, el volumen de

trabajo social que lo pone en movimiento tiene que expandirse igualmente. La continua expansión del volumen de trabajo social, o sea del empleo, no pasa, finalmente, de ser otra faceta del propio proceso de acumulación. De esta manera, habiendo acumulación, el empleo en la economía capitalista no puede dejar de crecer.[8]

El modo en que la acumulación del capital promueve el desarrollo de las fuerzas productivas mediante la introducción de "cambios de proceso" o de "nuevos productos", depende, en el plano económico, primordialmente de la distribución del ingreso, puesto que éste determina la estructura de la demanda y el valor de la fuerza de trabajo. Admitamos que en la fase inicial del proceso de desarrollo la expansión de las fuerzas productivas se dé principalmente bajo la forma de "nuevos productos", implantados los nuevos ramos mediante sustitución de importaciones. El empleo capitalista se expande, la limitada disponibilidad de mano de obra "libre" (en el doble sentido de despojada de la posesión de medios de producción y libre para ofrecerse donde mejor paguen por su uso) hace que los salarios sean relativamente elevados (en comparación con el ingreso monetario de quienes actúan en otros modos de producción de la misma formación social), de modo que son las importaciones de *bienes de salario* las sustituidas en esta fase inicial (que en el Brasil se extiende hasta 1950, aproximadamente).

Esta fase se agota cuando los ramos implantados hace más tiempo exhiben ya un considerable atraso tecnológico en relación al nivel de productividad alcanzado en los países industrializados, al mismo tiempo que los salarios relativamente altos tornan más atractiva la introducción de "cambios de proceso". Se sucede un periodo de renovación industrial, la composición orgánica del capital aumenta, la demanda de fuerza de trabajo se reduce y el ingreso se concentra considerablemente. Como los procesos más modernos de producción requieren mano de obra

---

[8] "El número de obreros empleados por el capital, es decir la masa absoluta del trabajo que éste pone en movimiento, por ende la masa absoluta del plustrabajo que ha absorbido, por consiguiente la masa del plusvalor que ha producido, y por lo tanto la masa absoluta de la ganancia que ha producido, *puede* aumentar entonces, y hacerlo en forma progresiva a pesar de la baja progresiva de la tasa de ganancia. Éste no solo *puede* ser el caso. *Debe* serlo —al margen de fluctuaciones transitorias-- sobre la base de la producción capitalista." (Karl Marx, *Das Kapital* cit., t. 3, p. 245 [t. III/6, p. 277]; cursivas del original: PS.)

de mayor calificación, la propia distribución del ingreso del trabajo tiende a polarizarse entre una minoría de altos salarios y una gran masa de pobres, con bajísimos salarios o efectivamente desempleados. En consecuencia, se altera la estructura de la demanda, en la cual pasan a predominar las necesidades de las capas de ingresos elevados. Se altera, por lo tanto, el rumbo de la sustitución de importaciones, que se dirige ahora hacia la implantación de nuevos ramos en el área de los llamados *bienes durables de consumo,* consumidos únicamente por una fracción del mercado interno.

Esta segunda fase se prolonga en la medida en que el volumen de mano de obra liberado por los "cambios de proceso", sumado al que se agrega a la fuerza de trabajo, proveniente del crecimiento natural y de la migración,[9] sea suficiente para satisfacer la nueva demanda de fuerza de trabajo generada por la introducción de "nuevos productos". Estamos abstrayendo aquí interrupciones del proceso de acumulación debidas a causas coyunturales (como por ejemplo la incapacidad de movilizar recursos suficientes para que el estado pueda desarrollar adecuadamente servicios de infraestructura) o a causas estructurales (como por ejemplo la estrechez del mercado interno debida al reducido número de personas que de él participan). Lo esencial para la continuidad del proceso de acumulación es que el capital, que se encamina hacia la introducción de "nuevos productos", pueda valorizarse, lo que significa, en primer lugar, que encuentre fuerza de trabajo suficiente para ponerlo en movimiento. Como la acumulación no es planificada y la propia concentración del ingreso estimula la acumulación en el área de los "nuevos productos", debido al aumento del poder adquisitivo de las capas de altos ingresos (ya sea que éstos adopten la forma de ganancias, intereses, ingresos o percepciones periódicas), parece inevitable que tarde o temprano el ejército industrial de reserva se agote y la economía nuevamente se aproxime al pleno empleo.

Para los fines de este análisis no hay necesidad de especular sobre si a la segunda fase seguirán una tercera o una cuarta.

---

[9] Entendemos por "migración", en este contexto, no tanto el desplazamiento de personas en el espacio como su desplazamiento entre modos de producción. Este aspecto será examinado con el debido detenimiento más adelante, al tratar del desarrollo de las relaciones de producción capitalistas.

Basta, en este punto, caracterizar la dinámica fundamental de acumulación del capital, en el sentido de agotar incesantemente el ejército industrial de reserva, mediante la multiplicación de "nuevos productos" y reconstruirlo incesantemente mediante la introducción de "cambios de proceso". La imagen de un proceso desnaturalizado de acumulación, que expande el ejército industrial de reserva en vez de agotarlo, sólo tiene sentido si la acumulación se concentrara únicamente en la renovación de los procesos de producción existentes, sin que haya ninguna sustitución de importaciones. Éste tal vez sea el caso de economías coloniales monoexportadoras, como ciertos países pequeños, exportadores de productos minerales, en los cuales la economía capitalista se orienta exclusivamente hacia el mercado externo, estando el desarrollo del mercado interno bloqueado por factores de carácter estructural.

La cuestión, por lo tanto, es ésta: no habiendo desarrollo[10] la economía capitalista se expande o se contrae de acuerdo con las oscilaciones, hacia arriba y hacia abajo, de la demanda externa, y lo mismo ocurre con el volumen de trabajo social puesto en movimiento por el capital; no obstante, habiendo desarrollo, o sea habiendo una demanda efectiva en el mercado interno que es realimentada por la expansión del valor producido de modo capitalista, la acumulación del capital se amplía progresivamente, expandiendo, aunque no siempre con el mismo ritmo, el volumen de trabajo social que él moviliza.

---

[10]La noción de desarrollo como proceso histórico de trasformación estructural fue discutida por mí en trabajos anteriores. Véase *Desenvolvimento e crise* [Desarrollo y crisis], São Paulo, 1968 (particularmente el cap. 1) y *Dinâmica populacional e desenvolvimento* [Dinámica poblacional y desarrollo], São Paulo, 1970.

PRODUCCIÓN Y REPRODUCCIÓN DE LA FUERZA DE TRABAJO

En este caso, sin embargo, ¿cómo se explica que en países en los que innegablemente hay desarrollo capitalista, el desempleo y el subempleo estén conspicuamente presentes, y su presencia persista a pesar de la evidente acumulación de capital? Para responder a esta pregunta es preciso examinar cómo el capital produce la fuerza de trabajo, de cuya explotación se nutre. Sería ingenuo suponer que esta fuerza de trabajo corresponda a la población en edad de trabajar y que su producción y reproducción resulte de su crecimiento demográfico. Hay que señalar, desde luego, que en países no desarrollados una parte sustancial de la población activa está, en realidad, insertada en otros modos de producción que no son el capitalista. Con el desarrollo capitalista, estos otros modos de producción van siendo en parte destruidos y en parte reorganizados, de tal modo que de ellos se desprende un flujo continuo de gente que va a alimentar la oferta de mano de obra en el mercado capitalista de trabajo.

Este proceso asume numerosas formas, de las cuales conviene señalar sólo las más importantes: a] penetración del capital en áreas de actividad anteriormente organizadas bajo la forma de explotación semiservil o de producción simple de mercancías; b] trasformación de actividades para autoconsumo en producción mercantil, que finalmente se vuelve capitalista. En el primer proceso, los posesionarios son expulsados de las *fazendas* y sustituidos por asalariados; campesinos que no disponen en absoluto de tierras o que sólo poseen tierras insuficientes para la reproducción de su fuerza de trabajo, son obligados a ofrecerse como trabajadores asalariados; pequeños comerciantes y artesanos arruinados por la competencia del capital se trasforman en proletarios, etc. En el segundo, agricultores con economía de subsistencia son obligados a producir cada vez más para el mercado, siendo eventualmente expropiados (por medios "jurídicos" o por presión económica), no quedándoles entonces otra alternativa que tratar de ganarse la vida como asalariados; amas de casa son llevadas a trabajar por un salario, acumulando, en general, esta actividad con las tareas habituales del quehacer doméstico; servicios que antes eran normalmente prestados por miembros de la familia pasan a ser realizados por empresas capitalistas, como por ejemplo el cuidado de enfermos, de niños y de personas ancianas.

Es preciso mencionar también otras dos formas que puede asumir la producción de fuerza de trabajo por el capital y que, en determinadas condiciones, pueden tener cierta importancia. Una es la liberación del excedente poblacional de la producción simple de mercancías, cuando la expansión de este modo de producción es trabada por el capitalismo. La otra consiste en la liberación, gracias a un aumento de la productividad, de un excedente de fuerza de trabajo previamente incorporada a la producción simple de mercancías, a la producción doméstica o incluso a actividades sociales.

En lo que se refiere a la primera, conviene recordar que la producción simple de mercancías, al contrario del capitalismo, no se reproduce en forma ampliada por medio de acumulación sino mediante el crecimiento de la población a él incorporada. Al haber crecimiento vegetativo, el número de pequeños productores "naturalmente" se multiplica en la medida en que no es obstaculizada la apropiación de condiciones adicionales de producción. Es de este modo como, por ejemplo, se expande la agricultura campesina: la población crece, más tierras son sometidas a cultivo y nuevas explotaciones se forman como por escisiparidad, en la medida en que cada nueva generación supera en tamaño a la precedente. Cuando, no obstante, la economía campesina se encuentra comprimida en los intersticios de una agricultura cada vez más capitalista, de modo que su expansión se torna imposible (por falta de acceso a nuevas tierras), se halla reducida a la condición de "vivero de trabajadores", ya que no queda otra alternativa al incremento de su población, producida por el crecimiento vegetativo, que ofrecer su fuerza de trabajo al capital.

La otra forma de producción de fuerza de trabajo por el capital deriva de la circunstancia de que los modos no capitalistas de producción tienden a utilizar instrumentos de trabajo que son producidos en el modo de producción capitalista. En la medida en que éste es capaz de perfeccionar tales instrumentos, aumenta la productividad del trabajo en las actividades en que son utilizados y a partir de que no haya un aumento en la misma proporción de la demanda de su producto, es inevitable que sea liberada parte de la mano de obra antes ocupada en ellas.

Es lo que puede suceder, por ejemplo, cuando los modernos aparatos de detección de defectos permiten aumentar la productividad en el trabajo de reparación de aparatos electrónicos o vehículos (siendo esta actividad frecuentemente organizada como producción simple de mercancías) o cuando aparatos domésticos reducen drásticamente la duración de las tareas del ama de casa o también cuando el uso de computadores disminuye el trabajo de la burocracia estatal. Se puede suponer que, como consecuencia de este tipo de innovaciones tecnológicas, en modos no capitalistas de producción, la oferta en el mercado *capitalista* de trabajo aumente.[11]

Hay así una continua y sistemática trasformación de crecientes porciones de trabajadores en asalariados. Esta expansión de las relaciones de producción capitalistas es parte integrante del proceso de desarrollo: el desarrollo de las fuerzas productivas, mediante diversificación ("nuevos productos") y renovación ("cambios de proceso") del aparato productivo sólo se hace posible en la medida en que nuevas actividades caen bajo la égida del capital. Para quien observa el proceso de sustitución de importaciones en un país como el Brasil, esto es obvio: las condiciones institucionales y económicas que permiten la sustitución sólo la hacen posible para empresas capitalistas.

Pero el proceso de desarrollo, tal como se procesa actualmente, no sólo expande las relaciones de producción capitalistas en cunto tales, sino que trae consigo, en forma concentrada, los resultados de las tendencias de más de un siglo de evolución del capitalismo industrial. Entre estas tendencias cabe destacar la concentración del capital. Así como importa del exterior tecnología moderna, el país en desarrollo importa también formas de organización del capital. Como respuesta a los requerimientos de la técnica y de las finanzas, cuando no del estado, es el capital monopolista el que de hecho domina el proceso de desarrollo y son las relaciones de producción típicas del capitalismo monopolista —administración de las empresas por profesionistas asalariados, control del proceso productivo por técnicos

[11] Debo el recordatorio de estas otras dos formas de producción de fuerza de trabajo por el capital a Juarez R. Brandão Lopes y a Vilmar Faria, respectivamente.

ajenos a la producción directa, expansión y diversificación de las actividades *faux frais** dentro y fuera de las empresas– las que acaban por predominar.

El capital monopolista no sólo domina los nuevos ramos de producción, que son implantados por sustitución de importaciones, sino que penetra por medio de "cambios de proceso" en los más antiguos. De esta manera progresa la concentración del capital, a menudo bajo el amparo de subsidiarias de las transnacionales. Conviene señalar que, en consecuencia, es grande el número de pequeños y medianos empleadores que se proletarizan, lo cual no deja de ser otra manera de que el capital produzca la fuerza de trabajo que necesita: él la extrae no sólo de clases integradas a otros modos de producción sino de la propia clase dominante.

Queda claro, por lo tanto, que en un país en desarrollo, la oferta de fuerza de trabajo es el resultado no solamente de una dinámica poblacional sino también, y sobre todo, de la dinámica del capital. El capitalismo, al expandirse, destruye ciertos ramos dominados por modos de producción diferentes, reorganiza otros concentrando el capital y, en general, aumentando su composición orgánica; lo que *produce* una oferta de fuerza de trabajo que se agrega a la que resulta de la *reproducción* de la población trabajadora ya ocupada por el capital.

Cabe distinguir, pues, dos vertientes del proceso de formación de la fuerza de trabajo capitalista: a] la *producción* de la fuerza de trabajo mediante la liberación (en el sentido del alemán: *Freisetzung*) de personas insertas en otros modos de producción o en la clase propietaria del propio modo de producción capitalista; y b] la *reproducción* de fuerza de trabajo, ya incorporada al modo de producción capitalista, mediante la reproducción, tanto habitual como intergeneracional, de los individuos que viven de la venta de su capacidad de trabajo al capital.

LA PRODUCCIÓN DE FUERZA DE TRABAJO POR EL CAPITAL

Para ser más exactos, es preciso mencionar el hecho de que el

---

*Faux Frais: gastos imprevistos, accesorios, habitualmente agrupados bajo el rubro *gastos varios*. [T.]

capitalismo no solamente *atrae* fuerza de trabajo de otros modos de producción sino que también la repele, siendo que parte de los que son repelidos acaban integrándose en modos de producción no capitalista. Es el caso del trabajador que reune un peculio (o saca su fondo de garantía por tiempo de servicio) y se establece por cuenta propia, del asalariado agrícola que migra hacia zonas pioneras donde se vuelve posesionario, sin hablar del creciente volumen de mano de obra absorbido por las actividades estatales. En estas condiciones, la producción de fuerza de trabajo por el capital es la diferencia entre el número de los que son atraídos y el número de los que son repelidos. Como la "capacidad de absorción" de mano de obra por las actividades no capitalistas también está, en el fondo, condicionada por la dinámica del capital —baste recordar que el presupuesto público, que financia las actividades estatales, es alimentado por parte del excedente capitalista, es decir del plusvalor global—, es fácil concluir que la producción "líquida" de fuerza de trabajo está condicionada, aunque contradictoriamente, por los movimientos del capital.

La diferencia principal, a este respecto, entre países desarrollados y países todavía en desarrollo, es que la formación de la fuerza de trabajo capitalista, en los primeros, se da predominantemente por medio de la reproducción del stock de población asalariada, mientras que en los últimos la producción de fuerza de trabajo todavía constituye un elemento de gran importancia. Es verdad que el proceso de concentración del capital ha provocado la proletarización de numerosos pequeños empresarios en los países industrializados, pero cuantitativamente esta fuente de formación de fuerza de trabajo para el capital no debe haber sido muy expresiva.

Una manera de evaluar la producción de fuerza de trabajo capitalista en un país, es observar la evolución de la porción asalariada en la población activa. Donde esta porción era incialmente baja, efectivamente se expandió mucho, como en Italia, por ejemplo, donde pasó del 50.2% en 1954 al 64.1% en 1964, o incluso en Francia, donde durante el mismo periodo aumentó del 64.7% al 73.5%. Pero en los países en que las relaciones de producción capitalistas ya habían incorporado a la gran mayoría de la población activa, obviamente la expansión de la proporción de asalariados sólo puede ser reducida. Entre 1954 y

1964 el porcentaje de asalariados en la población activa en los Estados Unidos creció del 81.3% al 85.7% y en Gran Bretaña del 92.6% al 93.2%.[12] Claro que cuando más de cuatro quintos de la población activa son asalariados, la formación de la fuerza de trabajo para el capital tiene que basarse primordialmente en la reproducción.

Cabe observar que la dinámica de la acumulación en los países industrializados, durante las dos últimas décadas, de manera alguna puede ser contenida en los límites de la mera reproducción de la fuerza de trabajo. En ausencia de amplias capas proletarizables dentro de estos países, el capital "importó" un volumen creciente de trabajadores de las regiones periféricas menos desarrolladas: de la península Ibérica, del norte de África, de Turquía y de Grecia hacia los países de Europa occidental, de México y de Puerto Rico hacia los Estados Unidos. De esta manera, todavía hoy está habiendo producción de fuerza de trabajo capitalista en los países desarrollados. Lo que caracteriza esta producción, sin embargo, es la estricta correspondencia con las necesidades del capital, porque los trabajadores inmigrantes difícilmente permanecen en esos países cuando dejan de encontrar quien los emplee, ni les es permitido ingresar en número mayor al efectivamente requerido.[13]

La formación de la fuerza de trabajo capitalista en los países que todavía están en proceso de desarrollo es muy distinta. Dada la disponibilidad de amplias capas insertas en modos de producción no capitalistas, la producción de la fuerza de trabajo mediante la incorporación de estas capas en las relaciones de producción capitalistas es el modo específico por el cual se da la expansión de las fuerzas productivas. Esta incorporación se verifica en dos etapas: a] "liberación" de la mano de obra, o sea la destrucción, contención o trasformación de las condiciones de producción en las cuales estaba inserta, y su inclusión en la reserva del ejército industrial; y b] efectiva incor-

[12] G. Bloch y M. Praderie, La population active dans les pays développés, Cujas, 1966 (cuadro 6.1, p. 147).

[13] "Los trabajadores extranjeros, como 'ejército industrial de reserva', son no sólo movilizables de acuerdo con los cambios de la tasa general de acumulación del capital, sino también de acuerdo con las variables necesidades de las diferentes esferas de producción", (Adriana Marshall, The import of labour, the case of the Netherlands, Rotterdan University Press, 1973).

poración de estos trabajadores en el proceso capitalista de producción, o sea su pasaje de la reserva hacia el activo del ejército industrial.

Lo que caracteriza al desarrollo capitalista es la ausencia de coordinación entre las dos etapas —de liberación y de incorporación— del proceso de producción de la fuerza de trabajo. Para que se entienda este proceso, es necesario verificar inicialmente que en la formación social de países en desarrollo, como el Brasil, el modo de producción capitalista es hegemónico, lo que significa que los demás modos de producción están articulados a él y a través de esta articulación el capital trasmite su movimiento al conjunto de la economía. La articulación de los demás modos de producción al capitalismo se da, principalmente, de dos formas: o bien la economía capitalista es el principal mercado para los productos de estos modos de producción (que es generalmente el caso de· la producción simple de mercancías) o los recursos que sustentan a estas actividades provienen de la economía capitalista (como es el caso de la producción doméstica y de las actividades estatales). Cualquiera sea la forma de esta articulación, sin embargo, es claro que cuando la parte capitalista de la economía se expande, las demás partes también tienden a expandirse, aunque en este movimiento ascendente uno u otro sector de actividad pueda trasformarse de no capitalista en capitalista; cuando, por el contrario, la parte capitalista de la economía se contrae, la tendencia del resto es a acompañar este movimiento descendente (salvo ciertas actividades-refugio como la agricultura de subsistencia, que puede absorber parte de los desempleados de la economía capitalista).

Puesto que cualquier economía capitalista, inclusive la de los países no desarrollados, está sujeta al ciclo de coyuntura, aunque "atenuado" por una política económica anticíclica, el conjunto de la economía de estos países atraviesa continuamente por fases de ascenso, crisis y depresión. La primera etapa de la producción de fuerza de trabajo —la formación del ejército industrial de reserva con trabajadores "liberados" de otros modos de producción— tiende a intensificarse en la fase de crisis y depresión capitalista cuando se desencadena un proceso acumulativo de caída de la demanda efectiva, reducción de precios, disminución del nivel de actividad, es decir de los niveles de empleo y de utilización de la capacidad, etc. En estas condiciones la competencia se agudiza, perjudicando principalmente a los pequeños capitalistas y a los trabajadores por cuenta propia. En los países no desarrollados, la mayor parte de los que están insertos en modos no capitalistas de producción se encuentran en la agricultura o, mejor dicho, en el complejo rural: se trata de un conjunto de actividades extractivas, agropecuarias, manufactureras de trasporte, de comercialización, etc., no especializadas y orientadas, en buena medida (pero no totalmente), hacia el consumo de los productores. En la fase de crisis y depresión, el complejo rural tiende a sufrir reducción de su ingreso dinerario, lo que hace que se cierre sobre su base de economía natural. La parte más integrada en la economía de mercado del complejo rural —sobre todo los campesinos insertos en la producción simple de mercancías— no soporta esta reducción del ingreso dinerario, ya sea porque tiene deudas o impuestos que pagar o porque no pueden renunciar a la parte de su canasta de consumo que necesariamente adquiere en el mercado. Esta población está, por lo tanto, obligada a dejar el complejo rural trasfiriéndose real o virtualmente hacia la fuerza de trabajo capitalista. Estando la propia economía capitalista en baja coyuntural tiende a liberar mano de obra, de modo que se torna inevitable que ellos vengan a engrosar el ejército industrial de reserva, aunque sea su parte latente.

Ésta es la explicación de por qué en los países en desarrollo hay más desempleo que en los ya desarrollados. En estos últimos, en los momentos de baja coyuntural, la producción de fuerza de trabajo se vuelve "negativa": los trabajadores inmigrantes desempleados son enviados de regreso a sus países de origen, donde, además, por lo mismo se agrava considerablemente el desempleo. En los países no desarrollados, sin embargo, la baja coyuntural capitalista tiende a producir más fuerza de trabajo precisamente cuando la acumulación reduce su ritmo, lo que hace que esta producción permanezca apenas en su primera etapa, siendo sólo una virtualidad para el capital a ser aprovechada cuando retome su marcha ascendente.

En realidad, cuando la economía capitalista se contrae, repele fuerza de trabajo, parte de la cual, como ya vimos, va a refugiarse en los modos no capitalistas de producción. Obreros desempleados, que aún tienen familia en el campo, regresan al complejo rural para, por lo menos, garantizar su subsistencia alimentaria.

Otros, que ya rompieron definitivamente sus lazos con el campo, tratan de sobrevivir mediante el ejercicio de precarias actividades por cuenta propia, como los famosos vendedores de manzanas en las calles londinenses que inspiraron a Joan Robinson el concepto de "desempleo disfrazado". De esta manera, el ejército industrial de reserva se dilata mediante la multiplicación de su parte *latente* que, según Marx, "se encuentra siempre *en vías de metamorfosearse en población urbana o manufacturera"* y de su parte *estancada*, que Marx describe así: "una parte del ejército obrero *activo*, pero su ocupación es absolutamente irregular".[14]

El proceso de producción de fuerza de trabajo en los periodos de baja cíclica es perturbado por la repulsión de los trabajadores por parte del capital, lo que crea la impresión de que la oferta de fuerza de trabajo, de alguna manera misteriosa, se ajusta a la demanda cuando ésta se reduce. "La migración de y hacia las ciudades está relacionada con las fluctuaciones de la coyuntura. Durante periodos de prosperidad, la creciente demanda de trabajo en áreas industriales es satisfecha en parte por una afluencia adicional de emigrantes de áreas rurales. Por otro lado, durante periodos de depresión y desempleo en áreas industriales la migración a las ciudades es contenida y, si el desempleo es muy grave, el movimiento líquido puede hasta ser desviado en dirección a las áreas rurales."[15] Estas conclusiones se basan en por lo menos una docena de investigaciones empíricas de carácter histórico realizadas en Suecia, Gran Bretaña, Alemania y otros países europeos. No conocemos investigaciones similares efectuadas en países no desarrollados, pero, en cuanto al Brasil, una reciente investigación[16] mostró que el crecimiento migratorio de la población urbana descendió del 36.4% en la década 1950-1960 a 28.2% en la siguiente. Como más de la mitad de la década de los sesentas (desde 1962 hasta 1967) estuvo dominada por la fase recesiva del ciclo, no sería

---

[14] Karl Marx, *Das Kapital* cit., t. 1; pp. 677-678 [t. III/8 pp. 800-801]; en la 3a. y 4a. ediciones, estas palabras se sustituyen por las siguientes: "Se encuentra siempre *a punto de convertirse en proletariado urbano o manufacturero* y a la espera de que se den las circunstancias propicias para esta transformación" (cursivas del original: PS).

[15] ONU, *The determinants and consequences of population trends*, Nueva York, 1953, p. 125.

[16] F. Madeira, *Aspectos demográficos da urbanizacão* [Aspectos demográficos de la urbanización], CEBRAP, 1976 (mimeo).

difícil concluir que la reducción de la migración rural-urbana tuvo origen en la caída de la demanda urbana de fuerza de trabajo. No hay ningún error en esta interpretación, si se comprende que la retención de la mano de obra en el campo de ningún modo significa que de esta manera el desempleo haya sido atenuado. Cuando se da la baja coyuntural, hay una destrucción generalizada de condiciones de producción, tanto capitalistas como no capitalistas. Del lado capitalista, esta destrucción se traduce en la devaluación del capital —las empresas que cierran sus puertas dejan de formar parte del capital global—, lo que facilitará el aumento de la tasa de ganancia de las que se mantienen en funcionamiento y de esa forma contribuirá a la posterior recuperación de la acumulación. Del lado no capitalista, sin embargo, la destrucción de las condiciones de producción es meramente refleja, teniendo por efecto liberar recursos productivos, principalmente tierra y fuerza de trabajo. La acumulación de mano de obra semiociosa en la reserva latente del ejército industrial deberá permitir que en la fase ascendente siguiente el capital disponga de una mayor libertad de acumulación antes de encontrar la barrera del pleno empleo.

En la fase ascendente del ciclo, la acumulación se intensifica, ocasionando la ampliación de la demanda capitalista —y también de la "demanda" no capitalista— de fuerza de trabajo. Las empresas capitalistas se expanden, se crean nuevas, de modo que el número de asalariados se multiplica y, al mismo tiempo, crecen las actividades del estado, se expande la producción simple de mercancías (agricultura campesina, servicios de reparación, comercio al menudeo), de modo que la cantidad de los que se incorporan a la producción no capitalista también crece. Pero eso no significa que esta fase siempre prosiga hasta que todo el ejército industrial de reserva haya sido absorbido. Mucho antes de eso puede ser interrumpida por obstáculos derivados del carácter no planificado del crecimiento. En países no desarrollados, el alza coyuntural tiende a cortarse mucho antes de que se alcance el pleno empleo por dificultades en el balance de pagos (el llamado "estrangulamiento externo"), por la incapacidad de expandir con la velocidad adecuada los servicios de infraestructura (trasporte, servicios), por el ritmo insuficiente de formación de mano de obra especializada, etcétera.

De esta manera, se puede concluir que la producción de fuerza de trabajo por el capital tiende inherentemente a superar sus necesidades de mano de obra, resultando, en consecuencia, un excedente de fuerza de trabajo, cuyo tamaño varía inversamente al ritmo de acumulación de capital. Tendrían razón, por lo tanto, quienes critican al desarrollo capitalista por "liberar" fuerza de trabajo en cantidad mucho mayor que la que es efectivamente absorbida, siempre que comprendieran que ésta es una contradicción esencial del capitalismo. Lo que no tiene sentido, no obstante, es dirigir la crítica al proceso de desarrollo en cuanto tal, ingnorando convenientemente su carácter capitalista, para proponer la reducción de la intensidad del cambio técnico y, por lo tanto, del desarrollo, con vistas a instaurar un equilibrio entre oferta y demanda de fuerza de trabajo que, si fuese viable, sólo podría basarse en el mantenimiento de modos técnicamente obsoletos de organizar la producción.

LA REPRODUCCIÓN DE LA FUERZA DE TRABAJO POR EL CAPITAL

En la medida en que el progreso de desarrollo técnico avanza, aumenta la porción de mano de obra ya incorporada al modo capitalista de producción. En el Brasil, en 1950, de un total de 7.2 millones de personas en la fuerza de trabajo no agrícola, nada menos que 4.9 millones, o sea el 68%, eran asalariadas en el sector privado. Veinte años después, la fuerza de trabajo no agrícola había alcanzado 16.4 millones de personas, de las cuales 11.7 millones, o sea el 71%, eran asalariadas en el sector privado.[17] Como se ve, en 1950 más de dos tercios de la fuerza de trabajo no agrícola estaba incorporada a la economía capitalista, proporción que es todavía algo mayor en 1970. En el nivel de desarrollo ya alcanzado por el Brasil, una proporción importante de la formación de la fuerza de trabajo capitalista, al menos en las ciudades, resulta de la reproducción de los que ya se encuentran integrados al capitalismo.

La reproducción de la fuerza de trabajo implica dos procesos

---

[17] Excluimos la fuerza de trabajo agrícola porque ésta, además de ser subestimada por el censo demográfico en el Brasil, sufre la distorsión de que los jornaleros, por no tener relación de dependencia, son clasificados como trabajadores por cuenta propia.

combinados: a] la *manutención* del trabajador en cuanto tal, o sea la renovación diuturna de sus fuerzas, la atención de sus necesidades materiales en lo que se refiere a la alimentación, ropa, vivienda, higiene, trasporte, salud, recreación, etc.; b] la *reposición* del trabajador, cuando éste se retira de la fuerza de trabajo por jubilación, invalidez o fallecimiento. Para que esta reposición sea posible, es preciso brindar al trabajador los medios para que pueda criar hijos, satisfaciendo las necesidades materiales de éstos hasta que alcancen la edad adecuada para ofrecer su capacidad de trabajo en el mercado, y educándolos de modo que su futura capacidad de trabajo incluya las aptitudes técnicas y culturales exigidas por el capital.

La reproducción de la fuerza de trabajo es, desde un cierto punto de vista, un proceso orgánicamente ligado a la propia circulación del capital. Cuando el capital, bajo la forma de mercancías, se realiza, asumiendo la forma de capital-dinerario, una parte de él se destina al pago de salarios, lo que permite al trabajador adquirir medios materiales necesarios para su manutención y reposición. Para que el pago de salarios prosiga a intervalos regulares, es preciso que otra parte del capital dinerario sirva para la adquisición de medios de producción y que la fuerza de trabajo así reproducida se combine con aquellos medios de producción, de modo de dar nuevamente al capital la forma de mercancías, de cuya realización proviene el dinero necesario para el pago de salarios. Es obvio que uno de los fundamentos materiales de la reproducción de la fuerza de trabajo —el pago de salarios— no pasa de ser un momento de la metamorfosis del capital.

Pero la reproducción de la fuerza de trabajo no se reduce a recibir el salario y a gastarlo para la adquisición de valores de uso necesarios para el sustento del trabajador y de su familia. Hay en este proceso un desarrollo de relaciones de producción de carácter no capitalista que le son fundamentales. Es preciso reparar, en primer lugar, en que los valores de uso adquiridos en el mercado requieren toda una serie de actividades para que puedan ser usados o consumidos: la comida tiene que ser preparada, los trastes tienen que ser lavados y secados, la ropa tiene que ser lavada, planchada y eventualmente reparada, las habitaciones, los muebles y demás objetos también tienen que ser aseados, sin hablar de los cuidados especiales que deben prestarse a los niños pequeños, personas ancianas y enfermos. Todo eso exige una suma de esfuerzos, de tiempo de trabajo no social considerable. La división de tareas dentro de la familia del trabajador —quién vende su capacidad de trabajo en el mercado, quién cuida de los quehaceres domésticos, quién amplía su capacidad de trabajo futura asistiendo a cursos— establece relaciones de producción entre marido y mujer, padres e hijos y entre éstos y otros eventuales componentes del hogar, que son esenciales para la reproducción de la fuerza de trabajo. Además de eso, desde la promulgación de las *poor laws** en Inglaterra, el estado participa directamente en la reproducción de la fuerza de trabajo mediante trasferencias de recursos monetarios bajo la forma de pensiones, jubilaciones, salario familiar, ayuda a desempleados, etc., y mediante la prestación de servicios gratuitos principalmente en el campo de la educación, de la asistencia a la salud y del saneamiento. También la actuación del estado en la reproducción de la fuerza de trabajo requiere el establecimiento de relaciones sociales (que no serían propiamente de "producción") entre los aparatos estatales importantes —el sistema previsional, la red escolar, los organismos de asistencia a la salud, etc.— y sus usuarios. La reproducción de la fuerza de trabajo depende, pues, tanto del monto del salario real, o sea de la cantidad y calidad de los valores de uso adquiridos en el mercado, como de los bienes y servicios "domésticos" y "estatales" de los que el trabajador y su familia pueden disponer en todo momento.

DIGRESIÓN HISTÓRICA

A esta altura de la discusión, conviene hacer una digresión histórica para demostrar cómo la reproducción de la fuerza de trabajo ha sufrido alteraciones ponderables a lo largo de la evolución del modo de producción capitalista. Así, la primera etapa de esta evolución (desde el siglo XVI hasta el XVIII) se caracteriza por el predominio de la "industria doméstica". Los capitalistas empleaban familias campesinas que, sin desligarse

---

*Poor laws: leyes de pobres, antecedente de la legislación social. [T.]

de la tierra, se ocupaban de la producción de mercancías a cambio de salarios. Una descripción famosa del sistema, fechada en 1724, es la de Defoe: "Entre las casas de los fabricantes hay esparcidos un número infinito de *cottages* o residencias pequeñas, en las cuales habitan los obreros que son empleados, cuyas mujeres y niños están siempre ocupados, cardando, hilando, etc., de manera que nadie está sin quehacer. Todos ganan su pan, desde el más jóven al más anciano, todos bastándose con sus manos. Ésta es la razón por la que vimos tan pocas gentes por las calles. Pero si hubiéramos llamado a la puerta de cualquiera de los maestros fabricantes, hubiésemos visto una casa llena de hombres vigorosos, algunos tiñendo, algunos ajustando las telas, algunos en el telar, pero todos trabajando con tesón, empleados por la manufactura, y todos con suficiente labor."[18]

Este trozo da muy bien la idea de cómo se daba la reproducción de la fuerza de trabajo en el capitalismo preindustrial: toda la familia —marido, mujer e hijos *a partir de los cuatro años*, según Defoe— participa del trabajo social; al mismo tiempo, la ligazón con la agricultura permite una actividad de subsistencia bastante amplia. De esta manera, el salario monetario servía sólo para *complementar* la satisfacción de las necesidades materiales de la familia, siendo en general extremadamente bajo. En este periodo de acumulación primitiva, el capital producía su fuerza de trabajo expropiando gran parte de las tierras de los campesinos, mediante las *enclosures*,* lo que hacía cada vez más dependientes del salario monetario a los trabajadores de la industria doméstica. En vísperas de la revolución industrial se dio en Inglaterra una "nueva y más potente oleada de cercamientos sobrevenida en la última parte del siglo xviii, que desalojó al ejército de *cottages* de las últimas magras tierras que éstos poseían en las lindes de las tierras comunales",[19] lo que debe haber producido aumento de la oferta de mano de obra asalariada y baja de los salarios reales.

[18] Daniel Defoe, *A tour thro' the whole island of Great Britain (1724-1726)*, citado por Leo Huberman, *Historia da riqueza do homen*, Río de Janeiro, Zahar Editores, p. 131 [*Los bienes terrenales del hombre*, México, Nuestro Tiempo, 1978, p. 141].

Enclosures: cercamientos. [T.]

[19] Maurice Dobb, *A evoluçao do capitalismo*, Río de Janeiro, Zahar Editores, 1965, p. 293 [*Estudios sobre el desarrollo del capitalismo*, México, Siglo XXI, 1978, p. 285].

Cuando se da la revolución industrial, a partir de 1760, el sistema doméstico no desaparece rápidamente sino que se inicia un periodo relativamente largo de competencia entre la producción fabril y la producción artesanal, con la superioridad creciente de la primera, provocando la ruina de la gran masa de los que aún trataban de sobrevivir en los antiguos moldes. El aumento de la productividad que proporcionaban las máquinas reducía el valor de las mercancías, tanto de las que eran producidas industrialmente como aquellas de origen artesanal que competían con ellas. El efecto de este desarrollo sobre salarios, tanto del nuevo proletariado fabril como de los que permanecían en la industria doméstica, no podía dejar de ser desastroso.

La formación del proletariado fabril implicó, en realidad, la destrucción de la economía familiar del trabajador. Atraídos a la ciudad, los obreros eran obligados a abandonar no sólo la aldea y la ligazón con la tierra sino también la posibilidad de combinar la actividad de todos los miembros de la familia tanto en la producción social como en la subsistencia. Todos ellos —hombres, mujeres y niños— fueron obligados a dedicarse a la producción para el capital y durante jornadas tan largas que casi no sobraba tiempo para efectuar cualquier actividad doméstica, es decir para su autoconsumo. Esto se daba por la sencilla razón de que el salario del hombre adulto no era suficiente para cubrir los costos de su manutención y de su reposición, o sea del sustento de él y de toda su familia.

Como dice acertadamente Hobsbawm, "la estructura de salarios de una economía capitalista moderna no se formó en el vacío. Comenzó como una modificación o distorsión de la jerarquía salarial preindustrial [. . .]"[20] Pero, siendo el salario del trabajador adulto, en la industria doméstica, sólo una fracción del salario de toda la familia (cuyo ingreso total estaba formado por la suma de los salarios de cada uno de sus miembros), no había razón para que fuese más alto en la industria fabril. Lo mismo, naturalmente, se daba en la agricultura inglesa, en la que el capitalismo penetraba vigorosamente a comienzos del siglo xix. Hablando de este periodo, dice

[20] Eric J. Hobsbawm, *Labouring men, studies in the history of labour*, Nueva York, Basic Books Inc., 1964, p. 347.

Trevelyan: "[. . .] La paga de las mujeres contribuía a mantener bajos los jornales de los hombres. Era un círculo vicioso: *el hecho de que el salario del marido no era suficiente a la sazón para mantener a toda la familia, obligaba a la mujer y a las hijas a entrar en competencia con los hombres en las labores agrícolas.* Sólo cuando los jornales del trabajador del campo subieron gradualmente en la segunda mitad del siglo XIX, y cuando la maquinaria agrícola capacitó a muchas clases de obreros manuales, volvió a ser el trabajo de la mujer tan restringido como había sido en tiempos primitivos."[21]

Lo mismo ocurrió también en Alemania durante la primera mitad del siglo pasado. "El grado de miseria que, durante las primeras décadas de la revolución industrial en Alemania, fue provocado por la disminución del poder de compra de los salarios y que no pudo ser compensado de modo alguno por el aumento (de este poder de compra) en los años sesenta, sólo puede ser evaluado si se considera el bajísimo punto de partida de la evolución de los salarios [. . .] también en los años considerados normales de aquellas décadas, no alcanzaba el salario de un trabajador para alimentarlo a él y a su familia. Eso no significa otra cosa sino que la mujer y los hijos del trabajador estaban también obligados a ganar. Dado el gran número de hijos y la ausencia de cualquier asistencia pública a las mujeres que trabajaban, en lo que se refiere al cuidado de los niños, esto llevaba necesariamente a que la educación y la conservación de la salud de los niños fuesen descuidadas [. . .]"[22]

Dentro de este cuadro no hay dificultad en entender el análisis efectuado por Marx sobre la "apropiación de fuerzas de trabajo subsidiarias por el capital. El trabajo femenino e infantil": "La maquinaria, en la medida en que se hace prescindible la fuerza muscular, se convierte en *medio para emplear a obreros de escasa fuerza física* o de desarrollo corporal incompleto, pero de miembros más ágiles. ¡*Trabajo femenino e infantil* fue, por consiguiente, la primera consigna del empleo

---

[21] Georges M. Trevelyan, *English social history*, Nueva York, David Mckay Co., 1942, p. 487 [*Historia social de Inglaterra*, México, FCE, 1946, p. 506]; las cursivas son mías: PS.

[22] Hans Motteck, *Wirtschaftsgeschichte Deutschalands,* Berlín (oriental), 1974, t. II, p. 234.

capitalista de maquinaria! Así, este poderoso remplazante de trabajo y de obreros se convirtió sin demora en medio de *aumentar el número de los asalariados*, sometiendo a todos los integrantes de la familia obrera, sin distinción de sexo ni edades, a la férula del capital. El trabajo forzoso en beneficio del capitalista no sólo usurpó el lugar de los juegos infantiles, sino también el del trabajo libre en la esfera doméstica, ejecutado dentro de límites decentes y *para* la familia misma."[23]

De esta forma, la revolución industrial alteró profundamente el modo en que se daba la reproducción de la fuerza de trabajo. La plena y exhaustiva ocupación de todos los miembros de la familia, inclusive de los niños de más tierna edad, volvía imposible la vida familiar para el proletario. "El hombre trabaja todo el día y tal vez la mujer y los hijos mayores, y todos en lugares distintos; se ven solamente a la mañana y a la noche; de ahí las visitas continuas a las tabernas."[24] Sin hablar de la miseria moral así engendrada, hay que enfatizar el deterioro de las condiciones de vida material de la familia proletaria que pone en peligro la reposición del trabajador. Es que el empleo femenino impide que las madres cuiden a sus niños pequeños, lo cual, junto con las deplorables condiciones de nutrición e higiene, hace que la mortalidad infantil suba a niveles extremadamente altos en el medio obrero. Marx, por ejemplo, menciona tasas de mortalidad infantil de más de 240 por cada mil niños de menos de un año en distritos industriales, alcanzando el 261 por mil en Manchester, el gran centro textil inglés. Obsérvese que estos datos son del *Sixth Report on Public Health* de 1864, o sea de un siglo después de iniciada la revolución industrial. "Como lo demostró una investigación médica oficial en 1861, las altas tasas de mortalidad principalmente se deben, si se hace abstracción de circunstancias locales, a la *ocupación extradomiciliaria de las madres*, con el consiguiente descuido y maltrato de los niños, como por ejemplo alimentación inadecuada, carencia alimentaria, suministro de opiáceos, etc., a lo que debe agregarse el antinatural [en la tercera y cuarta edición: 'natural'] desapego que las madres

---

[23] Karl Marx, *Das Kapital*, cit. t. 1, p. 413 [t. I/2, p. 481]; cursivas del original.

[24] Friedrich Engels, *La situación de la clase obrera en Inglaterra*, Buenos Aires, Futuro, 1965, p. 136.

experimentan por sus hijos, lo que tiene por consecuencia casos de privación alimentaria y envenenamientos intencionales."[25]
No cabe duda de que en esta primera etapa del capitalismo industrial, la familia proletaria fue seriamente minada por la gran extensión del trabajo femenino y del trabajo infantil, hasta el punto de imposibilitar servicios domésticos esenciales a la reposición del trabajador. Pero la otra parte de la reproducción de la fuerza de trabajo —la manutención del trabajador adulto— también fue debilitada por la larguísima duración de la jornada de trabajo. Los datos presentados por Marx en el capítulo VIII del primer volumen de *El capital* no dejan duda a este respecto. Después de más de treinta páginas de revelaciones sobre los efectos nocivos de las jornadas excesivas de trabajo, Marx concluye que la experiencia muestra "con qué rapidez y profundidad la producción capitalista —que, históricamente hablando, data casi de ayer— ha atacado las raíces vitales de las energías populares; cómo la degeneración de la población industrial sólo se aminora gracias a la constante absorción de elementos vitales de la campaña [. . .]"[26] Marx muestra, de esta manera, que el capital, al tener plena e ilimitada libertad para explotar la fuerza de trabajo que le está sometida, tiende a destruirla. Al disponer de oferta abundante de mano de obra, el capital sucumbe a su voracidad de plustrabajo, prolongando la jornada hasta agotar al trabajador y absorbiendo la capacidad de trabajo de la mujer y del niño hasta el punto de eliminar la infraestructura familiar indispensable a la reproducción de la especie y, por lo tanto, a la reposición del trabajador. "En su movimiento práctico, el capital [. . .] se deja influir tan poco o tanto por la perspectiva de una futura degradación de la humanidad —y en último término por una despoblación incontenible—, como por la posible caída de la Tierra sobre el Sol [. . .] El capital, por consiguiente, no tiene en cuenta la salud y la duración de la vida del obrero, *salvo cuando la sociedad lo obliga a tomarlas en consideración.*"[27]

[25] Karl Marx, *Das Kapital* cit., t. 1, p. 417 [t. I/2, p. 485]; cursivas del original.
[26] *Ibid.*, p. 281 [t. I/1, p. 324].
[27] *Ibid.*, p. 281 [t. I/1, p. 325]; cursivas del original.

La tesis de Marx es que el capital, por sí mismo, tiende a negar al trabajador los elementos esenciales —tanto en términos de salario real como de tiempo libre suyo y de sus familiares— a su sobrevivencia y a su reposición. En estas condiciones *no habría reproducción de la fuerza de trabajo* o, mejor dicho, la reproducción de la fuerza de trabajo sería "deficitaria", provocando una disminución más o menos rápida de la población proletaria.[28] Esta disminución podría, no obstante, ser compensada por una abundante producción de fuerza de trabajo, a partir de la ruina y del agotamiento de otros modos de producción. Aunque algunos capitalistas más lúcidos prevean el futuro agotamiento de la fuerza de trabajo, no pueden dejar de usarla en la misma forma derrochadora que los demás, a riesgo de zozobrar en la lucha competitiva frente a capitalistas menos lúcidos y por eso mismo más eficaces. En última instancia, la sobrexplotación, dado el nivel técnico, permite rebajar los costos de producción y por eso mismo se vuelve obligatoria en un mercado competitivo.

Fue necesario, por lo tanto, que el estado interviniera en el proceso de explotación, fijando sus límites para todos los capitalistas, para hacer posible la reproducción de la fuerza de trabajo. En todos los países industriales fueron adoptadas leyes fijando la jornada normal de trabajo y las edades mínimas de entrada y máxima de salida de la fuerza de trabajo, reglamentando el trabajo femenino, concediendo ciertos privilegios a la trabajadora que se convierte en madre, etc. Estas leyes pasaron a constituir la base institucional de la reproducción de la fuerza de trabajo. Fueron el resultado de las luchas del movimiento obrero que contó, en este caso, con el apoyo de la burguesía más esclarecida. Su objetivo fue asegurar tanto la manutención del trabajador como una economía doméstica que posibilitara su reposición. Sucesivas victorias del movimiento obrero, tanto en el plano político-legal como en el del funcionamiento del mercado de trabajo —sobre todo el reconocimiento de los sindicatos— modificaron la base de cálculo de la remuneración de la fuerza de trabajo en el sentido de que

---

[28] "También en Alemania fue preciso tomar paulatinamente conciencia del hecho de que el trabajo fabril de los niños, en el proceso de la revolución industrial, pasaba a partir de cierto punto a poner en peligro la reproducción física de la clase obrera" (Haus Motteck, *op. cit.*, p. 238).

"el salario de un hombre debe ser pagado sobre una base familiar",[29] lo que permitirá a la esposa del trabajador permanecer en la casa, dedicándose a la producción de bienes y servicios domésticos. Es interesante examinar la secuencia de estos hechos en Inglaterra, donde la revolución industrial se desplegó en primer término. A partir de 1833 fueron adoptadas leyes que reglamentan el trabajo de la mujer y del niño, pero sólo a partir de mediados del siglo pasado se creó un sistema eficaz de fiscalización —los famosos inspectores de fábrica— que les dio efectiva vigencia. La limitación de la jornada de los niños menores de trece años acabó por provocar su retiro de la fuerza de trabajo.

Pero según Hobsbawm, estas restricciones a la oferta de fuerza de trabajo sólo se reflejaron sobre el salario real mucho más tarde. Entre 1862 y 1875 se verificó un primer aumento persistente de los salarios reales del orden del 40%; éstos se mantienen con fluctuaciones alrededor de este nivel hasta mediados de los años 80, cuando volvieron a subir hacia el final del siglo xix, alcanzando un nivel de cerca del 84% sobre el de 1850. El efecto de estos aumentos de ingresos reales se hace sentir sobre la tasa general de mortalidad, que se mantuvo entre 21 y 23 por mil desde 1831-1840 hasta 1868-1872, iniciando su descenso hasta 19.1 por mil en 1878-1882, hasta 17.9 por mil en 1888-1892 y hasta 16.4 por mil en 1898-1902.[30]

Lo que indican estos datos es que gracias a las *Factory Acts*, que restringen la oferta de mano de obra en el mercado de trabajo, y gracias al poder de negociación conquistado por los *trade unions*, a fines de siglo, la clase obrera inglesa adquirió el derecho a mantener en su casa mujer e hijos, lo que significa derecho a la vida familiar y a los servicios que de ella resultan: comida casera, condiciones mínimas de higiene y confort, etc. La caída de las tasas de mortalidad es, en buena medida, un reflejo de esta mejora de las condiciones de vida de la clase obrera. De esta manera nació, en las últimas décadas del siglo

---

[29] I. Pinchbeck, *Women workers and the industrial revolution*, citado por V.B., Sait, *New Horizons for the family*, Nueva York, McMillan Co., 1938, p. 127.

[30] Eric J. Hobsbawm, *Industry and empire, from 1750 to the present day*, Penguin Books, Harmondsworth (Inglaterra), 1968, pp. 159-160 [*Industria e imperio*, Barcelona, Ariel, 1977].

XIX, lo que según Hobsbawm pasó a ser considerado el modelo de vida "tradicional" del obrero inglés, tradicional porque se mantuvo sus grandes alteraciones hasta mediados de este siglo. Características de este modelo de vida obrero fueron una notable mejora en el nivel de nutrición, con mayor consumo de carne y frutas, y el comienzo de la producción industrial masiva de bienes de consumo "populares", tales como zapatos y ropas para hombre y de los primeros bienes de consumo "durables": la máquina de coser y la bicicleta.[31]

No disponemos de informaciones concretas sobre la época en que ocurrieron cambios similares en la reproducción de la fuerza de trabajo en otros países, pero datos sobre la evolución de la expectativa de vida al nacer indican que deben haberse dado en Alemania a partir de 1885 (cuando el promedio de vida, tanto de hombres como de mujeres, comienza a crecer 4 años por década), en Bélgica y en Italia a partir de 1895 etc.[32] Pero no cabe duda de que el modelo de vida "tradicional" del obrero se estableció en todos los países capitalistas hoy industrializados, probablemente en algún periodo durante las tres o cuatro décadas anteriores a la primera guerra mundial.

EL TRABAJO FEMENINO

Pero aquí surge una interrogante: si hubo, de hecho, un aumento del salario real de tal orden que permitió a los obreros mantener a sus mujeres fuera de la fuerza de trabajo, esto tendría que reflejarse en una sensible baja de las tasas de participación femenina. Sin embargo, no fue así. Al contrario, los datos disponibles, aunque precarios, indican una tendencia ascendente de esas tasas en el periodo aludido. Así, por ejemplo, en Gran Bretaña, el porcentaje de las mujeres (de 10 o más años de edad) incluidas en la población activa subió del 25.1% en 1841 al 33.7% en 1881 y al 34.0% en 1891. En los Estados Unidos las tasas de participación femenina (mujeres de 10 años y más) fueron:

---

[31]*Ibid.*, pp. 162-164.
[32] ONU, *The determinants and consequences of population trends*, Nueva York, 1953, p. 54.

13.3% en 1870, 14.7% en 1880, 17% en 1890, 18.8% en 1900 y 20.8% en 1910.[33] En Alemania, para las mujeres de todas las edades, las tasas evolucionaron de la siguiente manera: 24.02% en 1882, 24.96% en 1895 y 30.37% en 1907.[34] Tales tendencias dan lugar a las más variadas interpretaciones.

Los partidarios de la emancipación socioeconómica de la mujer se regocijan, olvidando que la proletarización de la mujer significaba, en realidad, su doble sometimiento: al trabajo social y al trabajo doméstico. Así, Bebel presenta contradictoriamente las *dos* interpretaciones; comentando el aumento de la participación femenina en Alemania, entre 1882 y 1907, afirma que "esto demuestra que la lucha por la existencia requiere mayores esfuerzos que antes".[35] Poco más adelante menciona opiniones recogidas entre obreras que daban como la razón más importante para estar en las fábricas " la insuficiencia del salario de su marido".[36] Sin embargo, Bebel, en el mismo contexto, también proclama: "El trabajo de la mujer alcanzó tal dimensión y tal significado que se torna evidente el ridículo adagio filisteo: el lugar de la mujer es su hogar."[37] Es difícil conciliar el punto de vista de que el trabajo femenino resulta de la creciente miseria del proletariado con la idea de que al mismo tiempo hace posible la emancipación de la mujer. Sullerot, que escribe mucho más recientemente, no se deja engañar y, sin mencionar estadísticas (refiriéndose al periodo inicial de la industrialización), dice: "El número de mujeres que trabajan es considerable y alcanza dentro de la clase obrera una proporción tan elevada que no puede compararse con lo que esos mismos países conocen en la actualidad."[38]

En realidad, lo que sucedía es que, al mismo tiempo que las mujeres de los obreros dejaban (al menos en parte) la fuerza de trabajo, aumentaba fuertemente la proporción de mujeres en el primario y en el terciario. En lo que se refiere al sector primario,

---

[33] Clarence D. Long, *The labor force under changing income and employment*, Princeton, Princeton University Press, 1958 (apéndice A).

[34] August Bebel, *Die Frau und der Sozialismus*, Stutgart, Dietz Verlag, 1913, p. 215 [*La mujer y el socialismo*, Madrid, AKAL, 1977].

[35] *Ibid.*, p. 216.

[36] *Ibid.*, p. 225.

[37] *Ibid.*, p. 218.

[38] Evelyne Sullerot, *Historia y sociología del trabajo femenino*, Barcelona, Ediciones Península, 1970, p. 97.

la participación de las mujeres en el total de personas incluidas en este sector, presenta la siguiente evolución: en Alemania: 30.6% en 1882; 33.2% en 1895 y 46.5% en 1907;[39] en Francia: 26.0% en 1866; 32.7% en 1896 y 37.9% en 1906.[40] Es posible que este aumento de la participación femenina en la agricultura se deba a la mayor migración de los hombres hacia las ciudades, que condujo a las mujeres a sustituirlos en las labores de la tierra.

En cuanto al sector terciario, el único ramo que empleaba mujeres en gran cantidad era el servicio doméstico. A fines de siglo, sin embargo, comenzó a surgir un nuevo tipo de empleo para mujeres: la función calificada en la enseñanza (profesora), en la asistencia a la salud (enfermera) y en las tareas de oficina (secretaria, dactilógrafa). Es éste el contingente femenino que más crece en la fuerza de trabajo. Las mujeres empleadas en servicios, excepto el doméstico, representa, en el conjunto de la población activa femenina: en Alemania, 7.5% en 1882, 11.5% en 1895 y 12.8% en 1907; en Francia, 6.0% en 1866, 12.7% en 1896 y 13.4% en 1906.[41] Es bastante obvio que no eran éstas las esposas de los obreros. Es de suponer que, teniendo en general reducida escolaridad, la gran mayoría de las esposas de obreros que trabajaban también debían ser obreras o empleadas domésticas.

De esta manera, si se quiere verificar cómo evolucionó la tasa de participación de las mujeres de los obreros, lo mejor es comparar la evolución del número de hombres ocupados en la industria con el de las mujeres ocupadas en este mismo sector y en el servicio doméstico. Los datos que logramos reunir al respecto figuran en el cuadro I. Como se ve, en Alemania y los Estados Unidos el número de obreros creció mucho más rápidamente que el de obreras y empleadas domésticas, al contrario de lo que ocurrió en Francia. En Alemania, entre 1882 y 1907, el número de obreros aumentó 73.8%, mientras que el de obreras y empleadas domésticas creció apenas el 39%. En los Estados Unidos, entre 1870 y 1910, el número de obreros au-

---

[39] Auguste Bebel, 1., *op. cit.*, p. 216.
[40] Madeleine Guilbert, *Les femmes et l'organisation syndicale avant 1914*, París, CNRS, 1966, pp. 13-14.
[41] Auguste Bebel, *op. cit.*; Madeleide Guilbert, *op. cit.*

mentó un 218% y el de obreras y empleadas domésticas aumentó un 169%. En Francia, sin embargo, entre 1866 y 1911 el número de obreras y empleadas domésticas creció más (27%) que el de obreros (21%).

Obviamente, no tenemos ninguna información sobre qué proporción de las mujeres empleadas en la industria y en el servicio doméstico eran efectivamente esposas de obreros. Muchos de los obreros, así como de las obreras y empleadas, debían ser solteros, viudos, separados, etc. No obstante, si las mujeres de los obreros eran, en su gran mayoría, obreras o empleadas domésticas cuando trabajaban —y cualquier otra hipótesis es improbable—, entonces el crecimiento mucho mayor del número de obreros frente al de obreras y empleadas sólo puede significar que una proporción cada vez mayor de esposas de obreros estaba dejando de trabajar fuera del hogar. Admitamos, sólo por especular, que la proporción de casados fuese la misma entre los obreros y las obreras y empleadas, y que éstas, en caso de estar casadas, lo estuviesen siempre con obreros. En este caso el porcentaje de obreras y empleadas domésticas en relación a los obreros (última columna del cuadro I. podría expresar la proporción de mujeres de obreros que trabajaban. Los datos indican que, de acuerdo con estas premisas, la proporción de mujeres de obreros en la fuerza de trabajo habría descendido, en Alemania, del 45.6% en 1882 al 36.6% en 1907, y en los Estados Unidos del 55.9% en 1870 al 47.4% en 1910, habiendo subido en Francia del 79.4% en 1866 al 83.7% en 1911. Estas cifras, naturalmente, son sólo ilustrativas. Si hubo salida de mujeres casadas de la fuerza de trabajo, la proporción de no casadas debe haber aumentado a lo largo del periodo en el contingente de las empleadas y obreras, lo que hace que la caída de la proporción de éstas en relación a los obreros en realidad *subestime* la verdadera reducción en la proporción de esposas de obreros que trabajan.[42]

Sea como fuere, los datos coinciden con lo que se sabe sobre los cambios que la reproducción de la fuerza de trabajo sufrió, en los países industrializados, en aquella época. No debe sor-

---

[42] Admitamos, por ejemplo, que en Alemania, en 1882, mitad de los obreros y mitad de las obreras y empleadas fuesen casados, pero que, en 1907, la proporción de casadas haya disminuido en un cuarto entre las obreras y empleadas, manteniéndose en un 50% entre los obreros. En este caso, la proporción de mujeres de obreros en la fuerza de trabajo habría bajado del 45.6% en 1882 al 18.3% en 1907.

CUADRO I. NÚMEROS DE HOMBRES Y MUJERES EMPLEADOS A FINES DEL
SIGLO XIX Y COMIENZOS DEL XX EN VARIOS PAÍSES INDUS-
TRIALIZADOS

País	Año	(1) Hombres en la Industria (000)	(2) Mujeres en la industria y en el servicio doméstico (000)	% de mujeres en relación a los hombres (2) / (1)
Alemania	1882	5 269	2 409	45.6
	1895	6 760	2 835	41.9
	1907	9 162	3 352	36.6
Estados	1870	2 146	1 204	55.9
Unidos	1890	3 586	2 134	59.5
	1900	4 865	2 530	52.0
	1910	6 815	3 237	48.4
Francia	1866	2 927	2 320	79.4
	1896	3 488	2 626	75.3
	1901	3 695	2 916	78.9
	1906	3 725	3 036	81.5
	1911	3 554	2 974	83.7

FUENTES: Auguste Bebel, *op. cit.*; Etanley Lebergott, *Manpower in economic growth*,
Mc Gram Hill, 1964, p. 520; Madeleine Guilbert, *op. cit.*, pp. 13-14.

prender el hecho de que la proporción de mujeres de obreros en
la fuerza de trabajo no parezca haber decrecido en Francia, porque este país se atrasó notoriamente en su proceso de industrialización, lo cual, además, se confirma por el crecimiento mucho
más lento, en comparación con los Estados Unidos y Alemania,
de su número de obreros. También en el plano de las conquistas
sociales Francia avanzó mucho más lentamente que los demás
países industrializados. Basta recordar que la limitación de la
jornada de trabajo a 60 horas semanales para las mujeres sólo se
hizo efectiva en Francia en 1900.[43] De ahí que no sea extraño
que el establecimiento de una economía doméstica para la clase
obrera se haya dado en este país mucho más tarde que en los
otros industrializados.

[43] Véase J.H. Chapham, *France & Germany 1814-1815*, Cambridge University
Press, 1966, pp. 272-275 y Madelaine Guilbert, *op. cit.*, pp. 23-25.

La salida de la fuerza de trabajo de las mujeres de los obreros coincidió, de manera general, con la entrada en la misma de mujeres de clase media que, a partir de una mayor escolaridad, luchaban por un lugar al sol en el mundo del trabajo, *pero no en las fábricas*. Es la época del primer movimiento feminista, que lucha por la igualdad jurídica y política de la mujer y el hombre, por el derecho de la mujer a la instrucción superior y al ejercicio de profesiones liberales. El crecimiento de las tasas de participación femenina debe reflejar la penetración de mujeres en funciones de nivel medio y superior, lo que justifica el optimismo que despierta en observadores progresistas como Bebel. Pero oculta este otro hecho fundamental: el de que las mujeres del proletariado sólo permanecen en el mercado de trabajo mientras la insuficiencia de los sueldos de sus maridos las obliga a ello, *prefiriendo quedarse en su casa y cuidar de su familia en cuanto esto se torna posible*. Este doble movimiento de entrada y salida de la fuerza de trabajo por parte de las mujeres de distinta condición social es ilustrado por la evolución de las tasas de participación de las mujeres negras en los Estados Unidos. Éstas eran mucho más elevadas que las de las mujeres blancas. En 1900 trabajaban entre las mujeres de 10 años y más el 15.3% de las blancas nativas y el 39.9% de las negras. Obviamente, esta diferencia se explica por la mayor necesidad económica de las mujeres negras. De 1900 en adelante las tasas de participación de las blancas nativas en los Estados Unidos *aumentan* —19.4% en 1920, 20.6% en 1930— mientras que las de las mujeres negras *disminuyen* —38.2% en 1920, 37.8% en 1930—, etc.[44] El mismo movimiento económico general —el crecimiento del ingreso percápita y del salario real— explica ambos movimientos: el de entrada de las blancas y de la salida de las negras de la fuerza de trabajo.

LA REPRODUCCIÓN DE LA FUERZA DE TRABAJO Y EL AVANCE TECNOLÓGICO

Las restricciones legales e institucionales a la oferta de fuerza de trabajo y el aumento del poder de negociación conquistado por

[44]C.D. Long, *op. cit.*, cuadro A-4.

los asalariados tuvieron por resultado integrar la reproducción de la fuerza de trabajo al "mercado interno" de cada nación capitalista industrializada. Para apreciar la importancia de esta trasformación, es preciso notar que en todo el periodo inicial de la revolución industrial la clase obrera estaba marginada del consumo de artículos de la industria, ya que los trabajadores tenían que gastar la mayor parte de sus salarios en alimentación.[45] Por otra parte, la industrialización giraba, en ese periodo, en torno al único gran artículo de consumo —los tejidos— y de un número mucho mayor de bienes de producción, cuya demanda provenía no sólo de la industria de hilado y tejido, sino también de las vías férreas y de la navegación a vapor. Al estudiar el agotamiento de esta primera fase de la revolución industrial, Landes observa que "la demanda interna no acompañó a la oferta. Desde el comienzo, Gran Bretaña tuvo que apoyarse pesadamente sobre mercados de ultramar [. . .] Ya en el periodo 1819-1821, dos tercios del hilo de algodón producido en Gran Bretaña eran vendidos en el exterior, ya sea directamente o en forma de tejido; casi tres quintos de los bienes manufacturados se realizaban del mismo modo. Sesenta años más tarde, en 1880-1882, las proporciones eran, respectivamente, del 84.9% y del 81.6%".[46]

La escasez de la demanda interna imponía a las naciones capitalistas esfuerzos redoblados en el sentido de asegurar consumidores en el exterior. El resurgimiento del imperialismo, a partir de 1870, fue una de las consecuencias del creciente desequilibrio en los países industrializados, entre su capacidad de producir y la demanda efectiva interna. Pero en la medida en que el número de países industrializados crecía, las posibilidades de ampliar los mercados de los países no industrializados disminuyeron. "Ya en 1870, sobraba poco más que la paja: los mejores mercados ya habían sido formalmente anexados o informalmente integrados a la economía europea en expansión."[47] Según Landes,

---

[45] Se estima que desde fines del siglo XVIII hasta vísperas de la primera guerra mundial, el asalariado británico gastaba el 60% de su salario en alimentación. (E. H., Phelps-Brown, *The economics of labour*, New Haven, Yale University Press, 1962, p. 215). En Roven en 1831, la alimentación representaba el 77% del costo del mínimo vital de un obrero adulto (según datos de Jean Fourastié, *Machinisme et bien-être*, París, Minuit, 1951, citado por M. y M-J Ricovard, *La remuneration du travail*, París, PUF, 1955, p. 82).

[46] David S. Landes, *The unbound Prometheus*, Cambridge, Cambridge University Press, 1972, pp. 238-239.

[47] David S. Landes, *op. cit.*, p. 241.

la incapacidad de ampliar la demanda estaba en la raíz de la llamada "Gran Depresión" (1873-1896), durante la cual la industrialización se desaceleró notablemente.

Durante este periodo se estaban gestando grandes modificaciones tecnológicas, pero su aplicación en los ramos de producción ya establecidos sólo podía adoptar la forma de "cambios de procesos", cuyo efecto, a más largo plazo, sería el aumento de la composición orgánica del capital y, en consecuencia, la disminución del nivel de empleo y, en última instancia, de la demanda efectiva interna. Así, las invenciones de los conversores Bessemer y Siemens-Martin y de los procesos básicos, por ejemplo, "redujeron el costo real del acero en aproximadamente el 80 y 90% entre el comienzo de los años sesentas y mediados de los noventas",[48] la producción de papel mediante pasta química se inició en los Estados Unidos en 1866,[49] el aluminio pasó, a partir de 1866, a ser extraído de la bauxita por un proceso electrolítico "que transformó un metal precioso usado en cucharas en la mesa de Napoleón III, en un sustituto industrial liviano y no corrosivo del hierro y del acero en algunas de sus aplicaciones",[50] y en 1884 Parsons perfeccionó la turbina a vapor, que permitió, junto con muchas otras innovaciones, la generación centralizada de energía eléctrica para vastas regiones, proporcionando grandes economías de rendimiento por unidad en la producción de energía.[51] Estas innovaciones tecnológicas aspiraban a abaratar los costos de producción: su éxito permitiría producir el mismo volumen de valores de uso con un gasto sustancialmente menor de trabajo social. Sin una ampliación de la demanda final de consumo, por lo menos en la misma escala de la reducción de los costos de producción, la Gran Depresión hubiera sido posiblemente más grave y por cierto mucho más prolongada. En otras palabras, si no fuera posible aplicar innovaciones tecnológicas en la creación de "nuevos productos", su efecto en el plano económico sería la caída de los precios y la disminución de los niveles de actividad y de empleo.

La necesaria ampliación de la demanda final de consumo se

48 David S. Landes, *op. cit.*, p. 259.
49 Lea Goldentein, *Aspectos da reorganização do espaço brasileiro face a novas relações de intercâmbio* [Aspectos de la reorganización del espacio brasilero ante nuevas relaciones de intercambio], São Paulo, 1975 (mimeo), p. 18.
50 David S. Landes, *op. cit.*, p. 269.
51 David S. Landes, *op. cit.*, p. 286.

realizó, por último, dentro de los propios países industrializados, no sólo a causa del "crecimiento del poder adquisitivo suplementario sino debido al cambio en las pautas de consumo. El constante aumento del ingreso percápita, que alcanzó a los estratos más bajos de la población, liberó sumas crecientes para la adquisición de manufacturas y no de alimentos, de artículos para el confort y no sólo para la satisfacción de necesidades [*of conveniences as against necessities*]".[52] Y Landes justifica esta conclusión refiriéndose al aumento de los salarios reales en casi dos tercios en Gran Bretaña entre 1850 y 1900 y en casi un tercio en Alemania entre 1870 y 1900.

De esta manera, el aumento de los salarios reales no sólo aseguró la efectiva reproducción de la fuerza de trabajo, permitiendo tanto la manutención del trabajador adulto como su reposición al final de su vida productiva, sino que ocasionó una ampliación de la demanda interna de consumo que hizo posible el lanzamiento de una larga serie de "nuevos productos", que caracterizarían la segunda fase de la revolución industrial, considerada por varios autores como la segunda revolución industrial. Si la fase inicial de la revolución industrial estuvo marcada por la penetración de la máquina en la manufactura y en el trasporte, simbolizada por la fábrica y la vía férrea, la segunda fase se distinguirá por la penetración de la máquina en el consumo individual, simbolizada por el automóvil y la televisión.

Sería un error suponer que sin la integración del proletariado en el mercado interno estos "nuevos productos" —que sacaron al sistema de un estancamiento que amenazaba con tornarse secular y lo lanzaron hacia una fase de ascenso igualmente prolongada— no hubieran podido tener éxito. Había, en cada país industrializado, una cierta clase media y una cierta aristocracia obrera. Hobsbawm, por ejemplo, calcula que en Inglaterra, a fines del siglo xix, las clases medias —media media y media baja— representaban el 30% de la población y que a lo sumo el 15% de la clase obrera poseía sueldos semanales de 2 libras o más, lo que les permitía vivir "confortablemente".[53] Pero es obvio que ni la

---

[52] David S. Landes, *op cit.*, p. 242.
[53] Eric J. Hobsbawm. *Industry and empire*, pp. 161-167. Considerando que la clase obrera representaba, en 1901, el 54$\frac{0}{0}$ de la fuerza de trabajo británica, puede estimarse que las clases medias y la aristocracia obrera constituían no más del 38%de la población.

producción en masa de estos "nuevos productos" ni las ganancias de escala derivadas del carácter *masivo* de la producción, hubieran sido posibles. Las innovaciones técnicas resultantes de la producción en gran escala tales como la administración "científica" de la producción, la racionalización, la separación radical entre proyecto y ejecución hasta en los mínimos detalles, nada de esto podría haber surgido si no fuese por el cambio en la reproducción de la fuerza de trabajo que estamos analizando. En suma, no estamos diciendo que el capitalismo hubiera sido imposible sino que su evolución hubiera sido eventualmente abreviada y, por cierto, muy distinta de la que terminó siendo si el aumento del ingreso percápita no hubiera alcanzado a "los estratos más bajos de la población". También conviene recordar que fue en este periodo cuando las *trade unions* pasaron a organizar en Gran Bretaña a la gran masa de trabajadores poco o nada calificados, cuyos salarios sufrieron, en consecuencia, aumentos proporcionalmente mayores que los de los trabajadores calificados. "La transferencia de poder dentro del movimiento sindical y las alteraciones en su estructura favorecieron la tendencia, que se hizo pronunciada por primera vez después de 1914, en el sentido de estrechar las diferencias salariales entre ramos de actividad, localidades, trabajadores calificados y no calificados, jóvenes y adultos."[54] El autor ofrece como prueba la evolución del salario de los no calificados como porcentaje del salario de los calificados en la industria mecánica: 1880:60%; 1914:59%; 1925:71%; 1940:77%.

Entre los "nuevos productos" que se hicieron populares aun antes de la primera guerra mundial, deben mencionarse los calzados y ropas para hombres producidos industrialmente, la bicicleta y la máquina de costura. El examen más pormenorizado del surgimiento de esta última como bien durable de *consumo* permitirá entender mejor las relaciones entre la reproducción de la fuerza de trabajo y las innovaciones tecnológicas. La primera máquina de coser en funcionamiento fue patentada en 1830 por Thimonnier y empleada en los años siguientes, en París, en la confección de uniformes para el ejército. Muy significa-

54 G. C. Allen, *The structure of industry in Britain*, Londres, Longmans, 1961, pp. 180-181, Véase también M. y N.J. Ricouard, *op. cit.*, pp. 105-107, que ofrecen datos en el mismo sentido, para París, de 1910 en adelante.

tivamente, nadie pensó entonces que pudiera ser utilizada en la producción doméstica. Tras varios perfeccionamientos en las décadas siguientes, la máquina de coser obtuvo un nuevo destino en manos de Isaac Singer: "Él tenía una visión del papel que el nuevo aparato podría desempeñar no sólo en la industria sino en el hogar; lo convirtió en el primer aparato doméstico. Lo anunció ampliamente, abrió cursos sobre su uso, posibilitó su pago en cuotas, introdujo de manera precursora el contrato de venta y servicio. Ante la feroz oposición de sastres y costureras profesionales, la máquina se impuso rápidamente. Tenía motivos: no sólo porque la industria la halló tan económica sino porque las mujeres encontraron en ella la liberación de una antigua servidumbre."[55]

Tenemos aquí una innovación tecnológica que fue inicialmente pensada como un "cambio de proceso": una máquina que permitiría ejecutar ciertas operaciones con menor gasto de tiempo de trabajo. Y, de hecho, así fue aplicada la máquina de coser en la industria de la confección (que entonces surgía) y, con algunas adaptaciones, en la industria de calzados y de guantes. Su efecto depresivo sobre el empleo era innegable y despertó, como era de esperar, la oposición, tan vehemente como inútil, de sastres y costureras. Por cierto, el trabajo "ahorrado" de estos profesionistas tendría que ser mayor que el tiempo de trabajo gastado en la producción de las máquinas, porque, en caso contrario, su utilización no sería económica. De esta manera, el efecto líquido de la máquina de coser como "cambio de proceso" sólo podría ser una disminución del empleo total.

El hecho de que la máquina de coser se haya convertido en un bien de consumo –por lo tanto en un "nuevo producto"– hace que el empleo generado en su producción en realidad supere, por mucho, el empleo que su utilización industrial eliminó. Para tener una idea de la amplitud del uso de la máquina, basta recordar que "la mayor fábrica del mundo para la producción de esta combinación entre bien de capital y bien durable de consumo era la de Singer, en Clydenbank, Escocia, que inició sus operaciones en 1870 y producía 8 000 máquinas por semana en 1885."[56] Pero no hay duda de que el éxito de Isaac Singer al

55 David S. Landes, *op. cit.*, p. 294.
56 David S. Landes, *op. cit.*, p. 310.

crear el primer aparato doméstico no dependió solamente del hecho de que "las mujeres encontraran en ella la liberación de una antigua servidumbre"; era preciso que hubiera un número ponderable de amas de casa no tan ricas que pudieran pagar costureras ni tan pobres que no pudieran disponer de tiempo para dedicarse a la producción doméstica. Estas amas de casa fueron predominantemente las mujeres de los obreros, que una generación antes laboraban en las fábricas pero ya a fines del siglo xix podían darse el "lujo" de permanecer en su casa.

La máquina de coser, así como los demás aparatos domésticos que le siguieron, alteró a su vez las condiciones de reproducción de la fuerza de trabajo al aumentar, en forma considerable, la productividad del trabajo doméstico. Con la máquina de coser, la mujer del obrero podía, con el mismo gasto de tiempo, coser un volumen mucho mayor de ropa de cama y de mesa y de uso suyo y de sus niños, suponiendo que el marido comprara sus ropas confeccionadas. En este sentido, la máquina de coser debe haber elevado la pauta de consumo de la familia obrera, como lo hizo también todo el equipo de aparatos domésticos desarrollados posteriormente: la estufa eléctrica o a gas, el refrigerador, la lavadora, el aspirador de polvo, etc. Pero tampoco se debe olvidar el otro efecto de los aparatos domésticos: el de acortar la duración del trabajo doméstico. Con su ayuda, el ama de casa puede guisar, mantener la casa en orden y aseada, cuidar de la ropa de la familia, etc., en mucho menos tiempo que antes.

Se comprueba así que, en la medida en que la clase obrera se integra en el mercado interno, la industria desarrollará una serie de "nuevos productos" que afectan la economía doméstica, algunas veces enriqueciéndola (como fue el caso del teléfono, del radio, del televisor), pero la mayoría de las veces alterando sus procesos de producción, todo lo cual poco a poco va liberando a la mujer de esta actividad hasta convertirla, una vez más, en alguien dispuesto a ofrecer su capacidad de trabajo en el mercado.

EL NIVEL DE REPRODUCCIÓN DE LA FUERZA DE TRABAJO

El nivel en que se da la reproducción de la fuerza de trabajo en el capitalismo no está determinado en forma estrictamente económica por las "leyes del mercado". La mercancía "fuerza de trabajo" es realmente distinta de las otras no sólo porque su utilización genera más valor de lo que cuesta sino también porque de su precio depende la participación de la mayoría de la población en el producto.

El precio de producción de cualquier mercancía es la suma de sus costos de producción y de un margen de ganancia proporcional al capital aplicado en su producción. En el capitalismo la mercancía "fuerza de trabajo", al contrario de las demás, no se produce con moldes capitalistas: su precio de producción (que representa la tendencia secular alrededor de la cual giran los salarios) apenas corresponde a los costos de su producción. Estos costos, a su vez, se descomponen en dos partes: a] las mercancías (bienes y servicios) consumidas directamente por el asalariado y b] las mercancías consumidas por quienes le prestan servicios personales (mujer, empleada, lavandera, etc.) y por quienes van a sustituirlos a largo plazo (hijos, ahijados). Lo que significa, simplemente, que el salario está determinado por lo que podemos llamar el "modo de vida" del asalariado.

Como observó Marx, "*el valor de la capacidad de trabajo* está determinado por el *valor de lo que es necesario* para producir, desarrollar, mantener y perpetuar la capacidad de trabajo". Y más adelante: "El valor de la fuerza de trabajo está formado por dos elementos, uno de los cuales es puramente físico, mientras que el otro tiene un carácter histórico o social. Su *límite mínimo* está determinado por el elemento *físico*; es decir, que para poder mantenerse y reproducirse, para poder perpetuar su existencia física, la clase obrera tiene que obtener los artículos de primera necesidad absolutamente indispensables para vivir y multiplicarse [. . .] Además de este elemento puramente físico, en la determinación del valor del trabajo entra el *nivel de vida tradicional* en cada país. No se trata solamente de la vida física, sino de la satisfacción de ciertas necesidades, que brotan de las condiciones sociales en que viven y se educan los hombres [. . .] Este elemento histórico o social que entra en el valor del trabajo puede dilatarse o contraerse, e incluso extinguirse del todo, de tal modo que sólo quede en pie el *límite físico* [. . .] Si comparáis los salarios o valores del trabajo normales en distintos países y en distintas épocas históricas dentro del mismo país, veréis que el *valor del trabajo* no es, por sí mismo, una magnitud constante, sino variable, aun suponiendo que los valores de las demás mercancías permanezcan fijos [. . .] Ahora bien, por lo que se refiere a la *ganancia*, no existe ninguna ley que le trace un *mínimo*. No puede decirse cuál es el límite extremo de su baja. ¿Y por qué no puede establecerse este límite? Porque si podemos fijar el salario *mínimo*, no podemos, en cambio, fijar el salario *máximo* [. . .] La determinación de su grado efectivo se dirime exclusivamente por la lucha incesante entre el capital y el trabajo; el capitalista pugna constantemente por reducir los salarios a su mínimo físico y prolongar la jornada de trabajo hasta su máximo físico, mientras que el obrero presiona constantemente en el sentido contrario."[57]

La distinción, efectuada por Marx, entre el elemento físico y el social o histórico es ya clásica. Destaca el hecho de que la reproducción de la fuerza de trabajo no es un proceso meramente biológico, de manutención física y reposición demográfica del trabajador. El elemento social, que entra en la determinación del salario y, por lo tanto, del nivel en que se dará la reproducción de la fuerza de trabajo, no está sujeto, según Marx, a ninguna ley puramente económica, "pudiendo dilatarse o contraerse" en función de la "lucha entre capital y trabajo". Aquí el peligro está en interpretar el pensamiento de Marx según una separación estricta entre el nivel económico —en el que "no podemos fijar el salario máximo"— y el nivel político, donde se entabla "la lucha incesante entre capital y trabajo" y donde, por lo tanto, sería finalmente fijado el salario. Es obvio que ambos niveles se interfieren totalmente: la lucha entre capital y trabajo se entabla también en el nivel económico, más precisamente en el mercado de trabajo, y las fluctuaciones de la demanda y de la oferta de fuerza de trabajo deben ser entendidas como elementos de esta lucha, de la misma forma en que el grado de conciencia de clase de los trabajadores, el poderío de su organización sindical, las reglas institucionales que establecen y limitan los derechos de reunión, expresión, huelga, etcétera.

[57] Karl Marx y Friedrich Engels, *Value, price and profit*, en *Selected works*, t.1, Nueva York, International Publishers, pp. 315 y 332-334 [*Salario, precio y ganancia*, en *Obras escogidas*, t. II, Moscú, Editorial Progreso, 1973, pp. 71-73 (cursivas del original). Marx, en este texto, usa la expresión "valor del trabajo" como abreviatura de "valor de la capacidad de trabajo" (PS).

Lo que interesa· aquí es mostrar que las condiciones económicas y políticas que determinan el nivel de reproducción de la fuerza de trabajo en el capitalismo sufrieron *una mutación* a partir de la segunda mitad del siglo pasado.

Antes de esta mutación, la reproducción de la fuerza de· trabajo tendía a ser reducida, por la presión de los capitalistas, a un nivel inferior al mínimo físico, siendo la contraofensiva de los obreros dirigida fundamentalmente· en el sentido de asegurar, por lo menos, este nivel mínimo. A partir de la mutación, el elemento social en la determinación del valor de la capacidad de trabajo pasó a adquirir valores positivos crecientes. Las situaciones de ambas partes en la lucha de clases en cierto modo se invirtieron: los trabajadores pasaron a presionar en el sentido de incorporar a su "nivel de vida tradicional" los "nuevos productos", que el avance tecnológico iba proporcionando, mientras que los capitalistas se limitaban a contrapresionar en el sentido de retardar y limitar la expansión de este círculo de necesidades que el salario monetario tenía que permitir satisfacer al trabajador. Kautsky describe del siguiente modo esta situación: "El modo de vivir de la burguesía mejoró a medida que aumentaba la masa de ganancia. Pero no hay muros de separación entre las clases. El bienestar creciente pasa poco a poco de las clases superiores a las capas inferiores. También en ellas despierta nuevas necesidades, provoca nuevas pretensiones y el salario, que se eleva con lentitud, no basta para satisfacerlas. La burguesía protesta porque las clases inferiores no aprecian la antigua simplicidad, se indigna por su nueva avidez. Pero se olvida que si las clases inferiores aumentan sus pretensiones, ello sucede porque las clases superiores mejoraron su manera de vivir; su ejemplo excita la avidez de las capas inferiores."[58]

Este fragmento es importante por la época en que fue escrito. Algunas décadas antes, la mera idea de que el lujo de las clases altas acabaría despertando la avidez de las clases bajas hubiera parecido absurda, ya que éstas en realidad estaban luchando por su propia sobrevivencia. Varias décadas más tarde, sobre

[58] Karl Kautsky, *Sozial reform and Soziale Revolution* (párrafo incluido en R.C.K. Ensor (ed.), *Modern socialism,* Nueva York, Charles Scribner's Sons, 1907, bajo el título "Whether class antagonism. is soffening down", pp. 114-134) [*La revolución social. El camino al poder,* México, Cuadernos de Pasado y Presente núm. 68, 1978. p. 77].

todo después de la segunda guerra mundial, parecería ridículo llamar "avidez" a la aspiración de los asalariados a participar de las "cosas buenas de la vida", que la tecnología va brindando a las clases poseedoras. Kautsky, al escribir en pleno periodo de mutación, no deja de percibir que "la burguesía protesta porque las clases inferiores no aprecian la antigua simplicidad" que un tiempo antes –pero no tanto como para que hubiera sido olvidado– caracterizaba a las clases humildes.

Sería importante saber a qué transformaciones en el capitalismo se debe la mutación a nivel de la reproducción de la fuerza de trabajo. Uno de los pocos autores que la tomaron como centro de análisis fue Fritz Sternberg.[59] Sternberg es discípulo de Rosa Luxemburg, y es por eso que enfatiza el problema de la realización. Desde el punto de vista de lo que interesa aquí, su análisis distingue, en la evolución del capitalismo industrial, una fase que se inicia en la segunda mitad del siglo XIX y que él denominó *Frühimperialismus* (literalmente: imperialismo temprano) "en la que el ejército de reserva exógeno ya no actúa, en la que el ejército de reserva externo todavía no actúa, en la que las colonias pasan a la producción de mercancías sin que se haya formado en ellas un proletariado industrial en gran escala, en este periodo existe la posibilidad de la compensación, incluso en la sobrecompensación del ejército de reserva. Y de esta manera, en diferentes países son posibles aumentos de salarios permanentes."[60]

Sternberg, siguiendo a Marx, atribuye las alteraciones del nivel de salarios fundamentalmente a los cambios en el ejército industrial de reserva o, en la expresión de Marx, "a la relación mutable por la que la clase obrera es dividida en ejército activo y pasivo". Sternberg distingue, en la constitución del ejército industrial de reserva, dos factores: a] el desempleo de obreros, debido, en general, al aumento de la composición orgánica del capital y b] lo que él denomina factor exógeno y que está constituido por la afluencia de artesanos arruinados por la competen-

---

[59] Fritz, Sternberg, *Der Imperialismus,* Berlín, 1926 [*El imperialismo,* México, Siglo XXI, 1979]. (El ejemplar que consultamos es una condensación del mismo y va acompañado de una "anticrítica": *"Der Imperialismus" und seine Kritiker,* Berlín, Soziologische Verlagsaustalt, 1929. [La versión de Siglo XXI, en cambio, está basada en el libro original.]

[60] Fritz Sternberg, *op. cit.,* p. 79 [p. 43].

cia capitalista y de trabajadores del campo. (Nótese que el factor exógeno corresponde al que hemos denominado "producción de fuerza de trabajo por el capital", en este trabajo.) Sternberg sostiene que sólo en el periodo inicial del capitalismo (anterior al *Frühimperialismus*) "puede ser ligeramente sobrecompensada la desocupación del obrero como consecuencia de la composición orgánica del capital cada vez más elevada. Cuanto más enérgicamente son capitalizadas las mismas colonias, cuantos más obreros 'libres' colocan ellas mismas, tanto mayor es la fuerza con que actúa la sobrepoblación externa, tanto menor la posibilidad de sobrecompensar el factor marxista [. . .]" [61]

Con el comienzo del imperialismo, sin embargo, estas condiciones se modificaron. Por un lado, se produjo la capitalización de los asentamientos de colonos, particularmente en América, que absorbieron un voluminoso flujo migratorio de los países capitalistas europeos durante el periodo en cuestión —fundamentalmente 1850-1914—, en el cual, en consecuencia, el ejército de reserva disminuyó. Por otro, el capital de los estados imperialistas activos pasó a competir con el artesanado de las colonias, sin crear inmediatamente en ellas un proletariado. En la India, por ejemplo, los artesanos expropiados (que en Europa integrarían el ejército de reserva) fueron obligados a dirigirse al interior, de modo que la conquista del mercado por la industria textil inglesa aumentó el empleo en Gran Bretaña. En el mismo sentido actúa, en su fase inicial, la exportación de capital, al crear más empleo en las industrias de bienes de producción y también al abrir mercados en las colonias, que así pueden absorber mayor volumen de exportaciones de la metrópoli, lo que también contribuye a elevar el nivel de empleo en ella. Sternberg todavía creía que la exportación de capital contribuía a desacelerar el aumento de la composición orgánica (no queda muy claro por qué; aparentemente, por tornar más escaso el capital en la metrópoli), contribuyendo también de este modo a la reducción o el crecimiento más lento del ejército de reserva. Dadas las estrechas relaciones económicas entre los países industrializados, se benefician de la expansión imperialista no sólo los trabajadores de los países que participan directamente de esta expansión sino también los de los países que no conquistaron un área propia de penetración.

[61] Fritz Sternberg, *op. cit.*, p. 81 [p.53].

De esta manera se generalizó el aumento de los salarios por todos los países industrializados. El efecto de este aumento fue reforzar el movimiento inicial: mayores salarios reales expandieron el mercado interno, lo que estimuló la acumulación en las propias metrópolis, acarreando un aumento mayor de la demanda de fuerza de trabajo. "Los trabajadores alcanzaban salarios más altos y los capitalistas respondían a estos salarios mayores no con una racionalización, ni con un aumento de la composición orgánica en tal medida que reforzara nuevamente al ejército industrial de reserva; y no lo hacían porque, a pesar de los salarios más altos, ellos obtenían ganancias aún más altas."[62]

La tesis central de Sternberg es que la época del *Frühimperialismus* se cerró con la primera guerra mundial y que a partir de entonces los factores que impedían el crecimiento del ejército industrial de reserva y favorecían el aumento de los salarios dejan de actuar, retornando las contradicciones inmanentes del capitalismo con mayor vigor que antes. Así, él no tiene ninguna dificultad en probar que la migración hacia América disminuyó acentuadamente tras la primera guerra, lo que habría cerrado un importante flujo de mano de obra excedente en Europa. También en lo que se refiere a la capitalización de los países situados en la periferia colonial y semicolonial, ésta entró, con la guerra, en su fase de industrialización, de modo que la exportación de capitales por las metrópolis tiende ahora a crear empleo en los países aún no capitalistas y no estimula ya la demanda de fuerza de trabajo en los países imperialistas activos. Finalmente, dado el aumento del ejército industrial de reserva, los salarios dejan de crecer, desapareciendo, en consecuencia el estímulo a la demanda interna en los países industrializados.

Como se ve, Sternberg atribuye la mutación en el nivel de reproducción de la fuerza de trabajo a causas esencialmente económicas y demográficas. En realidad, incluso el análisis de estas causas podría ser fácilmente criticada. La baja de las migraciones trasatlánticas en Europa, por ejemplo, fue ciertamente compensada por la fuerte reducción de la natalidad que se observa desde el fin del siglo xix y cuyos efectos negativos sobre la oferta de fuerza de trabajo se hacen sentir después de 1918, sumados a la pérdida poblacional debida a la guerra. "Para Europa, excluida

62 Fritz Sternberg, *op. cit.*, p. 88 [p. 59].

el actual área de la Unión Soviética, las tasas medias anuales estimadas (de crecimiento de la población) son las siguientes: 1900-1910, 9.0; 1910-1920, 1.8; 1920-19, 8.7; 1930-19, 6.6 por mil (habitantes)."[63] Como se ve, la población europea presenta un ritmo decreciente de aumento, a pesar de la baja de la emigración. Además, lo importante para la evolución de la oferta de fuerza de trabajo no es solamente el ritmo de crecimiento de la población sino los cambios en las tasas de participación. Los datos disponibles para Inglaterra y País de Gales, Francia, Estados Unidos, Holanda, Suecia y Suiza indican que en estos países, a partir de 1910, las tasas de participación de los hombres de 15 años y más declinaron, *sin excepción*, de década en década, mientras que las de las mujeres de 15 años y más declinaron en Inglaterra y País de Gales (entre 1910 y 1940), en Suecia (entre 1920 y 1940) y en Suiza (entre 1930 y 1940), habiendo subido apenas en los Estados Unidos (entre 1920 y 1940) y permaneciendo prácticamente en el mismo nivel en Holanda (entre 1910 y 1930).[64] Todo indica que, desde el punto de vista demográfico, la oferta de fuerza de trabajo, al contrario de lo que piensa Sternberg, crece mucho menos en el periodo que va de una a otra guerra que antes de la primera guerra mundial.

El aspecto económico de la argumentación de Sternberg tampoco es muy convincente. Es verdad que el comercio internacional después de la primera guerra crece mucho más lentamente que en el periodo anterior a la guerra, afectando la deceleración sobre todo a los intercambios entre los países europeos y los de otros continentes. Pero sería un error atribuir esta tendencia a la industrialización de las colonias y semicolonias, puesto que, como la experiencia más reciente lo demostró, esta industrialización, incluso cuando adopta la forma de sustitución de importaciones, abre nuevos y dinámicos mercados para los países industrializados, tanto en la exportación de equipos como en la de materias primas y de productos semiprocesados. Como señala Landes, "el comercio de manufacturas era tan bajo solamente porque los países industriales estaban comprando

[63] Naciones Unidas, *The determinants and consequences of population trends*, Nueva York, 1953, p.13.
[64] Naciones Unidas, *Demographic aspects of Manpower*, Nueva York, 1962, pp. 15 y 29. (Nos limitamos a presentar la tendencia en el periodo entre las dos guerras que es lo importante para el periodo en cuestión.)

excesivamente pocos productos primarios y pagando un precio tan bajo por lo que compraban."[65] No viene al caso intentar aquí un análisis de esta crisis del comercio internacional todavía anterior a la crisis de 1930. Lo que interesa es que Sternberg, aunque equivocado en cuanto a la causalidad, tenía razón en la periodización. Efectivamente, a un periodo de relativamente poco desempleo y salarios ascendentes, que precede a la primera guerra mundial, sigue un periodo en el que el ejército industrial de reserva aumenta visiblemente. En Inglaterra, de 1921 en adelante, el desempleo nunca alcanzó a menos del 9% de la fuerza de trabajo; en Alemania, la proporción de desempleados, después de 1923, sólo cayó por debajo del 7% durante un año (1925), habiendo alcanzado el 18% en 1926, mientras que en 1929, *antes de la crisis*, era nada menos el 12.5%. En los países escandinavos, la situación era aun peor. "Estimaciones para Europa como un todo, muestran que el número de desempleados crece de 3.5 a 4 millones en el periodo 1921-1925 hasta 4.5 a 5.5 millones en los años de auge, es decir 1926-1929. Y estas cifras subestiman claramente los hechos reales porque están esencialmente limitadas a los trabajadores masculinos, totalmente desempleados, en ocupaciones urbanas e industriales."[66] Claro que durante la depresión de los años 30 el desempleo empeoró aun mucho más: "En cuanto a Norteamérica, para la Gran Depresión de 1929-1933, ciertas estimaciones calculan 13 millones y aun más; y con relación a los principales países industriales en conjunto, se ha mencionado una cifra total cercana a los 25 o aun 30 millones."[67]

No hay exageración, por lo tanto, en decir que el periodo de entreguerras como un todo se caracterizó, en los países industrializados, por un claro aumento del ejército industrial de reserva en relación con las décadas que precedieron a la primera guerra. Pero la consecuencia que Sternberg esperaba de este cambio en la relación de fuerzas entre el capital y el proletariado, en el mercado de trabajo, y que el buen sentido económico esperaría también —el decrecimiento de los salarios o, por lo menos, el cese de su aumento— no se dio. En realidad, los sala-

---

[65] David S. Landes, *op. cit.*, p. 367.
[66] David S. Landes, *op. cit.*, p. 369
[67] Maurice Dobb, *op. cit.*, p. 399 [p. 386]

rios no cesaron de crecer ni en la década de los veintes ni incluso en la conturbada década de los treintas. En Gran Bretaña, "a fines de 1920 y comienzos de 1921, cuando los precios estaban comenzando a caer de nuevo, los salarios reales probablemente estaban en algo más del 5% por encima del nivel de 1914. En 1924, los salarios reales estaban próximos al mismo nivel de antes de la guerra; pero los sueldos reales medios eran algo mayor que antes de la guerra, con un margen de cerca del 12% (un aumento que fue probablemente compensado por el alto nivel de desempleo que prevaleció en los años 20, comparado con los años inmediatamente anteriores a la guerra). En los años que siguieron a 1929, los precios sufrieron una nueva declinación, especialmente los precios de los alimentos importados; y comparados con la caída del costo de vida entre 1929 y 1933 de casi el 15%, los salarios monetarios cayeron apenas un 5 o 6%; de modo que los salarios reales de aquellos que retuvieron sus empleos en esos años de aumento de desempleo mostraron un fuerte aumento."[68] Un aspecto también digno de ser destacado es que estos aumentos de salario real, en una época de desempleo en masa, no beneficiaron sólo a los trabajadores más calificados. Hasta se podría pensar que la elevación del salario medio real habría resultado de una creciente participación de los más calificados en la mano de obra empleada, ya que son los trabajadores menos calificados los que están más sujetos a perder el empleo. En la realidad se dio lo contrario: los salarios de los menos calificados aumentaron más que los de los calificados. En las palabras de Dobb: "Se destaca, entre los cambios ocurridos en el periodo de entreguerras, el estrechamiento de la distancia entre los salarios de los calificados y no calificados, en comparación con el periodo previo a 1914."[69] Aumentos similares de salarios se verificarían también en otros países industrializados en este periodo. En los Estados Unidos, por ejemplo, el salario anual medio, en dólares de 1914, subió de 639 en ese año a 662 en 1919, aumentando incesantemente durante la década siguiente hasta alcanzar a 834 en 1929; con el comienzo de la depresión, continúa subiendo hasta 1931, cuando llega a 857, y después

---

[68]Maurice Dobb, *Wages*, Londres, J. Nisbet & Co. Ltd., 1956, p. 40 [*Salarios*, México, FCE, 1946].
[69]*Ibid.*, p. 43.

cae hasta llegar al punto más bajo, en 1934, con 800 (que equivale al de 1927); a partir de 1935 vuelve a subir, superando el punto máximo de 1931 en 1937 y alcanzando en 1939 el nivel de 915, cerca del 10% superior al de 1929.[70] Este aumento salarial, que coincide con el fuerte crecimiento del desempleo, es menos paradójico de lo que parece. El error de Sternberg fue interpretar la mutación en el nivel de reproducción de la fuerza de trabajo en términos meramente económicos y demográficos. En realidad, no fue únicamente el fruto de una reducción temporaria del ejército industrial de reserva sino de una alteración profunda de las relaciones entre capital y trabajo. La conquista de lo que se podría llamar derechos político-sindicales por parte de los trabajadores —libertad sindical, derecho de huelga, sufragio universal y el consecuente fortalecimiento de los sindicatos y partidos representativos de la clase obrera— reforzó de tal modo su poder de negociación que incluso una expansión acentuada del ejército de reserva no podría reducir el nivel de reproducción de la fuerza de trabajo. No es otra la interpretación de Dobb. Tras apuntar el hecho de que "no obstante las anormales dimensiones del ejército de reserva de trabajadores en todos los países, los salarios reales de los que conservaron su empleo se mantuvieron o hasta aumentaron en los años de crisis de comienzos del decenio de 1930", dice: "Este fenómeno no es difícil de explicar. Evidentemente expresaba la fuerza sin precedentes de la clase obrera organizada que, pese a su retroceso luego del fracaso de la huelga general británica de 1926 y no obstante que desde 1920 declinó el número de afiliados a los sindicatos, fue capaz de mantener los salarios en la mayoría de las industrias altamente organizadas, al par que la existencia del mecanismo de *trade board** contribuía en mucho a amortiguar la presión en el sentido de la baja que, de otro modo, la feroz competencia por los empleos hubiera ejercitado (como lo hizo en muchos países) sobre los salarios de las industrias no organizadas." Y reconociendo que de hecho hubo una

---

[70] Lebergott, *op. cit.*, cuadro A-16.
*Trade boards: organismos gubernamentales creados sobre la base de leyes de 1909 y 1918 y formados por una representación paritaria de empresarios y trabajadores, además de uno a tres funcionarios del gobierno. Su función era fijar los salarios mínimos y servir como instancia en los conflictos. El sistema sufrió profundos cambios durante la última guerra y después.[T.]

mutación decisiva en las condiciones de la reproducción de la fuerza de trabajo, Dobb agrega: "En otras palabras, este hecho prueba que el mecanismo del ejército industrial de reserva, de que el capitalismo dependió tradicionalmente para mantener tanto la disciplina como la baratura de su fuerza de trabajo, había dejado virtualmente (al menos en Gran Bretaña) de desempeñar su clásica función, en lo esencial; por lo demás, excepto en Alemania, donde el fascismo introdujo la fiscalía del trabajo y el tope de salarios a fin de complementar su liquidación de los sindicatos, el capitalismo careció de un mecanismo que funcionara en su remplazo."[71]

No debe suponerse que, en virtud de la mutación, la ley formulada por Marx de que, en general, "los movimientos *generales* del salario están regulados exclusivamente por la *expansión y contracción del ejército industrial de reserva, los cuales se rigen, a su vez, por la alternación de periodos que se opera en el ciclo industrial*",[72] haya dejado de tener validez. Lo que dejó de tener validez es sólo el "exclusivamente": los movimientos generales del salario son regulados *también* por el poderío político-social del movimiento obrero y por el nivel de aspiraciones del proletariado, que es fuertemente influenciado por los "nuevos productos" que el avance tecnológico va proporcionando.

Es lo que demostró la experiencia de la depresión de los años treinta. A pesar de la caída de los precios y, por lo tanto, del costo de la vida, los salarios monetarios sólo fueron reducidos sustancialmente en los países en que las organizaciones del movimiento obrero fueron destruidas. En Italia, entre 1927 y 1932, los salarios nominales fueron reducidos a la mitad, y en Alemania se estimó que entre el advenimiento del nazismo, entre enero de 1933 y el verano de 1935, los salarios fueron disminuidos entre el 25 y el 40%.[73] En los países en que las organizaciones políticas y sindicales del proletariado pudieron continuar ejerciendo sus derechos, en general resistieron, con éxito, a la reducción de los salarios nominales. Además, fue a partir de esta experiencia que Keynes formuló la observación de que cualquier tentativa de re-

[71] Maurice Dobb, *Evoluçao do capitalismo* cit., pp. 408-409 [pp. 394-395].
[72] Karl Marx, *Das Kapital*, cit. t. 1, p. 671 [t. 1/3, p. 793]; cursivas del original.
[73] Daniel Guerin, *Fascism & big business*, Nueva York, Pionner Publishers, 1939, pp. 192-194.

ducir los salarios reales mediante una disminución de los salarios monetarios encontrará siempre fuerte resistencia, mientras que una reducción de los salarios reales mediante un aumento de los precios está lejos de despertar la misma reacción.[74] Y, de hecho, cuando la situación en el mercado de trabajo es desfavorable a los trabajadores, la capacidad de los sindicatos y partidos de clase para movilizar a las masas para acciones ofensivas, en el sentido de luchar por *aumento* de salarios, queda muy debilitada, mientras que la capacidad de lucha contra reducciones de salarios suele ser mucho mayor. En este sentido, "la expansión y la contracción del ejército industrial de reserva" continúan ejerciendo considerable influencia sobre las oscilaciones coyunturales del nivel de salarios.

Las oscilaciones hacia abajo son más o menos toleradas siempre que no afecten más que marginalmente el "nivel de vida obrero", ese elemento social e histórico que determina el *valor* de la capacidad de trabajo. Es éste el "secreto de la gran movilización obrera, que se verifica tan pronto como los sueldos monetarios que aseguran al asalariado su habitual modo de vida se vean amenazados. Los trabajadores no tiene cómo evitar el desempleo a no ser influyendo sobre los centros de decisión de la política económica, lo que depende de un complejo de condiciones políticas. Pero pueden, utilizando únicamente las armas "económicas" de la negociación sindical y de la huelga, defender el nivel de remuneración ya conquistado y que les es *necesario* para que la reproducción de su fuerza de trabajo se dé en *condiciones normales*.

LAS CONDICIONES DE VIDA DE LA CLASE OBRERA Y EL TRABAJO DE LA MUJER

Abstrayendo las oscilaciones coyunturales del nivel de salarios, el valor de la capacidad de trabajo está determinado fundamentalmente por el elemento social e histórico que se manifiesta en el "nivel tradicional de vida" de la clase obrera. Sólo que, en las

---

[74] John M. Keynes, *The general theory of employment, interest and money* cit. cap. 2.

condiciones de la reproducción de la fuerza de trabajo, determinadas por la mutación ocurrida en las relaciones entre capital y trabajo, este nivel de vida ya no es *tradicional* sino *dinámico*, o sea intensamente influenciado por las innovaciones técnicas que revolucionan el consumo. Es lo que explica el dinamismo de las luchas salariales en la época de la segunda revolución industrial. Cada vez que surge un "nuevo producto" en el mercado, ya sea un bien durable de consumo (automóvil, máquina de lavar ropa, televisor) o un servicio de consumo individual (cine, trasporte aéreo, viajes turísticos), es inicialmente incorporado sólo al consumo de la élite adinerada.[75] Pero, poco a poco, "cambios de proceso" sucesivos van abaratando sus costos de producción, tornándolo accesible a capas cada vez más amplias de ingreso medio. A partir de este momento, el propio "esfuerzo de ventas" de los empresarios va suscitando presiones sociales en el sentido de incorporar el "nuevo producto" al estilo de vida de la gran masa de la población. En la medida en que esto se da, el nivel de vida obrero se va ampliando, lo que requiere naturalmente un reajuste del valor de la capacidad de trabajo, o sea del nivel salarial.

Para tener una idea más concreta de este proceso, examinemos la época en que fue introducida en el Reino Unido una serie de "nuevos productos": el tabaco data de 1630, el té de 1740, los tejidos de algodón de 1780, el café de 1810, las vías férreas, naranjas y limones de 1840. Claro que no se trata de una lista completa y las informaciones de épocas más distantes deben contener más lagunas, pero aun así es notable que durante la primera fase de la revolución industrial (hasta 1850) los únicos productos nuevos de importancia industrial habían sido los tejidos de algodón y las vías férreas; todos los demás son artículos coloniales. El contraste con el periodo siguiente es grande: a partir de 1860 se incrementa el consumo de máquinas de coser y de limpieza de ropa a seco; a partir de 1870 el de bicicletas, carritos de bebé y margarina; a partir de 1880 el uso del telégrafo y de los tranvías, además del consumo de chocolate y, a par-

[75] Louis T. Wells Jr. muestra (en *The product life cycle and international trade*, Boston, Harvard University, 1972, p.9) que, de acuerdo con la mayoría de los estudiosos empíricos, los primeros consumidores de "nuevos productos" son "más jóvenes, más educados, de más alto ingreso y de estatus social más elevado que los otros miembros de la comunidad".

tir de 1890, el uso del teléfono y el consumo de motocicletas, alimentos enlatados, plátanos, periódicos y revistas. Como se ve, en la segunda mitad del siglo pasado, como resultado del avance tecnológico, hay una fuerte multiplicación de "nuevos productos", tanto de artículos manufacturados como de nuevos servicios públicos. El desarrollo de la electrotecnia y de la electrónica, además de la técnica de los motores de combustión interna, amplían todavía mucho más el número de "nuevos productos" que surgen en la primera mitad del siglo xx : a partir de 1900, medicinas patentadas, muebles de madera, luz eléctrica y refrescos; a partir de 1910, el cine, la máquina fotográfica, el chocolate de leche, el cigarro y la hoja de afeitar; a partir de 1920, el automóvil, el radio, calentadores y estufas eléctricas, pan envasado, leche pasteurizada, faldas cortas, el grapefruit,* el zipper** y el helado; a partir de 1930, la seda artificial y el rayón, el refrigerador, la lecha embotellada, el pan en rebanadas, telas inarrugables; a partir de 1950, el televisor, tejidos de fibras sintéticas, detergentes, alimentos congelados, motocicleta, discos long-play, filmes a color, cintas magnetofónicas, plumas esferográficas.[76]

Claro que la incorporación de muchos de estos bienes a la canasta de consumo de la clase obrera no sólo requirió sustanciales aumentos salariales sino que también alteró profundamente el modo de vida de los trabajadores, afectando inclusive su relación con el mercado de trabajo. Así, desde el siglo pasado, la industria toma del ama de casa ciertos servicios como la limpieza de ropas a seco y la preparación de ciertos alimentos tales como la margarina, el chocolate y, de modo general, los alimentos enlatados, sin hablar de las medicinas patentadas, que a principios de este siglo comienzan probablemente a sustituir a los preparados domésticos. Por otro lado, la industria ofrece al ama de casa máquinas que le aumentan la productividad, desde la máquina de coser hasta los aparatos electrodomésticos. Finalmente, es preciso tener en cuenta que el nivel de vida obrero se hizo mucho más permeable a la innovación gracias a la multiplicación de los medios de comunicación de masa, desde el surgi-

*Grapefruit: toronja. [T.]
**Zipper: cierre para ropas. (T.)
[76] D.S. Ironmonger, New commodities and consumer behaviour, Cambridge, Cambridge University Press, 1972, p. 133.

miento de periódicos y revistas a fines del siglo pasado hasta la aparición del radio, tras la primera guerra mundial, y del televisor después de la segunda. De esta manera, la trasformación de las condiciones de vida del obrero, que culmina en la segunda mitad del siglo xx con una verdadera explosión de "nuevos productos", implica: a] creciente utilización de máquinas para ejecución de servicios domésticos y b] sustitución de gran parte de ellos por bienes o servicios producidos industrialmente por empresas capitalistas.

Todo eso reduce las obligaciones del ama de casa obrera, facilitando su eventual ingreso en la fuerza de trabajo. En el mismo sentido actúan ciertas trasformaciones demográficas, principalmente el aumento de la longevidad femenina (y, por lo tanto, de la vida productiva de la mujer) y de la limitación del número de nacimientos. En lo que se refiere a éstos, es importante señalar que en los países capitalistas industrializados el único de los servicios domésticos de mayor importancia que no fue socializado es el cuidado de los niños en edad preescolar, que continúa siendo responsabilidad de las madres y representa el mayor obstáculo para el ingreso de la mujer en la fuerza de trabajo. Bowen y Finegan, por ejemplo, al estudiar la participación femenina en la fuerza de trabajo de los Estados Unidos, en 1960, llegaron a la conclusión de que "la probabilidad de que una mujer casada con uno o más niños de menos de seis años (que fuese "promedio" en términos de las otras variables incluidas en la regresión múltiple) se incorpore a la fuerza de trabajo era de aproximadamente un séptimo; la probabilidad comparable de todas las otras mujeres casadas en conjunto era de la mitad."[77]

En estas condiciones, la reducción del número promedio de nacimientos vivos por pareja a dos o tres, que por otra parte suelen ocurrir en intervalos más o menos cortos, significa que el ama de casa dispone actualmente de una gran parte de su vida adulta para dedicar al trabajo asalariado. Es fundamental destacar, sin embargo, que esta disponibilidad resulta del hecho de que el trabajo doméstico restante (que no sea el de cuidar niños en edad preescolar) fue reducido, en buena medida, a la

---

[77] W.G. Bowen y T. Aldrich Finegan, *The economics of labor force participation*, Princeton, Princeton University Press, 1969, p. 98.

adquisición y almacenamiento de bienes casi o totalmente listos para el consumo y a la manipulación de una serie de máquinas automáticas, tales como la estufa, el refrigerador, la aspiradora, la lavadora de ropa y trastes, etc. En estas condiciones se perdió la tradicional especialización femenina en las "artes del hogar" (de las cuales, el arte de preparar comida, inclusive de conservas, era el más importante), resultando fácil dividir las tareas domésticas que todavía quedan entre todos los miembros de la casa.

En las condiciones transformadas de reproducción de la fuerza de trabajo, el trabajo doméstico pierde significado (salvo en lo que se refiere al cuidado de los niños pequeños) y un número cada vez mayor de mujeres casadas vuelve a integrarse en la fuerza de trabajo. Es lo que verifica Clarence D. Long al estudiar los índices de participación de las mujeres casadas de 16 años y más en cinco países industrializados: en los Estados Unidos crecen lentamente del 10.7% en 1910 al 13.8% en 1940, para saltar al 21.6% en 1950; en Gran Bretaña hay casi un estancamiento de los índices entre 1911 (9.5%) y 1931 (10.1%), subiendo después al 21.5% en 1951; en Canadá son mucho más bajos, oscilando entre un 2.1% en 1921 y un 3.8% en 1941, para subir al 11.2% en 1951; similar situación presenta Nueva Zelandia, donde se mantienen en nivel mínimo en 1926 (3.5%) y en 1936 (4.0%) para subir a 7.7% en 1945 y a 9.7% en 1951; finalmente, en la Alemania anterior a la segunda guerra mundial ya eran mucho más altas: 28.7% en 1925, 29.2% en 1933, elevándose a 32.7% en 1939; si se compara sólo con el actual territorio de Alemania occidental, se verifica una caída en 1950 (25%) en comparación con el periodo de preguerra: 1939 (30.6%).[78]

Como se ve, hasta entre los países industrializados hay diferencias considerables en cuanto a la proporción de mujeres casadas que participan en la fuerza de trabajo. A pesar de eso, exceptuando a Alemania, donde esta proporción permaneció anormalmente alta probablemente desde los inicios de su industrialización, lo que se puede verificar es una tendencia ge-

---

[78]Clarence D. Long, op. cit., apéndice A. Similar comprobación formula Sullerot: "En los países occidentales, la tendencia a la elevación de la edad de las trabajadoras (a partir de 1950 a 1960) tiene otra consecuencia importante: el espectacular incremento del número de mujeres casadas activas y de su proporción en el total de mujeres que trabajan" (op. cit., p. 307).

neral a la entrada de estas mujeres en la fuerza de trabajo, pero prácticamente *sólo a partir de la segunda guerra mundial.* Así, aunque la producción industrial de alimentos se haya desarrollado, como vimos, desde el siglo pasado, y la baja del número de nacimientos sea, en estos países, igualmente antigua, lo que debe haber influido decisivamente en la modificación del servicio doméstico fue el surgimiento de los aparatos electrodomésticos, lo que sucede en vísperas de la segunda guerra mundial. Hay, por lo tanto, un claro *retorno* de la mujer al trabajo remunerado, casi medio siglo o más después de su salida, cuando el obrero conquistó un nivel de remuneración suficiente como para poder mantener a la mujer en casa. En realidad, así como esta salida no debe haberse dado de una vez, sino paulatinamente, a lo largo de las tres décadas que precedieron a la primera guerra mundial (y en algunos países tal vez más tarde), el reingreso está aún en pleno proceso, como lo indican los datos del cuadro II.

CUADRO II. TASAS DE PARTICIPACIÓN FEMENINA EN PAÍSES INDUSTRIALIZADOS 1960-1970

País	1960-1962	1970-1972
Austria	36.0%	30.2%
Alemania Occidental	33.2%	30.2%
Reino Unido	29.3%	32.2%
Dinamarca	27.9%	37.8%
Francia	27.6%	29.7%
Suiza	27.4%	32.4%
Suecia (*)	25.7%	29.8%
Estados Unidos	24.6%	30.1%
Bélgica	19.9%	26.6%
Italia (*)	19.6%	20.6%
Noruega	17.8%	23.6%
España	13.5%	18.2%

* Para Suecia e Italia los datos de la última columna se refieren a 1965.
FUENTES: ILO, *Yearbook of labour statistics* 1966 y 1972.

Como no disponemos de datos sobre las tasas de participación de mujeres casadas, para el periodo más reciente, hemos reunido, en el cuadro II, los referidos a todas las mujeres, con el presupuesto de que su movimiento debe reflejar, de alguna manera, el de las casadas. Los países fueron ordenados en sentido decreciente de su tasa de participación en el periodo inicial. Se observa de inmediato que sólo en los dos países donde era la más elevada, alrededor de 1960-1962 —Austria y Alemania occidental— se verifica su declinación.[79] En los 10 países restantes las tasas de participación femenina aumentaron, siendo mayor el aumento en los países en que la tasa era inicialmente menor, como en Noruega, Bélgica y los Estados Unidos. En Italia y en España, el bajo nivel de participación femenina debe reflejar su relativo atraso industrial. En los demás países hay una clara coincidencia de las tasas en torno al nivel del 30% en 1970-1972, lo que parece indicar que las peculiaridades históricas, que diferenciaban fuertemente a estos países, están siendo superadas por la tendencia común, que apunta claramente en dirección a un continuo aumento de la participación femenina en el mercado de trabajo.

Las trasformaciones tecnológicas del consumo y del servicio doméstico sólo pueden explicar en parte esta tendencia. Las mujeres tienden a ofrecer su fuerza de trabajo en el mercado no tanto por motivos psicológicos —huir de la reclusión del hogar, emanciparse económicamente en relación al marido, etc.— como por *necesidad económica*. Esto está confirmado por numerosos estudios empíricos. Bowen y Finegan, por ejemplo, encontraron una relación inversa entre las tasas de participación de las mujeres casadas de 14 a 54 años y el ingreso del resto de la familia, tanto en los Estados Unidos como en Canadá. Según estos autores, un aumento en el ingreso del resto de la familia haría que las madres de niños menores de seis años salieran de la fuerza de trabajo, mientras que las demás mujeres casadas tenderían a sustituir bienes domésticos por bienes de mercado, es decir usarían el ingreso adicional para reducir su carga de servicio doméstico.[80]

Interesa señalar aquí que Bowen y Finegan utilizaron datos del censo de 1960 en los Estados Unidos, o sea del país de más

---

[79] No obstante la baja de la tasa de participación femenina en Alemania occidental, aumentó fuertemente en este país el número de *madres* que trabajan por salario. 417 000 en 1950, 986 000 en 1957, 1 308 000 en 1962 y 1 800 000 en 1971. Su participación en el total de mujeres activas subió de menos del 6 % en 1950 hasta cerca del 18 % en 1971 L. Müller, "Kinderaufzucht im Kapitalismus-Wertlose Arbeit. . .", en *Prokla*, núm. 22, Berlín occidental, 1976.

[80] W.G. Bowen y T. Aldrich Finegan, *op. cit.*, pp. 138-144.

alto nivel salarial del mundo. Sorprende a primera vista que, en estas circunstancias, sean las mujeres casadas cuyas familias disponen de menores ingresos, excluidos los sueldos de ellas, las que mostraron mayor propensión a participar de la fuerza de trabajo, ya que este ingreso menor suele ser mucho mayor que el sueldo medio de los asalariados de los demás países, incluso de los industrializados,[81] siendo también muy superior, en 1960, a los sueldos medios en las décadas anteriores en los Estados Unidos. En otras palabras, no parece obvio que en los Estados Unidos el trabajo asalariado de las mujeres casadas sea "necesario" para asegurar a la clase obrera su nivel de vida tradicional. Bowen y Finegan trataron de analizar la evolución de las tasas de participación de las mujeres casadas norteamericanas de 15 a 54 años, entre 1948 y 1965, utilizando los coeficientes de regresión encontrados en análisis transversales (*cross-section*) de los datos de los censos de 1950 y 1960. Lo interesante en esta experiencia es que el resultado de la regresión subestimó severamente el verdadero aumento de estas tasas de participación.[82] Dado el incremento verificado en los salarios reales en este periodo en los Estados Unidos, la "necesidad económica" del trabajo de las mujeres casadas debiera haber disminuido, lo que haría esperar una elevación de sus tasas de participación mucho menor de la que realmente hubo. Los autores atribuyen la discordancia al hecho de no haber incluido en su análisis la multiplicación y el relativo abaratamiento de los aparatos domésticos, lo que explicaría la creciente *disponibilidad* de la

---

[81] En 1950-1955, el salario promedio por hora en la industria era (en dólares): 1.70 en los Estados Unidos, 0.454 en Gran Bretaña, 0.378 en Bélgica, 0.335 en Francia, 0.331 en Alemania occidental y 0.265 en Italia. (Véase *International Labour Review, Stat. Supplement*, Ginebra, junio de 1957, pp. 131-136. Citado por Arghiri Emmanuel, *L'échange inégal. Essay sur les antagonismes dans les reportes économiques internationaux*, París, Maspero, 1969, p. 96 [*El intercambio desigual. Ensayos sobre los antagonismos en las relaciones internacionales*, México, Siglo XXI, 1979, p. 87].

[82] W.G. Bowen, y T. Aldrich Finegan, *op. cit.*, pp. 208-219. Fueron consideradas las siguientes variables: ingreso de los maridos, tasa de desempleo, sueldo de las mujeres, escolaridad de las mujeres, estructura industrial y salarios de las empleadas domésticas. En lo que se refiere al ingreso de los maridos, su promedio (en dólares de 1959) subió de 3 349 en 1948 a 5 420 en 1965. Dado este aumento, su efecto esperado sobre la tasa de participación de las mujeres casadas entre 15 y 54 años sería *reducirla* en 7.3 puntos porcentuales entre 1948 y 1965. Considerando el efecto de las demás variables, sin embargo, el cambio esperado sería un aumento de 8 puntos porcentuales, pero el aumento real fue de 14.2 puntos, esto es de 21.6 a 35.8%.

mujer casada para el trabajo remunerado. El problema, sin embargo, no es únicamente explicar por qué las mujeres casadas de la clase obrera *pueden* trabajar fuera de su casa sino por qué efectivamente lo hacen, a pesar de que el ingreso real del resto de la familia, es decir fundamentalmente del marido, esté en continuo ascenso.

La solución debe ser encontrada en los cambios sufridos por el valor de la capacidad de trabajo. Cuando se afirma que el salario real subió, esto significa que el monto de dinero pagado al trabajador le permite adquirir mayor suma de bienes y servicios (valores de uso) de una *determinada* canasta de consumo. La premisa, en este caso, es que el salario real aumentado proporciona al trabajador un *mejor* nivel de vida dentro de su patrón *tradicional*. Lo que sucede, sin embargo, es que este patrón está siendo continuamente revolucionado por "nuevos productos", que el capital prácticamente *impone* al consumo del trabajador y su familia. Esta imposición no se da solamente a nivel de la publicidad y del "esfuerzo de ventas" sino también a nivel de la propia formación y realización de la capacidad de trabajo por el trabajador. El trabajador norteamericano, por ejemplo, no puede competir efectivamente en el mercado de trabajo si no tiene vehículo propio, si no vive en lugar y en condiciones adecuadas, si no utiliza los servicios habituales de salud, de comunicaciones, etc. En otras palabras, una vez redefinido el patrón de vida obrero por el capital en cuanto relación social, este patrón se vuelve obligatorio para el trabajador y su familia, a riesgo de ser marginado de la vida social y económica. La reacción extrema de los *drop-outs,** que rechazan la sociedad de consumo como un todo, ilustra bien cómo es de estrecho el margen de adecuación individual a los modelos sociales de consumo: o aceptan estos modelos o todo el modo de vida, individual y familiar, tiene que ser reformulado desde la base.

Lo que sucede, en los Estados Unidos y demás países capitalistas industrializados, es que, a pesar de que los salarios reales hayan crecido, las nuevas necesidades incorporadas al modelo de vida obrero crecieron todavía más. Hoy, el salario del tra-

---

Drop-out: expresión acuñada en los Estados Unidos durante la década de los 60, cuando surgen los *hippies*, para designar a los automarginados o a las personas que abandonan toda actividad por sentirse conscientemente defraudados, en particular los estudios universitarios. (T.)

bajador casado es tan insuficiente para brindarle a él y a su familia las condiciones de vida *usuales* en estos países como en la primera etapa de la revolución industrial. De ahí el hecho de que hoy, como entonces, las mujeres de los obreros estén participando en forma creciente de la fuerza de trabajo. Claro que las circunstancias en que se da hoy este retorno femenino al mercado de trabajo son completamente diferentes de las que rodearon el reclutamiento de la mano de obra femenina por las fábricas en el siglo pasado. Hasta es probable que, si la compulsión económica al trabajo remunerado de la mujer, que no es menos real por darse en niveles elevados de consumo, llegara a disminuir, la mayoría de las mujeres no volvería simplemente a dedicarse sólo a la actividad doméstica, pero tambien es probable que se resistirían más a aceptar trabajos rutinarios, alienantes y mal pagados, como suelen hacerlo actualmente.[83]

En síntesis, lo que se desea mostrar aquí es que el capital, por sus mecanismos normales de competencia en los mercados, crea y recrea las condiciones en que se da la reproducción de la fuerza de trabajo. Puesto que la clase obrera ya no puede ser marginada del mercado interno, en los países industrializados, puesto que ya no se puede impedir que participe del consumo de los "nuevos productos", éstos se convierten en el acicate para que los miembros de la clase obrera en edad de trabajar efectivamente alienen al capital su capacidad de trabajo.

<hr>

[83] Ludmilla Müller se pregunta si hoy, en comparación con el siglo pasado, las condiciones sociales facilitan más el ingreso de la mujer y de la madre en la fuerza de trabajo. "La respuesta tiene que ser, por muchos motivos, negativa. Las trabajadoras en la República Federal Alemana presentan, en el conjunto de los asalariados, mayor participación en las categorías peor pagadas, con poca o ninguna calificación, con peores condiciones de trabajo; ellas son las más duramente afectadas por las oscilaciones de la coyuntura. El 90% de las trabajadoras apenas reciben adiestramiento o ni siquiera eso y sólo el 9% dispone de algún certificado profesional." En cuanto a las solteras, "todavía pueden distraerse de sus insoportables condiciones de trabajo soñando con el casamiento, cuando —como espera la mayoría— podrán dejar de trabajar. Pero precisamente esta ilusión provocada por el deseo, de una imagen de la mujer exclusivamente como madre o ama de casa, recae amargamente en su irrealismo sobre la madre, la cual, precisamente por tener hijos, tiene que volver al trabajo, porque el sueldo del marido no alcanza para las necesidades de la familia, o sea que sólo permitiría una vida en el límite mínimo de la supervivencia, muy por debajo del nivel social admitido". La autora fundamenta sus conclusiones en el resultado de varias encuestas realizadas en Alemania Occidental. L. Müller "Kinderaufzucht in Kapitalismus-wertlose Arbeit. . .", en *Prokla* núm. 22, (Berlín occidental, pp. 50-52).

LA REPRODUCCIÓN DE LA FUERZA DE TRABAJO
Y EL DESARROLLO ECONÓMICO

El examen de la experiencia histórica de los países hoy industrializados muestra que la mutación en las relaciones entre capital y trabajo, de la que resulta la integración de la clase obrera en el mercado interno, no es una fatalidad ni es irreversible. Su advenimiento debe estar ligado al pasaje de la fase en que la mayor parte del incremento de la fuerza de trabajo a disposición del capital es producida por su irrupción en otros modos de producción, a la fase en que este incremento pasa a originarse de la reproducción ampliada de la fuerza de trabajo, o sea del crecimiento vegetativo de la población obrera. Esta ligazón es, por lo menos, lógica: a partir del momento en que el capital pasa a depender de los hijos de los trabajadores para reabastecer y ampliar el ejército industrial, es natural que el estado burgués pase a fijar los límites de la explotación, de modo de obligar a los capitalistas a no desperdiciar la capacidad de trabajo efectiva y potencial de que dispone la sociedad. Esta intervención estatal no constituye la mutación en sí pero crea las condiciones previas para ella, porque la efectiva observancia de la legislación laboral requiere que los directamente interesados —los asalariados— puedan organizarse para defender sus derechos legales. Éste parece haber sido el *inicio* de la conquista de los derechos político-sindicales por parte de la clase obrera, cuyo ejercicio implica la referida mutación de las relaciones entre capital y trabajo. Pero es cierto que la conquista efectiva y completa de esos derechos varía sobremanera, de país en país, de acuerdo con la peculiar evolución de su historia. Además, según se verificó en los países dominados por dictaduras fascistas, estos derechos pueden perderse nuevamente, lo que determina una reversión al estadio anterior a la mutación de las relaciones entre capital y trabajo.

Entre el ritmo de trasformación económica y el cambio institucional hay una cierta relación que no debe ser simplificada. El primer país en que se dio la mutación fue Gran Bretaña, cuna de la revolución industrial: las primeras *Factory Laws* datan de 1833, pero el derecho a la organización sindical sólo fue conquistado en 1859, y el derecho al voto para la clase obrera mediante las reformas de Disraeli (1867) y de Gladstone (1884). En Gran Bretaña, la mutación ocurrió cerca de un siglo después del comienzo de la industrialización. Ya en Alemania, así como en Austria, el derecho a la organización sindical fue conquistado en 1869, cuando la industrialización de estos países acababa de comenzar. En Alemania, la unificación de los partidos obreros en 1875 permitió que el Partido Socialdemócrata conquistara el 9% de los votos en las elecciones de 1877. Las luchas obreras parecían estar avanzando más rápidamente que la industrialización, pero en 1881 fue adoptada la famosa legislación antisocialista, que procuró, en vano, revertir el proceso. Es curioso observar que fue durante la vigencia de esta legislación (1881-1890) cuando se adoptaron las primeras leyes de cuño social por el gobierno de Bismarck. Al final del siglo, un partido y un movimiento sindical cada vez más poderoso habían redefinido en Alemania las relaciones entre capital y trabajo. En el imperio austrohúngaro, en cambio, el desarrollo de las luchas obreras fue más lento (así como la industrialización) y el derecho al voto para los trabajadores sólo fue conquistado en 1907.

Se podría suponer que, con el pasar del tiempo, se reduce el intervalo entre el inicio de la industrialización y la mutación. Pero los casos de Francia y Bélgica, dos de los países en los que la industrialización comenzó más temprano, prueban lo contrario. En Francia, la derrota de la Comuna inauguró un largo periodo de reacción y el derecho a la organización sindical sólo fue reconocido en 1884, recibiendo la legislación social un impulso mayor sólo después de 1900. En Bélgica, las primeras conquistas socioeconómicas sólo fueron el resultado de los movimientos huelguistas de 1886, 1892 y 1893.[84]

Parece claro, a la vista de esta variada experiencia histórica, que las vicisitudes políticas pueden adelantar o atrasar considerablemente la mutación. Sin embargo, parece innegable que: a] la mutación nunca ocurre antes de que la clase obrera haya

[84] Wolfang Abendroth, *A short history of the Europen working class*, Nueva York, Monthly Review Press, 1972, pp. 29-64 [*Historia social del movimiento obrero europeo*, Barcelona, Editorial Laia, Ediciones de Bolsillo, 1975, pp. 29-64].

adquirido cierta madurez y peso social y b] la mutación se torna económicamente viable en la medida en que la productividad del trabajo, en el país en cuestión, se haya vuelto comparable a la de los países competidores en el mercado mundial y en la medida en que en éstos el capital ya da cabida al costo social suplementario que la mutación implica. El hecho de que en Gran Bretaña y en Alemania, las dos más poderosas naciones industriales a fines de siglo, la clase obrera haya conquistado sus derechos político-sindicales relativamente temprano, debe haber facilitado su conquista, en las décadas siguientes, en Francia, en Bélgica y en otros países europeos, industrialmente menos desarrollados.

Es difícil decir en qué medida, en las naciones europeas, el capital ya dependía a esa altura de la reproducción de la fuerza de trabajo para obtener y, sobre todo, ampliar el monto de mano de obra que explotaba. Es probable, sin embargo, que gran parte de la fuerza de trabajo liberada de otros modos de producción emigrara hacia ultramar, lo que, como señalaba Sternberg, aseguraba en Europa una situación de casi pleno empleo en las décadas que precedieron a la primera guerra mundial. En estas circunstancias, los estados burgueses europeos tendrían, además de los obvios motivos políticos, razones de carácter "estructural" para intervenir en la reproducción de la fuerza de trabajo.

Si fuésemos a examinar ahora este proceso en los países que están industrializándose tardíamente, la primera cosa a observar es que, *por definición*, el crecimiento de sus ejércitos industriales se da más por producción que por reproducción de su fuerza de trabajo. Es éste, como vimos, uno de los rasgos que distingue a los países no desarrollados de los que yá lo son. Hasta puede decirse que el desarrollo capitalista es un proceso de producción de fuerza de trabajo para el capital. O bien, que cuando la producción de la fuerza de trabajo para el capital, debido al agotamiento de los modos de producción no capitalistas, ya es insignificante frente a la reproducción de la fuerza de trabajo, el proceso de desarrollo capitalista se completó y el país en cuestión debe considerarse desarrollado.

El Brasil, por ejemplo, a pesar de estar considerablemente industrializado, es, de acuerdo con este criterio, un país no desarrollado. Veamos cómo se dio aquí la ampliación del ejército industrial en las dos últimas décadas. A causa de la manera imprecisa en que fueron conceptualizadas, por los censos, las "posiciones en la ocupación" de quienes trabajaban en la agricultura, nos referiremos únicamente a los asalariados no agrícolas de empresas privadas (excluyendo, por lo tanto, a los empleados por la administración pública). El número de éstos pasó de 4 307 428 en 1950 a 11 711 391 en 1970, presentando, por lo tanto, un incremento de 7 403 963. Durante estas dos décadas, la población activa total creció en un 78%, y como la inmigración internacional fue insignificante en el periodo, se puede admitir que esta tasa del 78% resultó del crecimiento vegetativo de la población activa. Es razonable suponer que el crecimiento vegetativo de los asalariados no agrícolas, esto es que la reproducción de la fuerza de trabajo para el capital invertido en actividades no agrícolas, haya sido de la misma magnitud. En este caso, del incremento verificado en el número de asalariados no agrícolas, 3 359 794 o 45.38% deben ser atribuidos a la reproducción de la fuerza de trabajo y 4 044 169 o 54.62% a fuentes "exógenas", según la expresión de Sternberg, o sea la producción de fuerza de trabajo por el capital. En otros términos, entre 1950 y 1970 la producción de fuerza de trabajo dio como resultado un crecimiento anual medio de 3.3% del proletariado urbano brasileño, mientras que la reproducción de la fuerza de trabajo tuvo por consecuencia un crecimiento medio de 2.9% en el año del mismo.

Lo que estos datos indican es que, dada la abundante afluencia de fuerza de trabajo proveniente de otros modos de producción en el mercado de trabajo capitalista, el estado brasileño no está obligado a tomar providencias en el sentido de asegurar la reproducción de la fuerza de trabajo, preservándola de una explotación depredatoria por el capital. Pero eso no significa que la reproducción de la fuerza de trabajo sea simplemente obstaculizada por la voracidad de plusvalor por parte del capital. Las condiciones que determinan la reproducción de la fuerza de trabajo en un país que se desarrolla actualmente (como es el caso del Brasil) son mucho más complejas:

a] En primer lugar, hay que considerar que la industrialización tardía tiene como modelo a los países capitalistas desarrollados, no sólo en lo que se refiere al desarrollo de las fuerzas productivas sino también en lo que concierne a las relaciones de producción. Pero éstas presuponen, en lo que atañe específicamente a las relaciones entre capital y trabajo, una expansión del valor de la capacidad de trabajo en la medida en que el progreso técnico amplía el nivel de vida obrero, lo que se expresa, en general, por la fórmula de que "los salarios reales deben crecer en la misma proporción que la productividad del trabajo". En términos institucionales, ya no hay cómo justificar, en nombre del *laissez faire*, la pura y simple represión a las actividades sindicales de los asalariados. Lo que se verifica, en realidad, es la adopción, en el plano jurídico, de medidas que, en los países industrializados, tienden a proteger la reproducción de la fuerza de trabajo: leyes que regulan las condiciones de seguridad y salubridad del trabajo, institución de servicios de previsión social, salario mínimo, contrato colectivo de trabajo, etc. Aunque estas instituciones estén lejos de cumplir sus finalidades específicas, tampoco carecen totalmente de función. Lo que en general sucede es que acaban por abarcar sólo una parte del proletariado, cuya reproducción de fuerza de trabajo pasa a darse en mejores condiciones que las del resto de la población trabajadora.

b] La reproducción de la fuerza de trabajo en los países en desarrollo depende mucho más que en los desarrollados de circunstancias políticas. En lugar de una mutación redefinidora de las relaciones entre capital y trabajo, lo que se da es una *indefinición de estas relaciones*, que se alteran en función de la inestabilidad general que caracteriza a las instituciones sociopolíticas en estos países. Esta indefinición es el resultado de la contradicción entre dos tendencias, ambas suscitadas por el desarrollo. La primera de estas tendencias es la importación de *formas de consumo* de los países industrializados. Aunque con cierto retraso, los "nuevos productos" que se difunden en estos países acaban siendo traídos hacia los que se desarrollan, inicialmente bajo la forma de bienes importados, y son adquiridos por las capas de ingreso elevado. Después, cuando estas importaciones son sustituidas por producción nacional —y es ésta la piedra angular de la industrialización tardía—, su consumo se difunde en la llamada "clase media". Como en los países en desarrollo tampoco hay murallas chinas que separen el modo de vida de la "clase media" del resto de la población, sobre todo de los asalariados urbanos, es inevitable que el modelo de vida obrero *tienda* a incorporar los "nuevos productos". Pero esta tendencia, para realizarse, requiere una expansión continua de los salarios reales, la que se torna *objetivamente* imposible para el capital. La razón básica de esta imposibilidad es que la productividad del trabajo en los países no desarrollados es sustancialmente menor que en los desarrollados.

El problema consiste en saber hasta qué punto la gran diferencia de salarios reales, que se verifica entre países desarrollados y no desarrollados, se debe únicamente a factores político-institucionales —básicamente, al hecho de que la clase obrera en estos últimos países no goza plenamente de los derechos político-sindicales que habitualmente detentan en los primeros—, o, si es que existen impedimentos *económicos*, de cualquier tendencia a reducir esa diferencia de modo significativo.

"Intuitivamente" podría decirse que el diferencial de salarios no pasa, en último análisis, de ser una consecuencia del desnivel de ingreso *pércapita* entre los dos tipos de países: si en un país A el ingreso *pércapita* es un décimo respecto del existente en el país B, difícilmente podría esperarse que los niveles de salarios reales sean similares en ambos países.

Pero esta apreciación "intuitiva", así como las demás, debe ser encarada con desconfianza. Su premisa esencial es que el nivel de salarios está determinado por el ingreso nacional, lo que está lejos de haber sido comprobado. Arghiri Emmanuel sostiene el punto de vista opuesto: la diferenciación de salarios entre naciones es de naturaleza institucional; son los aumentos de salarios los que provocan el desarrollo, que a su vez ajusta el ingreso nacional hacia arriba, y no viceversa. En sus propias palabras: "Está claro que el proceso de interacción entre el desarrollo económico y el movimiento de los salarios se une a un efecto acumulativo. Una vez que un país ha tomado ventaja, por un accidente histórico cualquiera, aunque no fuese más que por razón de que un clima más difícil hubiese creado en el hombre necesidades suplementarias, ese país comienza, por mediación del intercambio desigual, a hacer pagar el excedente de sus salarios a los demás países. A partir de ese momento el empobrecimiento de uno se convierte en función creciente del enriquecimiento del otro y viceversa. La sobreganancia del intercambio desigual asegura un crecimiento más rápido. Esto entraña un desarrollo tecnológico y cultural. Para enfrentarse a las funciones productivas cada vez más complejas, la clase dirigente está obligada a ampliar la base educativa del pueblo.

Se crean las condiciones propicias para una organización sindical. Por otro lado, si la clase capitalista en su conjunto se interesa por restringir las necesidades de los obreros, cada capitalista, separadamente, movido por la competencia y esforzándose por popularizar sus propios productos, actúa en el sentido de un acrecentamiento de esas necesidades [...] Haga lo que haga, el capitalista no puede dividir la sociedad. Progresivamente los nuevos consumos penetran por todas partes y crean nuevas necesidades. El crecimiento progresivo del mercado atrae capitales extranjeros cuya afluencia acelera el desarrollo." Y así sucesivamente. Por otra parte "el país pobre queda unido al nivel de subsistencia fisiológica elemental. Trasfiriendo por su exportación no equivalente una gran parte de su excedente hacia los países ricos, se priva de los medios de acumulación y de crecimiento. La exigüidad y el estancamiento de su mercado desaniman a los capitales que lo desertan, lo que hace que, a pesar de la baja composición orgánica y los bajos salarios, una parte considerable de su mano de obra no encuentre comprador. El desempleo abierto o disfrazado ejerce una presión de baja suplementaria sobre los salarios y contrarresta los efectos de la lucha sindical, ya afectada por el bajo nivel de la educación",[85] etcétera.

Tenemos aquí, pues, la tesis de Emmanuel en todo su paradójico esplendor. El aumento de los salarios reales no dificulta la acumulación del capital sino que más bien la estimula. El capital es atraído no a los países cuya fuerza de trabajo es barata sino a aquellos en los que es cara. La elevación de los salarios no torna deficitaria a la balanza de pagos sino, por el contrario, la hace superavitaria, puesto que mejora los términos del intercambio. De hecho, si la función de la ciencia es revelar la esencia que se oculta detrás de la apariencia, y si aquella tiende a ser lo opuesto de ésta, entonces nada es más científico que la teoría de Emmanuel.

En realidad, toda esta construcción teórica se basa en algunos presupuestos discutibles: a] que la división internacional del trabajo especializa a los países de altos salarios en la exportación de determinadas mercancías y a los países de bajos salarios en otras diferentes; b] que el capital se mueve libremente entre

[85] Arghiri Emmanuel, L'échange inégal cit., pp. 167-168 [pp. 170-171].

unos y otros, equilibrando la tasa de ganancia en todos; c] que en los países de bajos salarios, la composición orgánica del capital es baja y la tasa de plusvalor es alta, de modo que ahí el capital "produce" una masa mucho mayor de plusvalor, en relación a su propio valor, que en los países de altos salarios. Como, no obstante, la tasa de ganancia tiende a ser la misma en ambos tipos de países, la ganancia excedente es trasferida de los países de bajos salarios a los de altos salarios mediante ajustes de precios. En otras palabras, los términos de intercambio entre países de bajos y de altos salarios se alteran a favor de estos últimos hasta que las tasas de ganancia estén equilibradas. Se trata del mecanismo del *intercambio desigual*. La lógica del razonamiento es impecable: habiendo condiciones diferentes de producción y explotación en ramos distintos de la división social del trabajo, desde que el capital puede moverse libremente de uno a otro, los precios de producción tenderán a constituirse de tal modo que el plusvalor sea trasferido de los ramos más favorables (al capital) a los menos favorables. Si estos ramos están delimitados por fronteras nacionales, tenemos "intercambio desigual", como lo conceptualiza Emmanuel.

Al primer presupuesto se le podrían oponer objeciones elementales, como por ejemplo que los países de altos salarios (Estados Unidos, Canadá, Australia) exportan los mismos productos agrícolas (soya, trigo, carne) que los países de bajos salarios (Brasil, Argentina, Uruguay); pero como generalización, sujeta a numerosas excepciones, es aceptable admitir que los países de altos salarios exportan productos industrializados y los de bajos salarios, minerales y productos agrícolas.

En cuanto al segundo presupuesto, las objeciones podrían ser más serias: si en el capitalismo monopolista el libre tránsito del capital entre ramos de producción de un mismo país se tornó imposible, cuánto más sucede esto entre ramos situados entre países diferentes. Pero no hay necesidad de profundizar esta discusión. Si no hay indicaciones de que el capital invertido en países de salarios bajos alcance *sistemáticamente* tasas de ganancia más elevadas, cabe admitir que parte del plusvalor "producido" en estos países es, de alguna manera, trasferido hacia afuera de ellos, posiblemente mediante alteraciones de los términos de intercambio con los países de salarios altos. Esto a partir de que, *de hecho*, el plusvalor "producido" en los países de bajos salarios sea mucho más abundante, en relación al capital invertido, que en los de altos salarios.

Antes de analizar este tercer presupuesto, conviene discutir el alcance de la teoría de Emmanuel. Ella se centra, como lo dice el subtítulo de su libro, en las relaciones económicas internacionales, enfocando las diversas economías nacionales casi únicamente desde el punto de vista de su integración al mercado mundial. En cierto modo se podría justificar este enfoque para el caso de economías coloniales, en el que sólo el sector de mercado externo tiene carácter capitalista, estando las demás actividades en otros modos de producción. Sucede que en los últimos 40 años un considerable número de países no desarrollados comenzó a industrializarse por substitución de importaciones, expandiendo en sus economías sectores de mercado interno predominantemente capitalistas. En muchos de estos países la importancia del sector de mercado interno (SMI), en términos de producción, empleo inversiones, etc., ha superado claramente al sector de mercado externo. Toda esta evolución, que no "cabe" en su teoría, es ignorada por Emmanuel.

Sin embargo, la teoría del "intercambio desigual" es un excelente punto de partida para la discusión en tanto plantea en forma audaz y genérica una interpretación que hiere el sentido común. Su crítica puede ser fecunda. Apliquemos, pues, el razonamiento de Emmanuel al sector de mercado interno. Al no exportarse sus productos, los ramos que lo componen no integran la división internacional del trabajo y, por lo tanto, no participan del proceso de equilibrio de la tasa de ganancia mediante el ajuste de los precios de producción en el mercado mundial. Admitamos, no obstante, que el capital de los países desarrollados tiene, como suele tener, acceso a las actividades del SMI de los no desarrollados. Admitamos, como lo hace Emmanuel, que los salarios bajos y la reducida composición orgánica, que prevalecen en los países no desarrollados, confieran al capital invertido en el SMI una excepcional lucratividad. En este caso, una de dos: o se crea tal afluencia de capital al SMI de los países no desarrollados que su lucratividad es reducida al nivel medio mundial o el capital invertido en el SMI de estos países presenta tasas de ganancia sustancialmente más elevadas en comparación con la de los países de altos salarios (y, digámoslo de paso, con la del sector de mercado externo de los propios países no desarrollados).

En lo que se refiere a la segunda hipótesis, su verificación puede ser meramente empírica y los datos existentes la niegan. Fernando Fajnzylber, por ejemplo, presenta las tasas de rentabilidad (una aproximación de la tasa de lucro) del capital norteamericano invertido en la industria de trasformación de América Latina, Canadá, Europa y otras regiones. Es razonable suponer que estas inversiones en América Latina hayan sido ubicadas casi totalmente en el SMI. Pues bien, entre 1961 y 1968, y en los varios subperiodos entre estos años, la rentabilidad del capital norteamericano en la industria latinoamericana era mayor que la del capital invertido en la canadiense pero *menor* que la del capital invertido en la industria europea. Incluyendo en el cálculo de la rentabilidad al pago de *royalties* o servicios técnicos, lo que parece correcto, las tasas latinoamericanas, europeas y canadienses pasan a diferir un poco, lo que indicaría que las tasas de ganancia tienden más bien a equilibrarse en el plano mundial.[86]

En este caso, aparentemente se confirma la primera hipótesis: el capital internacional afluye al SMI de los países no desarrollados con tal intensidad que reduce la tasa de ganancia allí al nivel medio mundial. Es necesario, en este caso, evitar la falacia de suponer que la ganancia es el "precio" del capital y que la mera oferta de éste en abundancia fuerza la baja de aquél. No es la "plétora" de capital lo que reduce la lucratividad en un ramo, a no ser cuando *simultáneamente* la escasez de capital en otro ramo eleva allí la lucratividad, siendo ambos ramos integrantes de la misma división social del trabajo. Pero el SMI es un *conjunto* de ramos así integrados; lo que se trata de explicar es *cómo* un supuesto aflujo de capital puede reducir su tasa de ganancia *media* sin que importe cómo se da el equilibrio de esta tasa de ganancia *dentro* de él.

La única explicación coherente de un proceso como éste es que la afluencia de capital al SMI reduzca la tasa de plusvalor y eleve la composición orgánica del capital, lo que tiene como consecuencia la baja de la tasa de ganancia. Esto puede ser mos-

---

[86] Fernando Fajnzylber, *Estrategia industrial e empresas internacionais, posição relativa de América Latina e do Brasil*, Río de Janeiro, IPEA/INPES, 1951, pp. 51-59.

trado esquemáticamente del siguiente modo: si v = capital variable y c = capital constante, siendo $c + v$ el capital total invertido, y M = plusvalor (equivalente al nivel global de la economía a la ganancia bruta), la tasa de ganancia l' sería:

$l' = \dfrac{M}{c + v}$; dividiendo numerador y denominador por v, tenemos:

$$l' = \frac{M/V}{c/v + 1},$$

lo que revela que la tasa de ganancia es directamente proporcional a la tasa de plusvalor (M/V) e inversamente proporcional a la composición orgánica del capital (C/V).

Una afluencia de capital afecta la tasa de plusvalor en la medida en que eleva la demanda de mano de obra, provocando con ello el aumento del nivel de salarios. Siendo $v + M$ el trabajo vivo, o sea el trabajo social gastado en la producción corriente, cualquier elevación de v implica una reducción de M y una reducción aún mayor de la tasa de plusvalor. Si en un primer momento, v = 50 y M = 50, la tasa de plusvalor es igual al 100%; si, debido al aumento de los salarios, v sube a 60, M en consecuencia cae a 40 y MV/V a 66.7% . Un aumento del 20% en el capital variable provoca, en estas condiciones, una baja del 33.3% en la tasa de plusvalor.

En cuanto a la composición orgánica del capital, el efecto de un aumento de v es reducirla. Es preciso admitir, por lo tanto, que la afluencia de capital al SMI de los países no desarrollados debe traer consigo un cambio tecnológico de tal profundidad que, al alterar la composición técnica del capital, compense la elevación de v y cause un aumento significativo de la composición orgánica.

Hay que señalar que, si la tasa de ganancia en el SMI de los países no desarrollados es análoga a la de los países desarrollados —y los datos disponibles tienden a indicar que lo es—, la tasa de plusvalor y la composición orgánica del capital del SMI no pueden ser muy diferentes de las de los países desarrollados. Si se admite que la tasa de plusvalor en los países no desarrollados debe ser mayor que en los países desarrollados también habría que suponer que la composición orgánica es mayor en aquellos que en estos países y aproximadamente en la misma proporción. Esto deriva de la fórmula

$$l' = \frac{M/V}{c/v + 1}$$

A título de ilustración numérica supongamos que en los países desarrollados la tasa de plusvalor fuese igual al 100% y la composición orgánica del capital igual a 4. La tasa de ganancia sería de 100% ·/. (4 + 1) = 20%. Si en el SMI de los países no desarrollados, la tasa de plusvalor fuese de 120%, habría que admitir que la composición orgánica del capital sería de 5, para que l'= 20%; si M/V = 140%, c/v tendría que ser 6 para que l' continúe siendo 20%, y así sucesivamente.

Como la composición orgánica del capital es tanto mayor cuanto más avanzada tecnológicamente sea la economía, la hipótesis de Emmanuel de que la tasa de explotación es más elevada en los países no desarrollados nos lleva a la paradójica conclusión de que éstos tienen en su sector de mercado interno economías más adelantadas que las de los países desarrollados. Pero esta hipótesis es, por lo menos a primera vista, inaceptable. Es necesario, por lo tanto, examinar más detenidamente las diferencias de salarios reales, tasa de plusvalor, composición orgánica del capital y tasa de ganancia entre países desarrollados y no desarrollados, para descubrir el talón de Aquiles de la teoría del "intercambio desigual".

EL DIFERENCIAL DE SALARIOS Y DE PRODUCTIVIDAD

Es preciso observar, en primer lugar, que el diferencial de salarios *monetarios* entre países desarrollados y no desarrollados es ponderable, pero no mayor del que existe entre los propios países industrializados. Calculamos la evolución de los salarios industriales en los Estados Unidos, en cuatro países europeos y en seis países de América Latina. Los datos referentes a la década de los 50 ya estaban calculados por la CEPAL para América Latina y por Emmanuel para Europa; para los años 1963-1970, tomamos los datos del *Yearbook of Labour Statistics* [Anuario Estadístico del Trabajo] de 1972 y convertimos la moneda de cada país a dólares estadounidenses, por los índices de conversión utilizados por la ONU en el *Yearbook of National Accounts*

Statistics [Anuario de Estadísticas de las Finanzas Nacionales de 1972]. Los resultados se encuentran en el anexo ı. Para facilitar el análisis, convertimos los salarios industriales en números-índices, que se encuentran en el cuadro ııı. Lo primero que puede observarse en el cuadro ııı es que durante la década de los cincuenta sólo había *un* país de altos salarios: los Estados Unidos. Los ocho restantes, latinoamericanos y europeos, tenían salarios entre 5 y 10 veces menores. Estos datos tienden a indicar que, hasta la segunda guerra mundial, la clase obrera había sido integrada al mercado interno sólo en los Estados Unidos. En Europa, los aumentos de salarios conquistados desde fines del siglo pasado sólo habían servido para asegurar la reproducción "normal" de la fuerza de trabajo, dentro de lo que se acordó en llamar nivel de vida "tradicional" de la clase obrera. En América Latina, donde la clase obrera representaba entonces una porción restringida de la población activa, su nivel

CUADRO III. ÍNDICES DE NIVELES SALARIALES MEDIOS
EN LA INDUSTRIA (ESTADOS UNIDOS = 100)

País	1950/9	1963	1970	1971
Estados Unidos	100	100	100	100
Alemania Occidental	19	35	48	54
Bélgica	22	24	32	35
Italia	16	22	29	32
Francia	20	22	25	26
México	9	21	23	24
Argentina	20	12	12 (*)	— —
Brasil	— —	13	15	— —
Colombia	— —	12	12	— —
Perú	12	9	9	9
Chile	12	7	13	11
Índices medios				
Europa	19	26	34	37
América Latina	13	12	14	15
América Latina/Europa	68%	46%	41%	41%

*1969
FUENTES: ILO,*Yearbook of Labour Statistics,* 1972, cuadro 19.
CEPAL El proceso de industrialización en América Latina, Nueva York 1965, cuadro 32, p. 155.
Arghiri Emmanuel, *op. cit.,* p. 96 [p. 87].

de vida era aún inferior (con la posible excepción de la Argentina), aunque la diferencia en relación al nivel europeo fuese menor que el indicado por la distancia entre los salarios monetarios, debido al costo más bajo de la alimentación y de los servicios personales.

Lo que se verifica en los países desarrollados a partir de los años 50 es un crecimiento generalizado de los salarios en dólares con tasas sustancialmente más altas en Europa (véase anexo I). Es en este periodo de las dos últimas décadas cuando la clase obrera alemana, belga, francesa, italiana, etc., expande su consumo, pasando a incluir en su "canasta de alimentos" los "nuevos productos" proporcionados por la electrónica, la petroquímica, la avición a reacción, etc. En 1970-1971, estos países ya pueden ser considerados como de altos salarios, aunque los salarios norteamericanos todavía sean de dos a cuatro veces mayores. El hecho es que la distancia entre los salarios norteamericanos y europeos se redujo, mientras que la distancia entre los europeos y latinoamericanos se abrió, lo que puede ser mejor visualizado con los índices medios puestos al final del cuadro III: en 1950-1959 los salarios latinoamericanos representaban cerca de dos tercios de los europeos; en 1970-1971 representaban nada más que dos quintos.

En contraste con lo sucedido en los países desarrollados, la evolución de los salarios en los países latinoamericanos es muy irregular. En la Argentina, que gozaba de un nivel "europeo" de salarios al comienzo del periodo, hubo entre 1954 y 1963 una caída de los salarios medidos en dólares, seguida de una recuperación moderada entre 1963 y 1969. Entre los seis países latinoamericanos analizados, la Argentina bajó del primer lugar en la década de los 50 hacia el cuarto en la década de los 70. También se observa una evolución irregular en Chile, cuyo nivel salarial, en dólares, descendió entre 1957 y 1963 para después presentar una espectacular alza entre 1963 y 1970. Estas alzas y bajas sólo se explican por las alzas y bajas de la vida política, y todo indica que, después de 1973, el nivel salarial chileno debe haber sufrido una baja catastrófica. Vale la pena señalar también la evolución salarial presentada por México, que pasa del último lugar entre los seis países latinoamericanos en 1950-1959 al primero a partir de 1963.

Estas oscilaciones del nivel de salarios monetarios al ritmo de los cambios políticos muestran no sólo que la clase obrera latinoamericana (así como la de otros países no desarrollados) sigue estando excluida del mercado interno sino también que hay poderosas fuerzas que chocan contra esta exclusión y a veces hasta logran romperla, aunque la mayoría de las veces con resultados transitorios. Aun así, considerando el nivel norteamericano como el patrón-límite de los altos salarios, puede verse, por los índices medios del final del cuadro iii, que los salarios industriales en América Latina tienden, aunque muy lentamente, a aproximarse a ese patrón. Es cierto que el índice medio tiene mucha menos significación en América Latina que en Europa, dadas las grandes disparidades entre los diversos países. Incluso así importa señalar que el desnivel salarial entre países desarrollados y no desarrollados, tomando como base no los extremos (Estados Unidos y Perú, en el mismo cuadro) sino las medias europeas y latinoamericanas, gira actualmente en torno de 1:2.5 y su tendencia es indudablemente la de *aumentar*.

Una vez efectuadas estas evaluaciones, cabe preguntar: a partir de este diferencial ¿puede suponerse que la tasa de plusvalor deberá ser tanto mayor cuanto menor sea el salario? La respuesta depende de que se sepa si la productividad del trabajo en la producción de los bienes de salario, o sea de los bienes consumidos por los asalariados, no es también menor en los países no desarrollados. M + v constituye el tiempo total de trabajo social; M es el tiempo que sobra cuando se deduce de este total el tiempo de trabajo *necesario* para la producción para el consumo de los obreros. Si la productividad del trabajo en la producción de bienes de salario fuera efectivamente menor en los países no desarrollados, la proporción *necesaria* del tiempo total de trabajo social puede muy bien ser similar a la de los países desarrollados, lo que es lo mismo que decir que la tasa de plusvalor puede no diferir mucho de uno a otro tipo de país, a pesar de la ponderable diferencia de salarios monetarios.

Desde el punto de vista teórico, hay razones de peso para admitir que la productividad del trabajo en los países no desarrollados deba ser menor que en los desarrollados. En primer lugar (como vimos en el parágrafo "El desarrollo de las fuerzas productivas"), los "cambios de proceso" son casi todos generados en los países desarrollados, donde hallan su aplicación inicial. Su difusión en los países no desarrollados se efectúa con cierto retraso, que se explica intrínsecamente por el tiempo necesario para preparar no sólo la mano de obra directamente productiva, sino sobre todo los cuadros técnicos y administrativos. Es claro que el retraso aumenta cuando la aplicación del "cambio de proceso" requiere pesados gastos en la importación de equipos y en el pago de *royalties* y de servicios técnicos. Dado este retraso, variable en extensión pero inevitable en sí mismo, el desnivel de productividad entre países desarrollados y no desarrollados tiende a crecer en la medida en que el flujo de "cambios de proceso" crece. En épocas como la de las últimas décadas, en que avances científicos (como la cibernética, por ejemplo) revolucionan los procesos productivos, multiplicando las innovaciones técnicas, cabe esperar que el diferencial de productividad esté ampliándose.

En segundo lugar, hay que recordar que los "cambios de proceso" requieren, en general, escalas de producción cada vez mayores. Esto suele ser consecuencia del alto costo del equipamiento, que sólo puede ser adecuadamente amortizado si su costo fuese repartido por un volumen muy grande de productos. Suele suceder que los países no desarrollados no posean, con raras excepciones, amplios mercados internos ni tengan fácil acceso al mercado mundial. Por eso, muchos "cambios de proceso", aplicados con éxito en países desarrollados, son económicamente inviables en países no desarrollados, en los cuales, en consecuencia, la productividad del trabajo tiende a atrasarse aun más.

Finalmente, el bajo nivel de salarios reales en los países no desarrollados constituye por sí solo un obstáculo a la aplicación de "cambios de procesos", en la medida en que éstos sustituyen trabajo "vivo" por trabajo "muerto", incorporado en equipos. Para el capitalista, el "cambio de proceso" sólo es ventajoso si el costo de la fuerza de trabajo ahorrada fuese mayor que el gasto en el equipo y su instalación, etc. Obviamente, "cambios de proceso" compensatorios en países de altos salarios pueden dejar de serlo en los otros.

De esta manera, la hipótesis de que la baja productividad del trabajo en la producción de bienes de salario debe impedir que la tasa de plusvalor sea mucho mayor en los países de bajos que en los de altos salarios tiene buenos fundamentos teóricos y constituye la explicación más probable de por qué las tasas de ganancia no difieren sistemáticamente entre estos países.[87] Es, por lo tanto, el tercer presupuesto de la teoría del "intercambio desigual" el que no encuentra respaldo teórico ni empírico. No parece probable que el plusvalor "producido" en los países de bajos salarios en relación al capital invertido sea sustancialmente mayor que en los de altos salarios, de modo que no hace falta un mecanismo como el del "intercambio desigual" para conciliar, en los países de bajos salarios, tasas de ganancia "normales" con tasas de plusvalor supuestamente muy elevadas. Lo que debe suceder es que, en los países no desarrollados, a los bajos salarios corresponde una productividad del trabajo relativamente baja también. Eso no significa, si se entiende bien, que en relación al patrón constituido por los países industrializados, salarios y productividad sean *igualmente* reducidos, como si los diferenciales de salarios y de productividad estuvieran de alguna manera interrelacionados. Esta interrelación sólo tendría sentido sobre la base de la teoría marginalista según la cual los salarios son *determinados* por la productividad del trabajo. Lo que he-

---

[87]No hay datos empíricos globales que permitan hacer comparaciones internacionales de productividad del trabajo, debido a la interrelación de niveles de productividad con precios relativos. Pero estudios sectoriales confirman la hipótesis de que la productividad del trabajo es menor en los países no desarrollados. La CEPAL, por ejemplo, presenta los siguientes datos respecto de la industria textil.

Países	Productividad del trabajo*	Salarios (hora)*	Costo del trabajo directo***
Estados Unidos	2.32	1.68	3.92
Japón	4.77	0.36	1.72
Brasil	16.67	0.31	5.16
Chile	13.37	0.35	4.80

*Horas de trabajo directo para producir 100 yardas de tejido de algodón (índice *inverso* de la productividad del trabajo).
**Salarios por hora, en dólares.
***Costo del trabajo directo para producir 100 yardas de tejido de algodón.

FUENTE: CEPAL, *El proceso de industrialización en América Latina,* Nueva York, 1965, p. 155.
En este caso, el diferencial de productividad entre los países desarrollados y no desarrollados es mayor que el de los salarios, de lo que resulta el costo más elevado del trabajo directo, contenido en cada unidad de producto, en estos últimos (tercera columna). Sin embargo, no se debe tomar esta superioridad del diferencial de productividad en comparación con el de salarios como regla general.

mos tratado de mostrar, en cambio, es que ambos diferenciales son fruto de *factores distintos* y, si hay algún condicionamiento mutuo, éste se dará en el sentido de que los salarios influyan en el nivel de productividad y no viceversa. Se puede concluir, entonces, que el bajo nivel salarial en los países no desarrollados está condicionado, en forma inmediata, por el hecho de que la clase obrera no goce plenamente de derechos político-sindicales que ya se hicieron corrientes en los países capitalistas desarrollados. Pero este condicionamiento en el plano institucional tiene fundamentos económicos: dada la reducida productividad del trabajo en la producción de bienes de salario, el capital no tiene cómo soportar un alza de los salarios reales más allá de determinados límites que le son impuestos por su capacidad de introducir "cambios de proceso" en esa producción y aumentar así la productividad, elevando el plusvalor relativo y recuperando la tasa de ganancia. Y conviene recordar que esta capacidad depende de ciertas condiciones objetivas, tales como el estado de la balanza de pagos del país, el ritmo de acumulación del capital y la elasticidad-ingreso de la oferta de mercancías producidas en modos de producción no capitalistas. Los análisis "estructuralistas" de la inflación en América Latina han señalado estos y otros puntos de estrangulamiento que se agudizan tan pronto como se eleva la demanda; y no sería otro el efecto de un aumento persistente de los salarios reales. De este modo puede entenderse más fácilmente por qué gobiernos con fuertes inclinaciones "distributivistas" en América Latina tienden a enfrentarse con violentas presiones inflacionarias, en las que se cristaliza la cerrada oposición de la clase capitalista: es que la movilización por aumentos de salarios, mucho antes de ampliar el mercado interno (en lo cual prefieren creer, sobre todo, los populistas), agrede al capital en su punto más débil —en la tasa de ganancia— y tiende fácilmente a exceder su capacidad de respuesta en el plano tecnológico. Aun así, los aumentos de salario que se produjeron en América Latina en los últimos 10-15 años (véase cuadro III y anexo I) parecen indicar que las limitaciones estructurales son menos rígidas de lo que parecen y que, en la medida en que la industrialización avanza, el alcance del factor político tiende a aumentar.

EL NIVEL DE VIDA OBRERO EN LOS PAÍSES NO DESARROLLADOS
Y LA TESIS DE LA SOBRE EXPLOTACIÓN

Si la tesis de la exclusión de la clase obrera del mercado interno fuese llevada a las últimas consecuencias, se puede llegar a la conclusión de que la producción de plusvalor relativo en los países no desarrollados es imposible, ya que los ramos que producen bienes de salario no se encuentran en el modo de producción capitalista. El aumento de la productividad del trabajo en estos ramos no dependería, por lo tanto, de la acción del capital y sería, por lo menos, poco probable.

Ruy Mauro Marini toma como punto central de su análisis la incapacidad por parte del "capitalismo dependiente" de América Latina para integrar a la clase obrera en el mercado interno. "Dedicada a la producción de bienes que no entran, o entran muy escasamente, en la composición del consumo popular, la producción industrial latinoamericana es independiente de las condiciones de salario propias a los trabajadores; esto en dos sentidos. En primer lugar porque, al no ser un elemento esencial del consumo individual del obrero, el valor de las manufacturas no determina el valor de la fuerza de trabajo; no será, pues, la desvalorización de las manufacturas lo que influirá en la cuota de plusvalor. Esto dispensa al industrial de preocuparse de aumentar la productividad del trabajo para, haciendo bajar el valor de la unidad de producto, despreciar la fuerza de trabajo y lo lleva, inversamente, a buscar el aumento del plusvalor a través de una mayor explotación —intensiva y extensiva— del trabajador, así como la rebaja de salarios más allá de su límite normal. En segundo lugar, porque la relación inversa que de ahí se deriva para la evolución de la oferta de mercancías y del poder de compra de los obreros, es decir, el hecho de que la primera crezca a costa de la reducción del segundo, no le crea al capitalista problemas en la esfera de la circulación, una vez que, como hicimos notar, las manufacturas no son elementos esenciales en el consumo individual del obrero."[88]

Es preciso observar en primer lugar que Marini comete el error de tomar al capitalista individual como encarnación de su

---

[88] Ruy Mauro Marini, *Dialéctica de la dependencia*, Santiago, 1972 (mimeo), p. 23 [*Dialéctica de la dependencia*, México, serie popular ERA/22, 1974, pp. 64-65].

clase, abstrayendo la competencia entre los capitales, lo que lo lleva a atribuirle criterios para la acción totalmente ajenos a sus intereses. Es obvio que ningún industrial se empeña en elevar la productividad del trabajo de sus obreros teniendo en vista la desvalorización de su fuerza de trabajo, y reducir así sus salarios monetarios, por el simple motivo de que el *peso* de la producción de cualquier capitalista individual en el costo de vida obrero, por mayor que sea la concentración del capital, es necesariamente insignificante. Reducir el valor de cualquiera de las mercancías consumidas por la clase obrera en un 20 o 30% puede bajar su costo de vida a lo sumo en un 1 o 2%, puesto que el consumo obrero, por menor que sea, abarca decenas de valores de uso y en ninguno de ellos (excepto alquiler) el obrero gasta más del 5% de su salario. En realidad, el industrial está obligado a preocuparse permanentemente por aumentar la productividad del trabajo a causa de la competencia: siendo capaz de producir a costos inferiores que sus competidores, él podrá simultáneamente obtener sobreganancias y ampliar su participación en el mercado, mientras que si algunos de sus competidores alcanzara esta situación privilegiada, será él quien perderá posición en el mercado. Por esta razón, el empeño en bajar los costos —lo que equivale a decir aumentar la productividad— es obligatorio para todos los capitalistas, no importando si sus productos son bienes de salario o bienes suntuarios, aunque sólo en el primer caso la elevación de la productividad se refleje en la baja del valor de la fuerza de trabajo.[89]

Además, como lo muestra Marx, la producción de plusvalor absoluto y relativo no es una forma *alternativa* sino *complementaria* de maximización de la ganancia para el capital. "La *economización de trabajo* mediante el desarrollo de la fuerza productiva del trabajo de ningún modo tiene por objeto, en la economía capitalista, la *reducción de la jornada laboral*. Se propone, tan sólo, reducir el tiempo de trabajo necesario para la producción de *determinada cantidad de mercancías*. El hecho de que el

---

[89] "Si un capitalista, por ejemplo, abarata las camisas gracias al aumento en la fuerza productiva del trabajo, en modo alguno es necesario que persiga el objetivo de abatir *pro tanto* el valor de la fuerza de trabajo y por ende el *tiempo de trabajo necesario*, pero sólo en la medida en que coadyuve en último término a este resultado, contribuirá a que se eleve la *tasa general de plusvalor*" (Karl Marx, *Das Kapital* cit., t.I, p. 331 [t. I/2, p. 384]; cursivas del original: P.S).

obrero, habiéndose acrecentado la fuerza productiva de su trabajo, produzca por ejemplo en una hora 10 veces más mercancías
que antes, o sea necesite para cada pieza de mercancía 10 veces menos tiempo de trabajo que antes, en modo alguno impide
que se le haga trabajar 12 horas, como siempre, y que en las 12
horas deba producir 1 200 piezas en vez de las 120 de antes. E
incluso existe la posibilidad de que simultáneamente se prolon-
gue su jornada laboral, de tal modo que en 14 horas produzca
1 400 piezas, etc."[90] La suposición de Marini de que en el "capitalismo clásico la producción de plusvalor relativo *sustituye* la
de plusvalor absoluto", no tiene fundamento. Es verdad que en
los países industrializados la jornada de trabajo fue significati-
vamente reducida durante los últimos cien años, pero eso se debe a la lucha del movimiento obrero que se enfrentó —como se
enfrenta hasta hoy— con la tenaz resistencia de los capitalistas.
Como se sabe, la respuesta del capital a la reducción de la jornada de trabajo ha sido siempre la *intensificación* del trabajo, lo
que no deja de ser otra modalidad de la producción de plusvalor
absoluto. El industrial latinoamericano, como funcionario del
capital, no tiene más remedio que empeñarse *simultáneamente* en la elevación de la productividad y en la rebaja de los salarios, es decir en la producción de plusvalor relativo y absoluto.
Pobre del capitalista que se descuide de elevar la productividad
porque "en vez de eso" prefiere rebajar los salarios: sus competidores no tardarán en expulsarlo del mercado.

Esto no significa que Marini esté equivocado al afirmar que el
industrial latinoamericano trata de rebajar los salarios que paga
"más allá de su límite normal" y de intensificar la explotación
siempre que pueda; el error consiste en suponer que ésta es una
característica del capitalismo "dependiente" que lo diferencia
del "clásico". En realidad, en uno y otro, el impulso a producir
plusvalor absoluto es igualmente fuerte. Si en el capitalismo
"clásico" este impulso encuentra más obstáculos que en el "dependiente", donde tiende efectivamente a posibilitar la sobre-
explotación del trabajador, la diferencia debe ser buscada más
bien en los obstáculos, o sea en el grado de resistencia que la
clase obrera puede ofrecer y no en los modos específicos de
acumular.

---

[90]*Ibid.*, p. 336 [p. 389]; (cursivas del original: PS.).

Ahora podemos entrar en lo que es esencial en el análisis de Marini: la idea de que la exclusión de la clase obrera del mercado interno es tan total, que confiere al capitalismo "dependiente" leyes de movimiento distintas de las del capitalismo "clasico". Dejando de lado las supuestas consecuencias de esta exclusión, interesa ahora examinar el hecho en sí: si la clase obrera de América Latina (y, por supuesto, también de los demás países no desarrollados) no vive del consumo de sus propios productos, ¿de dónde saca entonces su subsistencia? La única respuesta posible (que Marini, sin embargo, no explicita) es que la subsistencia obrera se origina en otros modos de producción. Su alimentación, digamos, es producida por campesinos, sus manufacturas por artesanos: ambas, categorías integrantes de la producción simple de mercancías. Admitamos todavía que las necesidades restantes son satisfechas en el ámbito de la economía doméstica: el obrero habita en una choza construida por él mismo, los servicios personales que necesita le son proporcioados por personas de su círculo familiar, etc. En este caso, el obrero gasta su salario en la compra de mercancías provenientes de la producción simple de mercancías (PSM), cuyos integrantes gastan *necesariamente* el mismo valor realizando parte de la producción capitalista. De hecho, es imposible cualquier otra conclusión. Si los integrantes de la PSM dejasen de gastar, todo o en parte, el ingreso monetario originado por las compras de los asalariados en la adquisición de productos provenientes del modo de producción capitalista, estarían *subsidiando* la economía capitalista... El capital variable ya no sería igual a los salarios pagados sino sólo a la parte de los salarios efectivamente requerida por la PSM. La cuestión queda más clara si se supone que ningún *tostão** del dinero gastado por los asalariados es utilizado para adquirir productos capitalistas, ni directa ni indirectamente (vía PSM). Es obvio que, en estas condiciones, a los capitalistas les bastaría pagarles a los trabajadores con un papel pintado que a los integrantes de la PSM les parezca dinero, pudiendo circular *entre ellos*; ningún ramo de la economía capitalista produciría bienes de salario (salvo papel pintado), $M + V = M$, o sea $V = 0$ y la tasa de plusvalor sería infinita...

*Tostão: antigua moneda brasilera equivalente a diez centavos. (T.)

No hay por qué insistir en lo absurdo de este presupuesto. Por lo tanto, es necesario admitir que los integrantes de la PSM adquieren mercancías capitalistas equivalentes al valor de los salarios monetarios. Pero, en este caso, los ramos que producen estas mercancías —ya sean fertilizantes e insecticidas para los campesinos y herramientas y materias primas para los artesanos— son los que, aunque indirectamente, producen *bienes de salario*. No habría, por lo tanto, dificultad en tratar de reducir el valor de estos bienes, mediante la elevación de la productividad y de esta manera —siempre que los integrantes de la PSM vendieran sus mercancías por el valor— reducir el valor de la fuerza de trabajo, produciendo... *plusvalor relativo*. Como se ve, la tesis de la exclusión de la clase obrera del mercado interno no puede ser llevada demasiado lejos: o esta exclusión es total y en este caso la fuerza de trabajo para el capital no tiene costo o está únicamente limitada a los bienes de consumo y en consecuencia sus efectos se circunscriben al lugar en que el flujo monetario de v retorna al sistema. Este lugar, en vez de ser el sector II, donde son producidos los bienes de consumo, sería el sector I, donde son producidos los bienes de producción (en la hipótesis de que los productores simples de mercancías adquiriesen de la economía capitalista bienes de producción).

Lo que sucede es que, aunque excluida del mercado interno, la clase obrera de los países no desarrollados no deja de consumir mercancías capitalistas. La exclusión se refiere, a nuestro entender, fundamentalmente a los "nuevos productos". En los países desarrollados, la caída de la muralla china que dividía a las clases hizo que el surgimiento de "nuevos productos" terminara por afectar (tal vez con algún retraso) el nivel de vida obrero. Cada "nuevo producto" lanzado en estos países suscita nuevas necesidades en la clase obrera y de esta forma encarece objetivamente la capacidad de trabajo. En los países en que la clase obrera no está integrada al mercado interno, los "nuevos productos" están fuera del alcance de su poder adquisitivo y por eso afectan su modelo de vida de modo diverso, o sea *perverso*: las nuevas necesidades suscitadas desplazan necesidades más antiguas y, en muchos aspectos, más básicas. Esto se puede ilustrar con datos de dos investigaciones efectuadas por el Departamento Intersindical de Estadística y Estudios Socioeconómicos (DIEESE) sobre el nivel de vida de la clase obrera de São Pablo[91] en 1958 y en 1960-1970.

Es menester señalar inicialmente que, durante este periodo, dismiuyó el salario real en São Pablo, así como en el resto del país. El ingreso real de la familia obrera paulista descendió (en cruzeiros de 1958) de Cr$ 10.15 a Cr$ 9.20 mensuales, sufriendo el salario del jefe de familia una caída aún mayor, de Cr$ 8.54 a Cr$ 5.42. Lo que impidió que la reducción de los salarios se reflejase íntegramente en el ingreso familiar obrero fue el aumento del número promedio de miembros del grupo familiar en el mercado de trabajo, que pasó de 1 en 1958 a 2 en 1969. Se confirma así que, cuando las bases materiales de la reproducción de la fuerza de trabajo están amenazadas por la disminución del salario real, la familia obrera es obligada a sacrificar sus actividades de subsistencia y a ampliar la oferta de fuerza de trabajo. Más que perjuicios materiales, la comprensión salarial (el famoso *arrocho**) ocasionó al trabajador la pérdida del "privilegio" de mantener a su mujer en casa y a sus hijos (más tiempo) en la escuela. Sea como fuere, en términos del nivel de vida inicial, el ingreso real de la familia obrera bajó cerca del 10% entre 1958 y 1970.

No obstante esta reducción del ingreso real, el consumo de las familias de los asalariados se diversificó en este periodo, lo que se refleja en el aumento del número de productos que componen su canasta de consumo: de 155 en 1958 a 184 en 1970. La estructura del consumo también se alteró considerablemente como puede verificarse en el cuadro IV. Antes de comparar los resultados de las dos investigaciones es preciso advertir que en el muestreo de 1958 sólo entraron familias que habitaban en vivienda alquilada, mientras que en el de 1970 también entraron las que vivían en casa propia. Sucede que casi dos tercios de las familias obreras de São Pablo poseen vivienda propia, lo que lleva a concluir que el gasto relativo en vivienda para 1958 está muy sobrestimado (y los demás, en consecuencia, subestimados). El muestreo de 1970 fue analizado

---

[91] DIEESE, "Familia assalariada: padrão e custo de vida", São Paulo, en *Estudio sócio-econômicos* núm. 2, 1974 (mimeo).

Arrocho: palo curvo y corto con el que se tuercen las cuerdas para comprimir fardos, cargas, etc. Figurativo: garrote. (T.)

globalmente (tercera columna del cuadro IV) y según tres estratos de ingreso: clase de ingreso superior a 1 000 cruzeiros mensuales (estrato superior), clase de 500 a 1 000 cruzeiros (estato medio) y clase de menos de 500 cruzeiros (estrato inferior, cuya estructura de consumo está en la cuarta columna del cuadro IV).

Lo primero a observar es que el gasto de la familia obrera paulista se dirige, en su mayor parte, a los productos de la industria, o sea a las mercancías producidas por la economía capitalista. Incluso en los gastos en alimentación, en 1970, los productos industrializados representaban el 42.6%, siendo el pan (con 9.0%), el aceite vegetal (con 5.2%), el azúcar (con 4.0%) y los fideos (con 2.1%) los más importantes. Excluyendo de la canasta de consumo los alimentos comprados *in natura* (parte de los cuales, no obstante, puede provenir de la agricultura capitalista), los gastos en alquiler y en ciertos servicios personales, se llega a la conclusión de que la familia obrera de São Pablo gastaba en 1970 por lo menos el 63% de su ingreso monetario en mercancías capitalistas. Incluso en el estrato inferior de ingreso (de hasta 500 cruzeiros) esta proporción era de cerca del 61%. No se sustenta, pues, la suposición de Marini de que "las manufacturas no son elementos esenciales en el consumo individual del obrero". Antes, por el contrario, lo que estos datos

CUADRO IV. ESTRUCTURA DEL CONSUMO OBRERO EN SAN PABLO: 1958 y 1970

Tipos de consumo	1958 (general)	1970 (general)	1970 (hasta Cr$ 500)
Alimentación	45.0%	39.0%	48.1%
Vivienda	30.0%	23.5%	20.1%
Vestido	10.0%	8.1%	6.9%
Salud	4.0%	3.6%	3.5%
Higiene personal	1.5%	1.2%	1.1%
Aseo doméstico	3.0%	1.7%	2.0%
Equipamiento doméstico	3.0%	6.5%	6.7%
Trasporte	2.0%	8.8%	5.8%
Educación, cultura	1.0%	3.5%	2.2%
Recreación y cigarros	0.5%	4.1%	3.6%
Total	100.0%	100.0%	100.0%

FUENTE: DIEESE, *op. cit.*

indican es que el capital cuenta con un amplio espectro de actividades en las cuales elevar la productividad, cuyo efecto sería abaratar la capacidad de trabajo y así producir plusvalor relativo. En segundo lugar, vale la pena observar las alteraciones en la estructura del consumo. Hubo, entre 1958 y 1970, una caída en la porción gastada en alimentación, caída esta por cierto mayor que la indicada en el cuadro IV, debido a la subestimación de este rubro en 1958 como consecuencia de la sobrestimación de los gastos en vivienda. Los gastos en alimentación, en 1958, fueron por cierto superiores al 45% del gasto total y descendieron al 39% en 1970. Una caída de este tipo es, en general, interpretada a la luz de las Leyes de Engel, como un síntoma de mejoramiento del nivel de vida. Pero, ¿cómo entender tal mejora frente a la caída del ingreso real, fruto de la compresión salarial? La respuesta está en el hecho de que "si se consideran las cantidades de alimentos consumidos se advierte una caída de los niveles percápita, que indica el empeoramiento de las condiciones alimentarias de la población trabajadora".[9][2]

Y esta caída no fue pequeña. En otro trabajo comparamos los niveles de consumo alimentario en São Pablo obtenidos en un relevamiento efectuado por la Fundación Getúlio Vargas (FGV) en 1961-1962 con los encontrados por el DIEESE en 1970. Trascribimos a continuación nuestras conclusiones: "Las grandes tendencias son bastante claras y se resumen en una *disminución generalizada* del consumo alimentario en São Pablo, entre 1962 y 1970, que se verifica para todas las clases de ingreso y para todos los alimentos, excepto leche fresca y pollo."

"Impresiona bastante la caída del consumo de carne bovina (41% en la clase de ingreso bajo, 47% en la de ingreso medio y 53% en la de ingreso alto), que no es compensada por el aumento del consumo de leche fresca y pollo. Considerando que también el consumo de mantequilla, huevos y pescado baja casi la mitad, se puede concluir que hubo una fuerte caída del consumo de proteínas de origen animal. Lo mismo puede verificarse en lo que se refiere al consumo de cereales y tubérculos, que presenta bajas acentuadas, principalmente en el consumo de papa (49% promedio) y de arroz (28% promedio). Finalmente,

---

[92] DIEESE, *op. cit.*, p. 24.

el consumo de frutas también sufrió una fuerte reducción, particularmente el de naranja, que cayó casi un 80% en todas las clases de ingreso."[93]

Puede parecer extraño que el consumo alimentario haya caído en todas las clases de ingreso, inclusive en el de ingreso elevado, lo que podría llevar a creer que el motivo de la reducción no haya sido la disminución del ingreso real. Ocurre, sin embargo, que en lo que se refiere a la clase de ingreso alto, los dos muestreos no son estrictamente comparables, porque mientras el de la FVG era representativo de toda la población de la ciudad, el del DIEESE se limita a las familias "asalariadas", habiendo sido excluidos "algunos distritos de zonas residenciales típicamente de clase alta" así como los "domicilios cuyas características no coincidían con los elementos identificadores de la categoría social que se pretendía investigar".[94] Claro que en estas circunstancias la clase de ingreso abierto —mil cruzeiros o más— no incluye en 1970 a las familias de ingreso muy elevado, lo que puede, en principio, explicar su menor nivel de consumo alimentario en comparación con la misma clase en 1962. En las otras dos clases de ingreso, sin embargo, la reducción de este consumo sólo encuentra explicación en las alteraciones de la estructura global del nivel de vida obrero, que se puede apreciar a través de los datos del cuadro IV.

Los ítems que más ampliaron su participación en la estructura del consumo, entre 1958 y 1970, fueron trasporte, equipamiento doméstico, recreación y cigarros y educación y cultura.

El aumento de los gastos en trasporte podría ser atribuido al crecimiento físico de la ciudad, con la consecuente prolongación de las distancias y la elevación de la escolaridad que sugiere el aumento de los gastos en educación. Pero si se observa la composición de los gastos en trasporte en 1970, se verifica que el 46.1% de los mismos son por adquisición de vehículo y gasolina. Esta proporción es apenas del 9.1% en el estrato inferior de ingreso, pero alcanza al 70.6% en el estrato superior. Es indudable que el automóvil, el más importante de los "nuevos productos"

[93] Paul Singer, *Demanda por alimentos na área metropolitana de Salvador*, Cuaderno 23, São Paulo, CEBRAP, 1976.
[94] DIEESE, *op. cit.*, p. 3.

lanzados al mercado en este periodo, afectó fuertemente el nivel de vida de los asalariados, sobre todo los de ingreso más elevado. Como se puede ver en el cuadro IV, los gastos en trasporte representan apenas el 5.8% del consumo del estrato inferior y su crecimiento en relación a 1958 —cuando eran el 2% de todo el muestreo— puede eventualmente ser atribuido a los factores antes señalados (crecimiento urbano, aumento de la escolarización) Pero el hecho de que los gastos en trasporte lleguen a representar el 7% del consumo del estrato medio y el 12.5% del estrato superior (de los cuales casi el 9% es atribuible al automóvil) sólo puede interpretarse como indicativo del impacto del vehículo propio sobre la estructura de consumo de estos estratos.

El aumento del gasto en equipamiento doméstico es el resultado indudable de la incorporación de "nuevos productos" —eléctricos y electrodomésticos, sobre todo— en el modelo de vida obrero. Tanto en el estrato inferior como en el medio estos productos representaban en 1970 cerca del 60% de los gastos en equipamiento doméstico. Sólo el televisor absorbía el 42% del total de los gastos en equipamiento en el estrato inferior y el 29.1% en el medio

En lo que se refiere a los gastos en recreación y cigarros, en 1970 cerca del 94% de los mismos corresponden a cigarros en todos los estratos. El aumento de este gasto podría estar ligado a la mayor difusión del hábito de fumar y/o al aumento del precio relativo del cigarro. En cuanto a educación y cultura, la mayor parte de los gastos está relacionada con actividades escolares, de modo que el aumento de este gasto debe reflejar mayor escolaridad, lo que puede ser atribuido, al menos en parte, a la elevación de la demanda de mano de obra con escolaridad más elevada.

Lo que se comprueba, por lo tanto, es que el nivel de vida obrero en São Pablo sufrió intensas trasformaciones bajo el impacto de dos órdenes de factores: 1] cambios del medio económico, que requieren por parte de la familia obrera mayores gastos en transporte y educación; 2] el surgimiento de "nuevos productos" que, de acuerdo con el nivel del ingreso familiar, terminan siendo incorporados a la canasta de consumo (la palabra "canasta" pierde cada vez más su sentido metafórico). El papel desempeñado por el automóvil para el estrato superior es desempeñado por el televisor para los otros dos estratos. No se podría, pues, decir que la clase obrera de São Pablo esté excluida del mercado en el sentido de no tener su estilo de vida afectado por los "nuevos productos".

Pero, ¿cómo fue posible esta aparente integración de la clase obrera en el mercado interno si entre 1958 y 1969 su ingreso real medio bajó un 10%? La respuesta está en el cuadro iv : por la reducción del consumo no sólo de alimentos sino también de vestido, de asistencia a la salud, de productos y servicios de higiene personal y hasta de productos para el aseo doméstico. En última instancia, la clase obrera, para adquirir ciertos servicios y "nuevos productos", está obligada a comer menos y a cuidar menos su salud, su higiene personal y el aseo de su casa. No sería una exageración afirmar que el impacto de los "nuevos productos", frente a la reducción del salario real, produjo una verdadera degeneración del nivel de vida obrero en São Pablo. El incremento resultante de la desnutrición y el empeoramiento de las condiciones de higiene explican, entre otras cosas, el claro aumento de la mortalidad infantil en São Pablo: de 70.2 en 1958 a 83.3% en 1969 (por cada mil nacidos vivos).

Se verifica así que las relaciones de la clase obrera con el mercado interno en los países no desarrollados son mucho más complejas que lo que permite entrever la dicotomía exclusión-inclusión. Los "nuevos productos", introducidos mediante la sustitución de importaciones, tienden, en cierto modo, a redefinir las condiciones de reproducción de la fuerza de trabajo. En la medida en que estos "nuevos productos" desplazan a otros más antiguos, su consumo pasa a volverse obligatorio. La preparación de alimentos, por ejemplo, "presupone" la utilización de agua corriente, cocina y refrigerador; el desarrollo de los medios de comunicación de masa "presupone" la utilización, por parte del consumidor, de receptores de radio y televisión; el paulatino desplazamiento de la vivienda de los trabajadores hacia la periferia de las ciudades pasa a "presuponer" (dada la saturación del trasporte colectivo) la tenencia de vehículo propio, etc., etc. Estas trasformaciones se dan progresivamente, en la medida en que los "nuevos productos" penetran en el consumo de las capas de salario más alto. Como el intervalo entre los ingresos de la minoría de salarios altos y los de la mayoría de bajos es mucho mayor en los países no desarrollados que en los desarrollados,[95] las distorsiones en el nivel de vida de la mayoría son tanto más profundas. *Objetivamente* se crea la "necesidad" de elevar el ingreso de los trabajadores de bajos salarios, puesto que el *valor* de su capacidad de trabajo subió. Pero las condiciones institucionales en el mercado de trabajo pueden impedir que esta necesidad sea satisfecha, lo que crea un cuadro de "miseria abastecida", simbolizada por el hogar obrero que dispone de un reluciente refrigerador, desafortunadamente vacío, porque teniendo que pagar el refrigerador a la familia no le sobran recursos para adquirir alimentos.

En condiciones de inestabilidad política, que son casi la norma, al menos en América Latina, los niveles de salarios reales suelen sufrir oscilaciones violentas, que tienen repercusiones devastadoras sobre el nivel de vida obrero precisamente porque la evolución de las "necesidades" es mucho más permanente, presentando, en el fondo, fuerte inflexibilidad hacia abajo. Dado el gran valor *inmovilizado* en equipamiento de consumo, representado por los principales "nuevos productos", una caída del salario monetario sólo puede ser enfrentada mediante la reducción de los gastos corrientes. Falta agregar que, en la medida en que el capital todavía puede producir fuerza de trabajo, el estrangulamiento de su reproducción no se presenta como un obstáculo al funcionamiento de la economía. Se reproducen de esta manera, en los países no desarrollados, condiciones similares a las de la primera fase de la revolución industrial, cuando el capital efectivamente devoraba generaciones enteras de trabajadores.

[95] Los salarios de los trabajadores calificados superaban, en el periodo comprendido entre 1948-1952 y 1958-1962, los de los no calificados entre un 18 y 39% en los países industrializados de Europa, entre un 59 y 75% en países no industrializados de Asia, entre un 71 y 112% en países latinoamericanos (excepto Argentina) y entre 57 y 187% en países africanos. (C.J.E., Berg, "Wage structures in less developed countries", en A.D., Smith, *Wage policy issues in economic development*, Nueva York, 1969).

RESUMEN Y CONCLUSIONES

El desempleo y el subempleo en países no desarrollados suelen ser encarados como fruto de un "desequilibrio" entre oferta y demanda de fuerza de trabajo, estando la oferta principalmente condicionada por factores demográficos —crecimiento vegetativo de la población y migración del campo a las ciudades— y siendo la demanda el resultado de factores económicos, sobre todo del ritmo de las inversiones y de la selección de técnicas. Desde esta perspectiva del problema surgen, como soluciones obvias, las recetas de control poblacional (planeación familiar, política migratoria) para restringir el crecimiento de la oferta y las sugerencias en cuanto al ajuste de los precios de los factores —encarecer el capital, abaratar el trabajo— en el afán de favorecer la opción de técnicas de baja densidad de capital para estimular la demanda de fuerza de trabajo.

Lo que pretendemos haber mostrado en este trabajo es que tanto la demanda como la oferta de fuerza de trabajo están determinadas por el movimiento del capital. Para comprender esto, sin embargo, es preciso distinguir entre el "empleo" constituido por la venta de fuerza de trabajo y el "empleo" constituido por la aplicación directa de la capacidad de trabajo a la producción de mercancías o valores de uso apropiados por el propio productor. Sólo el primer tipo de "empleo" es capitalista, y es el que se expande en detrimento del segundo tipo cuando se da el desarrollo capitalista de la economía. Es a través de la dialéctica de las relaciones entre diferentes modos de producción como debe ser aprehendida la dinámica del empleo. Sin comprender que desarrollo capitalista significa, antes que nada, *desarrollo del capitalismo*, la paradoja de la "industrialización que desemplea" no puede ser resuelta.

La demanda (capitalista) de fuerza de trabajo no deriva, pura y simplemente, de la acumulación de capital, sino del tipo de innovación técnica que deriva de la acumulación. "Cambios de proceso" elevan la productividad, y en la medida en que lo hacen reducen la demanda de fuerza de trabajo, "nuevos productos" aumentan el consumo y en la misma medida aumentan la demanda de fuerza de trabajo. La "opción de la técnica", que la economía convencional considera como la variable capaz de reducir la composición orgánica del capital y, de este modo, elevar la demanda de mano de obra, deja de ser mera resultante de los "precios relativos de los factores" para ser determinada por las relaciones globales entre capital y trabajo. "Nuevos productos" se vuelven viables no sólo por el avance científico y su conversión en tecnología sino por la existencia de reservas de fuerza de trabajo suficientes para permitir la necesaria expansión del empleo, mientras que los "cambios de proceso" dependen de la comparación entre el costo relativo del trabajo pasado, incorporado en equipamientos, y el trabajo presente, que los pone en movimiento. En estas condiciones, la tentativa de asegurar el pleno empleo mediante la reducción del costo del trabajo presente puede no sólo impedir "cambios de proceso" (que es el objetivo previsto) sino que es capaz de frustrar la introducción de "nuevos productos", lo que daría como resultado la paralización del desarrollo. Ésto es consecuencia no sólo del hecho de que el desarrollo del capitalismo requiera un cierto ejército industrial de reserva sino, sobre todo, de las relaciones entre acumulación de capital, tasa de ganancia, tasa de plusvalor y productividad del trabajo.

No cabe mencionar aquí al respecto más que lo siguiente: la acumulación depende de una "adecuada" tasa de ganancia y ésta, dada la composición orgánica del capital, de una "adecuada" tasa de plusvalor. Sucede que, como vimos, bajar los salarios reales o mantenerlos a nivel bajo no basta para elevar la tasa de plusvalor si la presión sobre los salarios se hace teniendo en cuenta evitar el "cambio de proceso", o sea con el fin de mantener reducida la productividad del trabajo. Es verdad que la productividad del trabajo sólo es relevante para la división del producto en "necesario" y "excedente" o en capital variable y plusvalor cuando se consideran los ramos que producen "bienes de salario". Pero, como quedó demostrado, a medida que el desarrollo progresa, el consumo obrero se compone cada vez más de bienes manufacturados producidos en forma capitalista, de modo que las medidas genéricas que apunten a abaratar el trabajo presente inevitablemente limitan la elevación de la productividad del trabajo en la producción de bienes de salario y, por lo tanto, restringen la producción de plusvalor relativo. Salarios reales bajos, en términos de un modelo de vida obrero modesto o hasta insuficiente, frente a las necesidades derivadas de la reproducción de la capacidad de trabajo, pueden no ser bajos en términos del tiempo de trabajo social requerido para producir las pocas y exiguas mercancías consumidas por los trabajadores. Una "política de empleo" que se opone, según las fórmulas en boga, a los "cambios de proceso" puede, sin embargo, determinar la paralización del desarrollo al limitar el crecimiento, al mismo tiempo, del plusvalor relativo y del ejércto industrial de reserva. Esto significa, en suma, que tratar de eliminar el desempleo a costa del avance técnico, en una economía capitalista, sólo puede dar como resultado un empeoramiento en ambos ámbitos: estancamiento y pobreza generalizada.

La acumulación del capital, al expandir la producción capitalista, provoca la desintegración de otros modos de producción, con la consecuente liberación de la fuerza de trabajo que en ellos estaba ocupada. Pero esta desintegración se da no solamente cuando la producción capitalista se expande sino también cuando se contrae, lo que resulta del hecho de que, en una formación social dominada por el capitalismo, los modos de producción subordinados tienen su movimiento en buena medida condicionados por el movimiento de modo de producción dominante. Al expandirse, el capital somete a su dominio actividades antes integradas a otros modos de producción (la industria fabril sustituye, en algunos mercados, a la manufactura artesanal), pero al mismo tiempo "alimenta" modos de producción "clientelares"[96] (agricultura campesina, comercio al menudeo en pequeños establecimientos, actividades estatales). Al contraerse, el capital provoca el agotamiento de los modos de producción "clientelares", de modo que, en la fase de baja del ciclo, el crecimiento del desempleo capitalista es ampliado por la liberación extemporánea de mano de obra de los otros modos de producción.

Es por esta razón que no se puede disociar la dinámica de la oferta de fuerza de trabajo del movimiento del capital. La oferta

---

[96] De acuerdo con la conceptualización desarrollada por John Harrison, "The political economy of Housework", en *Bulletin of the Conference of Socialist Economists*, invierno de 1973, pp. 35-52.

de fuerza de trabajo no está simplemente compuesta por quienes, estando en edad de trabajar, necesitan o desean hacerlo sino por quienes, *no teniendo capital o trabajo propio*, son obligados a tratar de vender su capacidad de trabajo. En países no desarrollados, donde los modos de producción no capitalistas todavía ocupan a sectores ponderables de la población activa, la formación de una clase asalariada "doblemente libre", es decir sin condiciones propias de trabajo y sin trabas para ofrecer su fuerza de trabajo en el mercado, es lo que determina, por sobre todo, la oferta de fuerza de trabajo. Tal cosa nos lleva a afirmar que es el capital quien *produce* y *reproduce* su fuerza de trabajo. La oferta de fuerza de trabajo no está constituida meramente por un número determinado de trabajadores, que surgen en el mercado de trabajo por obra y gracia de una dinámica poblacional, sino que es *producida* por el capital al atraer trabajadores, eliminándoles o expropiándoles las condiciones de producción, y es *reproducida* por el capital en la medida en que éste les compra efectivamente la capacidad de trabajo, proporcionando al asalariado los recursos que le permiten la manutención cotidiana y la reposición al cabo de su vida productiva.

Pero, entre los muchos que son llamados, pocos son los escogidos. No es casual que el capital produzca más fuerza de trabajo de la que, en condiciones normales, puede absorber. La razón básica de este "desequilibrio" es que, siendo la reproducción del capital gobernada por un *movimiento cíclico*, requiere la existencia de un ejército industrial de reserva. En el fondo, la anarquía de la producción consiste en lo siguiente: cuando la acumulación trascurre sin grandes obstáculos, se autoacelera hasta chocar con las barreras que limitan el crecimiento de cualquier proceso de producción física. Una de estas barreras es el "pleno empleo", que puede ocurrir mucho antes de que el ejército industrial activo haya absorbido todas sus reservas. Basta con que se agoten las reservas de mano de obra de determinados tipos o en determinadas áreas del territorio. A partir de este momento, como el proceso de crecimiento en el capitalismo no es planificado y por eso es incapaz de reconocer y, por así decir, eludir los obstáculos que se le anteponen, entra en crisis, es decir se autodesacelera hasta detenerse y revertir su sentido. Pero, al hacerlo, el movimiento del capital no sólo arroja nuevamente al ejército industrial de reserva buena parte de la fuerza de trabajo que antes absorbía sino que, como vimos, continúa activamente produciendo fuerza de trabajo en la medida en que la crisis alcanza a los demás modos de producción Es así como se explica que el desempleo surja como un problema más grave en los países no desarrollados —donde todavía hay grandes contingentes de trabajadores "liberables" por el capital— que en los países desarrollados —donde la población activa está compuesta en su gran mayoría por asalariados y donde, por lo tanto, la oferta de la fuerza de trabajo depende sobre todo de su reproducción por el capital.

La reproducción de la fuerza de trabajo por el capital, que adquiere creciente importancia también en los países que se desarrollan, depende de dos órdenes de factores: a] de la existencia de reservas *latentes* a partir de las cuales el capital pueda producir nuevos contingentes de fuerza de trabajo y b] del marco institucional que rige las relaciones entre el capital y el proletariado. El examen de la evolución histórica de las condiciones en que se dio la reproducción de la capacidad de trabajo bajo la égida del capital, desde el inicio de la revolución industrial, mostró que, cuando la *producción* de fuerza de trabajo por el capital era amplia y fácil, tales condiciones tendían a ser confinadas en límites tan estrechos que la *reproducción* de la clase obrera era, en la práctica, inviabilizada. El capital, en su voracidad de plusvalor, tendía a destruir la familia proletaria al movilizar a mujeres y niños hacia el trabajo fabril y a prolongar la jornada de trabajo hasta el punto de extenuar, acortándoles la vida, a quienes caían bajo su dependencia. "La industria algodonera existe desde hace noventa años [. . .] Durante tres generaciones de la raza inglesa [. . .] ha destruido nueve generaciones de obreros algodoneros."[97]

Cuando la producción de fuerza de trabajo se torna más escasa, el estado pasa a intervenir en el mercado de trabajo en el sentido de asegurar condiciones mínimas para su reproducción. Históricamente, es la primera gran ruptura con el *laissez-faire*, que incluso precede a la abolición del librecambio, en el siglo XIX. Consagra el principio de que, dada la competencia entre las empresas capitalistas, solamente el poder coercitivo del es-

---

[97]Discurso de Ferrand en la Cámara de los Comunes el 27 de abril de 1863. Citado por Marx en *Das Kapital* cit., t. I. p. 278 [t. I/1, p. 322].

tado puede hacer pagar al capital el pleno valor de la capacidad de trabajo que adquiere, pago este que es vital para asegurar la continuidad del sistema.

Esta injerencia del estado en la reproducción de la fuerza de trabajo, cuyo desarrollo culminó en el *welfare state* [estado de bienestar], proveedor directo de una serie de servicios gratuitos (salud, educación, etc.) que constituyen un auténtico subsidio al capital variable, tuvo importantes efectos en la propia configuración del mercado de trabajo. La libertad de contratación entre capital y trabajo pasó a ser restringida por una serie de reglamentos en cuanto a las características del trabajador (edad, sexo), en cuanto a la duración de la jornada, en cuanto a las condiciones de trabajo, de remuneración, etc. La lucha por la efectivización de estos reglamentos, que correspondían a otros tantos derechos del trabajador, desembocó naturalmente en la lucha por el sufragio universal y por el reconocimiento legal de los sindicatos. En la medida en que esta lucha obtuvo éxito, operó una verdadera *mutación* en las relaciones entre capital y trabajo, revolucionando, en consecuencia, las condiciones de reproducción de la fuerza de trabajo.

Las luchas salariales de un movimiento obrero sindical y políticamente cada vez más poderoso hicieron que, en los países desarrollados, el valor de la capacidad de trabajo se expandiera en tanto que el lanzamiento de "nuevos productos" diversificaba y expandía el consumo de las clases poseedoras. En la medida en que el capital, incorporando los avances de la ciencia y trasformándolos en nuevos valores de uso, despertaba nuevas necesidades y extendía las antiguas, el nivel de vida obrero se iba ampliando. Si los "cambios de proceso", al elevar la productividad del trabajo en la producción de bienes de salario, permiten depreciar el valor de la capacidad de trabajo y de este modo producir plusvalor relativo, los "nuevos productos" tienen el efecto opuesto: al incorporarse al modelo de vida de la clase obrera valorizan la capacidad de trabajo y reducen el plusvalor producido. Hasta se podría hablar de un *plusvalor relativo negativo* como resultado de los "nuevos productos", en la medida, claro, en que la ampliación del modelo de vida obrero se exprese efectivamente en salarios monetarios más elevados.

Una interpretación similar es brindada también por Mandel:

"Si, a largo plazo, el ejército industrial de reserva permanece estable o disminuye, entonces una elevación de la productividad del trabajo tendrá un efecto doble y contradictorio en el nivel de los salarios. Por una parte, el valor de la mercancía fuerza de trabajo se reducirá, debido a que las mercancías tradicionalmente necesarias para la reproducción de la fuerza de trabajo pierden parte de su valor. Por otra parte, el valor de la mercancía fuerza de trabajo se elevará por medio de la incorporación de nuevas mercancías al mínimo nivel de vida necesario (por ejemplo, los llamados bienes de consumo duraderos, cuyo precio de compra se ha introducido gradualmente en el salario medio). Esto sucedió en Estados Unidos en los años veinte, treinta y cuarenta, en Europa occidental en los años sesenta, mientras que en Japón el proceso está hoy en pleno desarrollo."[98] Mandel no distingue explícitamente "nuevos productos" de "cambios de proceso", pero reconoce el efecto doble y contradictorio del avance técnico, que él identifica erróneamente con el aumento de la productividad del trabajo. Obviamente, los "nuevos productos", que elevan "el valor de la mercancía fuerza de trabajo", no pueden ser confundidos con aumento de la productividad, a no ser que Mandel quiera referirse al hecho de que, cuando los "nuevos productos" entran en el consumo obrero, su producción en masa permite abaratarlos. Pero, aunque la desvalorización de los "nuevos productos" sea condición *sine qua non* para que puedan ser incorporados al modelo de vida de la clase obrera, la condición previa y más fundamental es que sean creados. Hasta se puede suponer que el abaratamiento de los "nuevos productos" sea una fase normal de su "ciclo de vida", de modo que el factor que realmente produce plusvalor relativo negativo es el avance tecnológico, que produce, por así decir, *natural e inevitablemente*, dadas las condiciones de competencia entre los capitales, "nuevos productos".

Como ya lo demostró Marx, la empresa que adopte en primer término un "cambio de proceso", mientras sea la única en el mercado que produzca a costos más bajos, podrá beneficiarse con una tasa de ganancia más elevada que la media. No es

---

[98] Ernest Mandel, Der *Spätkapitalismus*, Frankfurt, Suhrkamp, 1972, p. 139 [*El capitalismo tardío*, México, ERA, 1979, p. 146].

difícil entender que algo similar sucede cuando una empresa es la primera en lanzar un "nuevo producto". Mientras tenga condiciones de monopolio absoluto (muchas veces protegido por patentes), es obvio que disfrutará de sobreganancias. De ahí "la búsqueda incesante de nuevos valores de uso"[99] que caracteriza a la gran empresa actual, la que dedica sistemáticamente una porción considerable de sus recursos, con esta finalidad, a la "investigación y desarrollo" (consagrada por la sigla en inglés: "R & D"). No obstante, puede deducirse que el flujo ininterrumpido de "nuevos productos" es un resultado natural e inevitable de las condiciones capitalistas de producción.

La influencia de este flujo de "nuevos productos" sobre el movimiento del capital, en su fase monopolista, es considerable. Para analizarla, adoptemos el esquema sugerido por Marx en el segundo volumen de *El capital*, dividiendo la producción social en tres sectores: sector i, donde se producen los bienes de producción, ya sean elementos del capital fijo (máquinas, edificios), o elementos del capital circulante (materias primas, productos en procesamiento); sector ii, donde son producidos los bienes de consumo para los trabajadores productivos, y sector iii, donde son producidos los bienes de consumo para el resto de la población que, por definición, no se dedica a la producción. En cierta medida, los mismos valores de uso pueden ser producidos en el sector ii y en el sector iii.

Supongamos que surge un "nuevo producto". Hará su aparición inicialmente en el sector iii, incorporándose al consumo de las clases adineradas, que viven de ingresos provenientes del plusvalor. En una fase anterior del capitalismo esto provocaría un aumento de los retiros de ganancias de las empresas en detrimento de la porción de plusvalor a ser acumulada. Pero, en el capitalismo monopolista, la mayor parte del plusvalor consumido adopta la forma de *habilitación* (de directores y gerentes de empresas, funcionarios públicos, abogados, científicos). Para financiar el aumento del consumo es posible que en un primer momento la parte ahorrada de las habilitaciones sea reducida, pero a plazo más largo es inevitable que sean sobre remunerados. Al parecer, los aumentos de habilitaciones han precedido al de los salarios.

[99] Ernest Mandel, *op. cit.*, p. 190 [p. 203].

Otro efecto del "nuevo producto" es expandir el empleo y la inversión en el sector iii: surgen nuevos establecimientos que ocupan más mano de obra y adquieren equipamientos y materias primas del sector i. Éste expande su producción elevando igualmente el empleo. Y lo mismo sucede con el sector ii, que gozará de un aumento de la demanda de sus productos, provenientes de los demás, pagados a los nuevos trabajadores incorporados en el sector iii y en el sector i. Finalmente, el aumento de la producción en el propio sector ii también provoca expansión del empleo, lo que vuelve a repercutir favorablemente sobre la demanda de sus productos, además de propiciar la compra de más bienes de producción en el sector i, y así sucesivamente. En suma, a partir del surgimiento de un "nuevo producto" en el sector iii, hay un aumento de la producción y del empleo que se irradia también a los otros dos sectores mediante el conocido mecanismo del multiplicador.

Cuando el "nuevo producto" pasa a ser consumido por los trabajadores productivos, su producción pasa a darse también en el sector ii, donde producción y empleo vuelven a expandirse, con repercusiones sobre los otros sectores, de modo similar al ya descripto: se elevan, de manera acumulativa, en ondas decrecientes, las demandas de fuerza de trabajo, bienes de producción y bienes de consumo. Es probable que, al pasar hacia el consumo obrero, la producción del "nuevo producto" pase por uno o más "cambios de proceso" que acaben reduciendo considerablemente sus costos de producción. En consecuencia, el nivel de empleo en el sector iii, donde el "nuevo producto" comenzó a ser producido con técnicas menos eficientes, termina bajando un poco (al ser adoptados los nuevos procesos), compensando, en cierta medida, el aumento de empleo provocado por su producción en masa en el sector ii. Pero no es probable que la reducción del empleo en el sector iii venga a anular totalmente o incluso en gran parte la expansión del empleo en el sector ii y sus repercusiones. Es que el aumento de la cantidad producida suele ser mucho mayor que la economía de trabajo social por unidad producida. Esto puede ser ilustrado con la difusión del consumo del automóvil, en oportunidad de la creación de la línea de montaje por Ford a comienzos de siglo. Es indudable que el automóvil producido en serie incorporaba sólo una fracción del tiempo de trabajo requerido antes para producir un vehículo. Pero la cantidad de vehículos producidos aumentó de tal modo que la cantidad de trabajo absorbida por la industria automotriz no dejó de expandirse considerablemente.

En estas condiciones, la incorporación del "nuevo producto" en el modelo de vida obrero tiende a ser acompañada por condiciones favorables a la lucha por mejores salarios: la elevación previa de las habilitaciones estimula las reivindicaciones y la elevación del nivel de empleos refuerza el poder de negociación de los asalariados. Si las condiciones políticas no fueran totalmente adversas, la clase obrera obtendrá un aumento de salarios que le permitirá consumir el "nuevo producto" sin sacrificar otros rubros de su gasto.

Encarando la cuestión desde el punto de vista del capital se comprueba, sin embargo, que, mantenida la tasa de explotación, el plusvalor producido se habría expandido en la misma proporción que el empleo. Dada una tasa de plusvalor m/v, el plusvalor se expande en la misma proporción en que crece v, en virtud del aumento del número de trabajadores. Es lo que ha de verificarse durante la etapa en que el "nuevo producto" era producido únicamente en el sector iii, es decir mientras los salarios no fueron aumentados. No obstante, cuando el "nuevo producto" pasa a ser producido en el sector ii, los salarios suben, lo que implica una reducción de la tasa de plusvalor m/v. El capital variable v aumenta ahora en *detrimento del plusvalor* m.

No se puede determinar de antemano qué va a ocurrir con el plusvalor cuando un "nuevo producto" se integra al consumo obrero. Crece en la medida en que el empleo crece, y decrece en la medida en que el salario percápita sube. En el fondo, mucho depende del tamaño del ejército industrial de reserva: aun si fuera grande, el aumento de salario puede ser limitado y el aumento de empleo puede ser proporcionalmente mayor. Es la situación europea anterior a la primera guerra mundial descrita por Sternberg: "Si en ciertos periodos la situación de la clase obrera ha mejorado, su posición frente a la clase capitalista tiene entonces que haberse fortalecido, de manera tal que esta última debió renunciar a una parte de la ganancia. Naturalmente, esta renuncia es facilitada si la tasa media de ganancia es particularmente elevada."[100] Pero si el ejército industrial de reserva estuviera próximo al agotamiento, la expansión del empleo y, por lo tanto, de la ganancia, tiene que ser limitada, mientras que el aumento de salario puede ser de tal orden que el volumen de plusvalor disminuya.

Es obvio que al disminuir la lucratividad tras una expansión de las inversiones, la acumulación tienda a cesar, precipitando una inversión de la coyuntura: la economía entra en inflación (lo que significa que trata de anular el aumento del salario real mediante la elevación de los precios de los bienes de salario) o en crisis.

No importa aquí analizar los aspectos coyunturales de la cuestión sino su esencia: el capital, *en su propio movimiento*, suscita el encarecimiento de la capacidad de trabajo, contribuyendo así a la disminución de la tasa de plusvalor, o sea alterando la distribución del valor nuevo, creado en la producción, a favor del trabajo y en detrimento de sí mismo. Ésta es una tendencia inmanente a la producción capitalista. Así como el capitalismo no puede, sin eliminar la competencia entre los capitales, dejar de producir "nuevos productos",[101] del mismo modo no puede dejar de *forzar* su inclusión en el modelo de vida de la clase obrera. Es que, al competir entre sí por el dominio del mercado, los capitalistas no pueden dejar de luchar por la conquista de la clase obrera para el consumo de sus productos. "Cada capitalista, ciertamente, exige a sus trabajadores que ahorren, pero solo a los *suyos*, porque se le contraponen como obreros; bien que se cuida de exigirlo al resto del *mundo de los obreros*, ya que éstos se le contraponen como consumidores. A pesar de todas estas frases piadosas, recurre a todos los medios para incitarlos a consumir, para prestar a sus mercancías nuevos atractivos, para hacerles creer en nuevas

---

[100]Fritz Sternberg, *op. cit.*, p. 88 [p. 46].

[101]Conviene recordar que en el capitalismo monopolista la competencia entre los capitales, lejos de haber sido abolida, apenas cambió de forma. Es esta competencia la que explica la marcha forzada del avance tecnológico que caracteriza al capitalismo actual. Mandel resume la situación del siguiente modo: "Las diferencias regionales e internacionales en los niveles de productividad no son ya la fuente principal de la realización de ganancias extraordinarias. Este papel lo asume en la actualidad las diferencias entre los sectores y las empresas [. . .] Así se desarrolla una presión permanente para *acelerar la innovación tecnológica* pues la extinción de otras fuentes de ganancias extraordinarias conduce inevitablemente a una constante búsqueda de 'rentas tecnológicas' que sólo pueden obtenerse mediante la renovación tecnológica permanente" (*op. cit.*, pp. 178-179 [p. 188]; cursivas del autor).

222 EMPLEO, PRODUCCIÓN Y REPRODUCCIÓN DE LA FT

necesidades, etc."[102] Pero, al hacerlo, el capitalista eleva el valor de la capacidad de trabajo de todos los trabajadores, tanto de los suyos como los de los otros, produciendo, aunque no quiera, plusvalor relativo negativo. Se trata, en última instancia, de una contradicción entre la necesidad que tiene el capital de obtener ganancias extraordinarias desarrollando las fuerzas productivas y de realizarlas en el mercado y la necesidad de restringir el consumo de los trabajadores para apropiarse, bajo la forma de plusvalor, de la mayor parte posible del nuevo valor producido. No se trata, claro está, de una contradicción insuperable. La salida para el capital es promover "cambios de proceso" que, al aumentar la productividad del trabajo en la producción de bienes de salario, abaraten la capacidad de trabajo. Esta solución es lógicamente perfecta, pero dado que el proceso de cambio tecnológico no es globalmente planificado, su aplicación depende de numerosas circunstancias, de modo que sólo por azar los "cambios de proceso" serán introducidos de tal modo que sus efectos positivos sobre la tasa de plusvalor equilibren los efectos negativos de la incorporación de los "nuevos productos" en el modelo de vida obrero. De ahí las crisis, las recesiones, las irrupciones inflacionarias que desembocan en espirales precios-salarios, intentos de reglamentación estatal de precios y márgenes de ganancia, etc., que marcan la historia económica reciente de los países capitalistas.

En los países no desarrollados, los "nuevos productos" pasan a ser producidos mediante sustitución de importaciones, generalmente en una etapa en que, en los países industrializados, ellos ya están integrados al consumo de los trabajadores. Los "nuevos productos" llegan así a los países no desarrollados con técnicas de producción en masa considerablemente perfeccionadas. Sucede que, en estos países, solamente las capas de ingreso relativamente alto pueden adquirirlos, salvo cuando se trata de artículos de consumo corriente, de bajo precio. Los "nuevos productos" que realmente tienen impacto sobre los costos de reproducción de la fuerza de trabajo, como los electrodomésticos, el televisor y, sobre todo, el automóvil, están fuera del alcance de gran par-

---

102 Karl Marx, *Grundrisse der Kritik der Politischen Ökonomie*, Frankfurt, Europaische verlagsanstalt, s/d, p. 198 [*Elementos fundamentales para la crítica de la economía política (Grundrisse)1857-1858*, México, Siglo XXI, 1971, p. 230].

te de la clase obrera de los países no desarrollados. Surgen, por lo tanto, en el sector III, donde un mercado excesivamente estrecho eleva sus costos de producción y por tanto sus precios.

El pasaje de estos productos hacia el sector II, o sea su incorporación al consumo de los trabajadores productivos, depende de que sus salarios sean adecuadamente reajustados. Como el esfuerzo de realización de las ganancias y sobreganancias en el mercado tiende a aumentar —el otorgamiento de grandes facilidades de crédito al consumidor es uno de los aspectos de este esfuerzo—, la presión en el sentido de la elevación de los salarios se intensifica. También contribuyen a ello las alteraciones en el estilo de vida urbano, que convierten el consumo de algunos de estos "nuevos productos" —estufa eléctrica o a gas, refrigerador e incluso televisor— en, por así decirlo, *obligatorio*. [103]

En circunstancias sociopolíticas favorables, la presión por aumentos puede surtir efectos. En este caso, durante un cierto lapso, los salarios aumentan y una serie de "nuevos productos" pasa a ser producida en el sector II mientras que la tasa de plusvalor se reduce. Como la acumulación en los países no desarrollados ya se da de modo más lento que en los desarrollados —porque una porción proporcionalmente mayor del plusvalor es consumida precisamente con los "nuevos productos" (que suelen ser más caros, por ser producidos en menor escala)—, el plusvalor relativo negativo tiende a tener un efecto aun más deprimente sobre el ritmo de la acumulación. En otras palabras, los países no desarrollados, con una determinada tasa de plusvalor, tienden a acumular menos capital porque sus clases dominantes, al mantener un nivel de vida similar al de sus congéneres de los países desarrollados, gastan para sí mismos una proporción mucho mayor del plusvalor global. En

___

[103] "En gran parte, el aumento de los ingresos monetarios reales, la mudanza de una vivienda insalubre hacia otra modesta, aunque nueva y habitable, y la influencia de los medios de comunicación les crea nuevos hábitos de consumo [. . .] Estas nuevas demandas llegan a comprometer una alta proporción del sueldo mensual disponible, lo que hace que el sobrante sea insuficiente para cubrir las necesidades más esenciales, creándose una sensación de angustia económica mayor que la que sentían antes de aumentar sus ingresos" (Sergio Molina, *El proceso de cambio en Chile, la experiencia 1965-1970*, textos del ILPES, Santiago de Chile, Editorial Universitaria, 1972, p. 133; citado en CEPAL, *Desarrollo humano, cambio social y crecimiento en América Latina*, Santiago, 1975).

estas condiciones, los aumentos salariales que reducen este plusvalor global, como no pueden afectar el volumen de plusvalor consumido, tienden a disminuir fuertemente el volumen de plusvalor acumulado.

Lo que puede ocurrir entonces es, o una crisis económica, que se caracterizaría por el pasaje de la reproducción ampliada a la reproducción simple, o inflación, que tiene como efecto anular (al menos transitoriamente) los aumentos salariales. En forma distinta que en los países desarrollados, no obstante, ambos efectos —crisis e inflación— tienden a ser mucho más intensos y prolongados. Es que la salida mediante "cambios de proceso", que permite recomponer la tasa de plusvalor sin reducir el nivel de vida de la clase obrera, es mucho más difícil en los países no desarrollados, porque implica tanto voluminosas importaciones de equipos (y, en muchos casos, también de materias primas y productos semielaborados) como inversiones de gran magnitud y larga maduración. Esto significa que el capital en los países no desarrollados tiene menos capacidad para responder al desafío del plusvalor relativo negativo mediante un desarrollo aun más acelerado de las fuerzas productivas. Esta menor capacidad resulta, en buena medida, del propio atraso tecnológico. Al no tener, en sus economías, un sector I ampliamente desarrollado, los países no desarrollados están obligados a importar los bienes de producción que necesitan, lo que hace depender la introducción de "cambios de proceso" del estado (casi siempre precario) de la balanza de pagos. Además, estos países tampoco tienen instituciones de mercado de capital que permitan movilizar recursos hacia inversiones en gran escala. Así, el aumento de la productividad del trabajo en ciertas áreas, sobre todo en las que producen bienes de salario, donde la sustitución de importaciones ya se dio hace más tiempo y donde, por lo tanto, el atraso tecnológico es mayor, pasa a depender de las inversiones de capitales extranjeros, vale decir del gran capital monopolista internacional. Como, sin embargo, las condiciones sociopolíticas que favorecen los aumentos salariales no suelen atraer a este capital —baste recordar lo que ocurrió en la Argentina en la época de Perón, en el Brasil en ocasión del último mandato de Getúlio Vargas, sin hablar del Chile de Allende—, la salida "económica" es, en la mejor de las hipótesis, improbable...

La experiencia histórica de las últimas décadas tiende a indicar que el capitalismo en los países no desarrollados tiene una capacidad muy limitada para producir plusvalor relativo, y por eso es *incompatible* con salarios reales en expansión. Para que la reproducción de las clases dominantes pueda acompañar de cerca la evolución del nivel de vida correspondiente en los países industrializados, la reproducción de la fuerza de trabajo en los países no desarrollados no puede acompañar, ni de lejos, el nivel de vida obrero de aquellos países.[104] De modo que la contradicción se resuelve incluso en el plano político: cambios institucionales anulan los derechos político-sindicales de la clase obrera —lo que implica evidentemente una alteración del equilibrio de fuerzas a favor de la clase dominante—, los aumentos salariales son eliminados —lo que permite recomponer la tasa de plusvalor y retomar la acumulación del capital.

Falta agregar que esta solución "política" tampoco es definitiva. La reproducción de la fuerza de trabajo no puede ser manipulada arbitrariamente ni desligada de las condiciones objetivas de existencia de la clase obrera. En la medida en que la acumulación del capital vuelve a desarrollar efectivamente las fuerzas productivas en los países no desarrollados —y lo hace, ahí sí, con el concurso del capital monopolista internacional— el sector III tiende a expandirse desmesuradamente, lo que no deja de repercutir sobre el modo de vida de los trabajadores. La insuficiencia de los salarios, que pasan a ser inferiores a los costos de reproducción de la fuerza de trabajo, limita y hasta reduce la productividad del trabajo, en la medida en que obreros desnutridos y extenuados por largas jornadas de trabajo y por pésimas condiciones de transporte colectivo, tienen menor vigor físico y mental, están más sujetos a contraer enfermedades, etcétera.

Apremiados por el pago de prestaciones de bienes durables

---

[104] "Es interesante observar que los datos revelan que los *niveles* de ingreso personal del 5% de ingresos más altos en los diferentes países son mucho más uniformes que los niveles de ingreso de los llamados más bajos. En general, cuanto menor sea el ingreso nacional por habitante, mayor es el porcentaje que capta este 5% de la población, y mayor es la distancia entre este grupo y el 20% con ingresos más bajos" (CEPAL, *Desarrollo humano, cambio social y crecimiento en América Latina*, Santiago de Chile, 1975, p. 39).

de consumo, que no pueden dejar de adquirir, los trabajadores pasan a sacrificar aspectos esenciales de la reproducción de su fuerza de trabajo,[105] lo que repercute, naturalmente, sobre el valor de uso de la mercancía capacidad de trabajo. En estas condiciones es posible que la productividad del trabajo, ya reducida por el retraso con que son aplicados los "cambios de proceso" (retraso que la baja de los salarios sólo puede prolongar), llegue a disminuir aun más o, por lo menos, a aumentar mucho más lentamente que en los países desarrollados, lo que acabaría por profundizar aun más el atraso tecnológico de los países no desarrollados en relación a aquéllos.

Las condiciones peculiarmente contradictorias de la reproducción de la capacidad de trabajo en los países no desarrollados tiene como efecto *aumentar* la oferta de fuerza de trabajo porque inducen a las mujeres y a los jóvenes a entrar al mercado de trabajo, en el esfuerzo de aumentar el ingreso monetario de la familia y de esta manera reequilibrar su presupuesto. Claro que esta afluencia de mano de obra "secundaria" comienza por ampliar el ejército industrial de reserva.

"En algunas ciudades se registraron recientemente tasas elevadas de desempleo abierto (12% en Asunción y en las zonas urbanas de Colombia, 20% en Santo Domingo, más del 18% en las zonas urbanas de Nicaragua, más del 10% en Montevideo, El Salvador y Santiago de Chile) pero, lo que es significativo, entre el 75 y el 90% de los desocupados en las ciudades mencionadas estaba compuesto por mujeres y jóvenes."[106]

De esta manera la economía doméstica de los trabajadores se desorganiza, lo que no deja de empeorar las condiciones de reproducción de la fuerza de trabajo. En las capas mejor remuneradas de la clase obrera, donde presumiblemente las mujeres poseen un nivel más alto de escolaridad, su entrada al mercado de trabajo puede tener un sentido similar al aumento de las tasas femeninas de participación que se registran

---

[105] "En los estratos medios inferiores y, en cierta medida, hasta en los estratos más bajos, la aspiración a obtener bienes de consumo modernos y la necesidad de realizar otros gastos derivados de las complicaciones de la vida urbana presionan sobre los ingresos y desvían recursos de la satisfacción de necesidades generalmente consideradas esenciales, entre ellas, la de una alimentación adecuada" (CEPAL, *op. cit.*, p. 40).

[106] CEPAL, *op. cit.*, p. 47.

en los países industrializados como resultado de una mayor disponibilidad de tiempo debido a la menor duración de las tareas domésticas (gracias al uso de aparatos domésticos) juntamente con perspectivas atrayentes de ingresos monetarios. Pero éste por cierto no es el caso de las mujeres pertenecientes a la mayoría sobremunerada del proletariado, que no tiene las mismas condiciones para abreviar el servicio doméstico ni calificaciones como para aspirar a más que el salario mínimo. Es probable, no obstante, que el trabajo femenino en estas capas tenga como consecuencia el empeoramiento del nivel nutricional de la familia y de sus condiciones de higiene, la disminución de los cuidados brindados a los hijos, y así sucesivamente. Se reproducen, así, en los países no desarrollados de hoy, las condiciones en que vivía la clase obrera inglesa a mediados del siglo pasado, según el testimonio de Engels (véase cita en la página 144).

Es preciso señalar, finalmente, que el desempleo en estos países, lejos de ser "tecnológico", como insistentemente se pregona, es más que nada el resultado de una producción extemporánea y de una reproducción precaria de la fuerza de trabajo por el capital. La industrialización desemplea incluso cuando se da en niveles comparativamente bajos de productividad, porque el capital toma el lugar de formas de producción preindustriales, de productividad aún menor. Además, como se vio, la productividad del trabajo tiende a cristalizar en los ramos convertidos en capitalistas, lo que plantea serias limitaciones tanto a la acumulación del capital como a la reproducción de la fuerza de trabajo, lo cual, contradictoriamente, agravará el desempleo.

El capitalismo en los países no desarrollados se encuentra por lo tanto en una situación contradictoria: al importar tecnología de los países desarrollados, bajo la forma de sustitución de importaciones de bienes de consumo ("nuevos productos") —que es su forma específica de expandir las fuerzas productivas—, eleva el consumo del excedente, reduciendo la acumulación interna de capital y, al mismo tiempo, importa plusvalor relativo negativo al elevar los costos de reproducción de la fuerza de trabajo. Cuando, en el afán de defender la tasa de plusvalor, se impide que este plusvalor relativo negativo se realice plenamente, el precio de la fuerza de trabajo desciende por debajo de lo que sería su valor normal: pero, en este caso, la mera manutención de los trabajadores resulta inviable, lo que eventualmente se refleja en descenso de la productividad del trabajo.

El retraso en la aplicación de "cambios de proceso" en países no desarrollados, naturalmente también tiene sus límites, dados por el desnivel de productividad entre la "mejor" técnica disponible y la que está siendo corrientemente utilizada. Cuando este desnivel se torna bastante significativo —aunque la técnica superior implique mayores gastos de capital y aunque el costo del trabajo a ser ahorrado sea reducido— el "cambio de proceso" pasa a ser tan lucrativo que su aplicación es inevitable. Es común que entre la "mejor" técnica disponible, que suele ser la más reciente y la utilizada corrientemente, que debe haber sido desarrollada hace muchos años, se ubiquen otras técnicas, inferiores (y anteriores) a la primera pero superiores (y posteriores) a la segunda. Estas técnicas "intermedias" están en general incorporadas a equipos ya amortizados y considerados obsoletos en los países desarrollados, pero cuyo estado físico aún permite su utilización por un periodo significativo de tiempo.

La trasferencia de técnicas que son obsoletas en los países desarrollados pero que representan un avance en países no desarrollados es operada en general por compañías multinacionales que explotan, de esta manera, las diferencias de nivel de desarrollo en el plano internacional. Los "cambios de proceso" que así tienen lugar no llegan a superar el atraso tecnológico de los países no desarrollados, pero lo conservan dentro de determinados límites, impidiendo que aumente sin cesar. Su efecto sobre el costo de reproducción de la capacidad de trabajo depende de dos condiciones: a] que los "cambios de proceso" afecten la producción de bienes de salario, o sea que abaraten la producción de mercancías consumidas por la clase obrera, y b] que esta reducción de costos de producción se traduzca efectivamente en caída de los precios al consumidor.

En lo que se refiere a la primera condición, es probable que sea satisfecha, porque la industrialización por sustitución de importaciones generalmente se inicia, como ya vimos, por el sector ii, de modo que son los ramos de éste que componen la llamada "industria nacional" donde el atraso tecnológico es mayor, y por eso mismo es mayor también la probabilidad de que ocurran "cambios de proceso". La segunda condición, sin embargo, es de realización más difícil. Es que el "cambio de proceso" se da, en general, mediante un proceso de concentración del capital. La firma innovadora (frecuentemente subsidiaria de una multinacional, como vimos) tiende a eliminar o a absorber competidores que utilizan la técnica corriente, tendencia que es reforzada por el hecho de que la técnica más moderna exige, casi siempre, mayor escala de producción. El mercado se torna, en consecuencia, más oligopólico, lo que significa que los precios se vuelven más rígidos, tendiendo a desligarse del movimiento descendente de los costos. No obstante, en el propio proceso de conquista del mercado y de concentración del capital, la firma innovadora es obligada a ofrecer sus productos a precios inferiores a los de sus competidores, aunque la baja no necesite ser proporcional a la reducción de los costos, como sería el caso si el mercado permaneciera más competitivo. De esta manera, cabe esperar que a cada "cambio de proceso" esté asociada *cierta* reducción del costo de reproducción de la fuerza de trabajo.

Como se ve, también se produce, en determinadas condiciones, plusvalor relativo en economías no desarrolladas, aunque siempre en escala inferior a la de los países desarrollados. Como los "cambios de proceso" provienen de estos últimos, siendo el resultado de todo complejo proceso de acumulación la generación de "nuevos productos", lucha de clases y producción de plusvalor relativo negativo que en ellos tiene lugar, se puede afirmar que la producción de plusvalor relativo en los países no desarrollados es, en cierta medida, un proceso reflejo de aquél. Pero sólo en cierta medida, puesto que la trasferencia de tecnología y, más específicamente, de "cambios de proceso" depende no sólo de la disponibilidad de técnicas superiores (de costo-oportunidad insignificante) sino también del costo de la fuerza de trabajo para el capital, es decir de la presión que la clase obrera del país no desarrollado sea capaz de ejercer para "normalizar" su reproducción.

En última instancia, la reproducción por el capital de la fuerza de trabajo que explota es el resultado de su propio movimiento, combinado, contradictoriamente, con la lucha del proletariado por la expansión del elemento "histórico" de su nivel de vida. En los países adelantados, en los que se gesta la nueva tecnología, la interacción del surgimiento de "nuevos productos", su incorporación al consumo obrero, las presiones para que el precio de la fuerza de trabajo se eleve en la misma medida en que su valor es así agregado y, finalmente, la aplicación de "cambios de proceso" que nuevamente lo reducen, todo eso obedece a una dinámica propia, que refleja la coyuntura histórica en que estos países se encuentran. En los países no desarrollados, importadores de tecnología, esta interacción está determinada, en parte, por movimientos que reflejan la dinámica del mundo desarrollado y, además, por su propia coyuntura histórica. En estas condiciones, la reproducción de la fuerza de trabajo sufre el impacto de dos dinámicas, lo que puede explicar el carácter errático que habitualmente exhibe.

ANEXO I

	1950-1959	1963	1970	1971
Estados Unidos	3 604 (1954)	5.215	7 123	7 547
Alemania occidental	702 (1950-1955)	1 834	3 452	4 069
Francia	710 (1950-1955)	1 137	1 770	1 988
Bélgica	801 (1950-1955)	1 272	2 279	2 630
Italia	562 (1950-1955)	1 133	2 055	2 415
Argentina	734 (1954)	637	848 (69)	---
México	339 (1956)	1 090	1 618	1 877
Brasil	---	697	1 100	---
Colombia	---	650	828	---
Perú	421 (1959)	479	610	652
Chile	436 (1957)	391	902	838

TASAS DE VARIACIÓN

	1950-1963	1963-1970	1950-1970
Estados Unidos	44.7%	36.6%	97.6%
Alemania occidental	161.3%	88.8%	391.2%
Francia	60.1%	55.7%	149.3%
Bélgica	58.8%	79.2%	184.5%
Italia	101.6%	81.4%	265.8%
Argentina	- 13.2%	33.1%	15.5%
México	221.5%	48.4%	377.3%
Brasil	--	57.8%	--
Colombia	--	27.4%	--
Perú	13.8%	27.3%	44.9%
Chile	- 10.3%	130.7%	106.9%

papel ediciones crema de fábrica de papel san juan, s.a.
impreso en offset marvi, s.a.
calle leiria 72- méxico 13, d.f.
cuatro mil ejemplares más sobrantes para reposición
7 de abril de 1980

www.ingramcontent.com/pod-product-compliance
Lightning Source LLC
Chambersburg PA
CBHW031954190326
41520CB00007B/250